MANUEL

DE

DROIT ADMINISTRATIF.

PARIS. — IMPRIMERIE DE FAIN ET THUNOT,
rue Racine, 4, près de l'Odéon.

MANUEL

DE

DROIT ADMINISTRATIF

CONTENANT LES MATIÈRES DE L'EXAMEN;

PAR R. GANDILLOT,

DOCTEUR EN DROIT,

ET

J. M. BOILEUX,

AVOCAT A LA COUR ROYALE DE PARIS.

PARIS.

JOUBERT, LIBRAIRE-ÉDITEUR,

RUE DES GRÈS, 14, PRÈS L'ÉCOLE DE DROIT.

—

1839.

AVERTISSEMENT.

En jetant les yeux sur la table de cet ouvrage, on est frappé
de l'intérêt que présente le droit administratif :

L'autorité royale, qui tient tous les fils d'une vaste administration et qui blesse également la société en les tendant trop fort,
en les relâchant trop vite; l'organisation municipale et départementale, qui nous touche en tous sens, soit qu'elle nous imprime
son action, soit qu'elle reçoive la nôtre; ces travaux publics, ces
chemins, ces eaux qui attirent partout nos regards, et nous prêtent mille secours en nous imposant mille charges; ces établissements publics auxquels notre patriotisme et notre humanité
s'intéressent; ces banques qui peuvent être la cause des plus
déplorables secousses ou le principe des plus lucratives améliorations; ces brevets d'invention, base nouvelle sur laquelle grandit
l'industrie manufacturière comme l'industrie agricole sur l'appropriation des terres; ce domaine de l'État qui peut offrir à la nation
les plus nécessaires et les plus puissantes ressources, ou devenir
une cause de continuels sacrifices; ces impôts qui nous frappent
de tous points, qui nous atteignent dans nos biens, dans notre
état, dans les relations multipliées de notre vie, et une foule
d'autres choses auxquelles s'applique la mission du gouvernement :
tel est l'objet du droit administratif, objet vraiment important, soit
parce qu'il embrasse des relations journalières et des intérêts
d'une haute valeur, soit parce qu'il complète les matières du droit
civil, du droit pénal.

Et pourtant quelle n'est pas l'ignorance commune, quant aux
principes de l'administration ! Si l'on interrogeait sur ces principes
les personnes mêmes qui font profession de diriger, par leurs conseils, les affaires privées, on verrait alors combien le public est
dépourvu de connaissances administratives, et combien, par suite,
le pouvoir est affaibli, gêné, troublé dans l'application de ses
meilleurs projets; loin de trouver toujours un appui dans l'opinion,
le pouvoir est souvent forcé de fléchir devant d'injustes attaques,
ou de consumer, en de vains débats, le temps le plus précieux.

Un tel désaccord entre les besoins de la société et l'état des esprits accuse deux vices dans l'instruction publique :

1° Le droit administratif est enseigné depuis deux ans à peine dans la plupart de nos facultés, et, aujourd'hui même, il ne forme qu'un faible accessoire de l'enseignement; si bien que des jeunes gens destinés aux fonctions publiques ou à la profession d'avocat sortent des écoles sans avoir la moindre idée des droits et des devoirs des citoyens envers l'État.

2° L'absence d'un livre élémentaire qui soit conçu, autant que possible, dans le genre de ceux dont les étudiants se servent pour leurs examens, et qui puisse extirper de l'esprit de la jeunesse cette opinion malheureusement trop justifiée, que le droit administratif présente des difficultés inabordables par le nombre, l'incertitude et l'incohérence de ses matières, autant que par la multitude et la variété de ses sources.

Pénétrés de cet état de choses, et désireux d'y porter remède, les auteurs de ce Manuel se sont proposé de publier un ouvrage qui, après avoir indiqué l'objet du droit administratif dans son ensemble, se bornât à en traiter les parties les plus intéressantes, les plus utiles à connaître, celles-là qui font l'objet des examens de l'école; et d'exposer, dans cet ouvrage, l'esprit du droit administratif tout en résumant ses règles avec méthode.

M. Gandillot, qui a fait des études spéciales en droit public et en économie politique, s'est chargé de la partie qui a le plus de rapport avec ces sciences; et M. Boileux, qui s'est occupé de droit civil et d'organisation départementale et municipale, a traité des matières qui tiennent à sa spécialité (1).

Toutefois, comme d'année en année l'enseignement du droit administratif acquiert plus d'importance, les livres élémentaires qui ont ce droit pour objet doivent suivre ces développements successifs : tel ouvrage qui suffisait, il y a cinq ans, aux exigences de la Faculté de Paris, serait aujourd'hui plus qu'incomplet; et l'ouvrage actuel, lui-même, exigera à son tour des additions.

Le droit administratif doit, d'ailleurs, progresser avec l'économie sociale, car sa mission est de transformer les principes de cette science pour les faire passer dans la pratique; et le mouvement qui, au XIII° siècle, s'opérait par le droit romain, s'accomplit, de nos jours, par le droit administratif.

(1) Les titres 1, 2, 5, 6 et 7 de la première partie; 6, 7, 8 et 9 de la seconde partie, sont de M. Gandillot; le surplus appartient à M. Boileux.

CARACTÈRES GÉNÉRAUX

DU

DROIT ADMINISTRATIF.

LE droit administratif est la collection des règles qui fixent les rapports des citoyens avec l'administration. — On nomme *administration* un ensemble d'agents d'ordres divers, subordonnés les uns aux autres et répartis sur tout le territoire national pour y représenter le gouvernement.

Envisagé sous un autre point de vue, le droit administratif est le développement du droit public, en effet, après que le droit public a réglé, d'une manière générale, les devoirs de l'état envers les citoyens et des citoyens envers l'état, le droit administratif s'empare des principes du droit public, les explique, les complète, et assure leur exécution par mille règles, par mille mesures générales ou spéciales, perpétuelles ou temporaires, appropriées aux exigences des divers lieux, des diverses époques.

Le droit administratif diffère essentiellement du droit privé en ce qu'il met toujours la société en cause pour lui accorder un avantage ou lui imposer une charge, tandis que le droit privé soit civil, soit pénal, ne régit jamais la société, si ce n'est lorsqu'elle se présente comme un simple particulier, usant des mêmes titres, en vertu des mêmes lois (1).

Aussi, en se rapprochant, ces deux droits ne se confondent point, mais ils s'acceptent, ils s'invoquent et se prêtent un mutuel secours.

La loi administrative accepte la loi privée en respectant la propriété, l'état des personnes et les autres droits reconnus par elle, si le titre qui a créé ces droits est d'ailleurs certain ; et en limitant ses propres ordres ou en suspendant leur cours jusqu'a-près décision des tribunaux ordinaires, si le même titre est contesté.

La loi administrative invoque la loi privée, par exemple, en soumettant aux règles de la tutelle ordinaire le patronage que l'administration exerce envers les établissements publics, ou bien en plaçant l'état lui-même sous l'empire de la loi commune dans les divers cas où il agit comme personne pri-vée et pour l'intérêt du domaine public.

La loi administrative vient au secours de la loi privée en lui fournissant maintes informations, maintes déclarations, et, surtout, en affermissant

---

(1) Il existe encore d'autres différences entre le droit adminis-tratif et le droit privé : le premier prononce en général sur des intérêts, le second sur des titres ; le premier se plie aux désirs de l'équité, le second ne voit que les règles positives de la justice ; le premier balance et concilie des prétentions d'ordres divers, le second reconnaît et consacre des droits rigoureux et absolus.

l'ordre public si nécessaire à la sécurité et au libre exercice de tous les droits.

La loi privée, à son tour, sanctionne par des peines les règlements d'administration, elle punit le concert des maîtres en vue de forcer l'abaissement des salaires, les coalitions d'ouvriers pour suspendre, empêcher ou enchérir les travaux, et une foule d'autres infractions à ces règlements. — La même loi consacre et respecte le domaine du droit adminis tratif; il suffit, en effet, d'ouvrir nos Codes pour y trouver des dispositions qui renvoient à ce droit, et, par exemple, l'article 650 du Code civil, concernant les servitudes d'utilité publique, et les articles 537 et 2098 du même Code relatifs, l'un, aux biens qui n'appartiennent point à des particuliers, l'autre, au privilége du trésor royal.

Cela posé, observons le nombre considérable des agents de l'administration, les rapports multiples et divers qui s'établissent entre les gouvernants et les gouvernés; voyons le droit qui régit ces rapports, c'est-à-dire le droit administratif, puiser sa source : 1° Dans la constitution de l'état qui, voulant confier une grande part du pouvoir exécutif à l'administration, a dû définir les attributions générales de celle-ci; 2° Dans les dispositions législatives qui donnent à l'administration certains pouvoirs spéciaux, soit que ces dispositions composent des lois administra tives distinctes, soit qu'elles ne forment que des articles épars au sein de lois d'un autre ordre, du Code civil, du Code pénal, par exemple; 3° Dans les règlements et ordonnances, portés par l'administration elle-même en vertu de sa mission légale, soit que ces règlements et ordonnances se trouvent postérieurs à l'année 1789, soit qu'ils aient une date antérieure, si, du reste, ils n'ont été abrogés ni expressément ni implicitement.

Reconnaissons, de plus, avec M. de Cormenin, que la législation administrative n'est guère qu'un amas incohérent d'articles où tout apparaît mêlé, ce qui est de principe et ce qui est de règlement, ce qui est transitoire et ce qui est définitif, ce qui est des choses et ce qui est des personnes; que, même, la plupart des lois composant cette législation se commentent sans s'expliquer, se contredisent sans s'abroger, s'abolissent sans se suppléer.

Et, dès lors, comprenons la nécessité d'un ordre, d'un ensemble auquel s'enchaînent toutes les dispositions du droit administratif, et qui permette de présenter ce droit d'une manière analytique, satisfaisante; essayons aussi de tracer cet ordre, cet ensemble, car, bien que le but que nous nous proposons aujourd'hui ne nous permette pas d'en traiter toutes les parties, il servira toujours à placer sous leur vrai point de vue et à nous montrer, dans leur liaison et leur importance relative, les objets divers de ce manuel.

Le droit administratif, vu dans son entier, embrasse deux parties distinctes dont l'une concerne les institutions administratives, et, l'autre, les services publics divers auxquels ces institutions doivent pourvoir par elles-mêmes ou par des moyens étrangers.

En ce qui touche les institutions, le droit administratif règle d'abord les attributions générales et essentielles qui leur appartiennent; c'est, en effet, d'après la nature de leurs attributions générales, en d'autres termes, d'après le but de leur mission que les institutions administratives sont, aujourd'hui, organisées. Il trace, en second lieu, le système d'organisation de ces institutions diverses, leurs formes, leurs attributions spéciales et la manière dont elles communiquent, soit entre elles, soit avec les particuliers.

Abordant ensuite les services publics, le droit administratif les répartit en quatre grandes classes; il considère :

Premièrement, les services liés à l'existence même et à la conservation de l'état, tels que ceux de l'armée de terre, de l'armée de mer; et ces services, il les régit par les lois sur le recrutement, sur l'inscription maritime, sur l'armement en course, sur la garde nationale, etc.

Secondement, les services de tutelle, de patronage que l'administration remplit envers les communes et les établissements publics, en désignant par ce nom tous les établissements constitués et personnifiés par la loi, dans un but d'utilité morale, comme les hôpitaux, les prisons, les académies, les séminaires; ou dans un but d'utilité matérielle, comme les corporations d'agents de change, de notaires, etc. ;

comme aussi les banques, les sociétés d'assurance ;
et ces services de patronage, le droit administratif
les régit ou par des règles générales applicables aux
communes et à tous les établissements publics, telles
que celles qui prescrivent l'autorisation administrative pour accepter un legs, une donation, pour aliéner, acquérir, transiger, comparaître en justice ; ou
par des règles spéciales, variables suivant le caractère propre des communes et de chaque nature
d'établissement.

Troisièmement, les services qui intéressent l'ordre
public et qui tendent à assurer à tous la jouissance
de la voie publique ; à distribuer les eaux de la manière la plus profitable à l'industrie et la moins nui-
sible aux propriétés voisines ; à favoriser la santé
publique ; à garantir les approvisionnements de subsistances et de chauffage dans les villes ; à protéger
et encourager les industries agricoles, manufactu-
rières, commerciales ; enfin, à maintenir la tranquillité, les mœurs et la sûreté publiques ; et ces services
de la troisième classe, le droit administratif les régit par des lois et des règlements de police qui ont
pour objet de soumettre à certaines servitudes les
propriétés qui avoisinent la voie publique, et, à certains devoirs, les personnes qui la parcourent ; de
dire à quelles conditions les fleuves, les rivières sont
déclarés navigables et flottables, et de tracer le
régime des eaux suivant qu'elles réunissent ou non
ces conditions ; de classer les établissements insalubres, d'instituer un régime sanitaire partout où le

besoin s'en fait sentir, de soumettre à certaines conditions l'exercice des professions de médecin, de
pharmacien, de droguiste; de régler l'exercice de la
boucherie et de la boulangerie dans les villes, d'assurer l'arrivage des comestibles et leur qualité non mal-
faisante; de régler la police rurale et celle des bourses
de commerce, de garantir par des brevets la propriété
des inventions et de certifier le titre des matières d'or
et d'argent; de prendre des mesures de police relatives à certains lieux tels que les auberges, les cafés,
les salles de réunion publique, ou à certaines circonstances telles que les fêtes, les cérémonies; d'imposer l'obligation du passe-port, etc., etc.

Quatrièmement, les services relatifs à la gestion
de la fortune publique et ayant pour objet de conserver et d'accroître le domaine de l'état; de prévenir, pour l'intérêt public, les effets ruineux de l'i-
gnorance, de la légèreté ou de la cupidité dans
l'exploitation des mines et carrières, dans les travaux
de desséchement des marais ou de défense contre
la mer; d'empêcher le gaspillage de certaines propriétés privées, et notamment des forêts; de procurer au gouvernement les constructions, ouvrages
d'art et autres objets dont il peut avoir besoin; de
mettre à la disposition de l'état les ressources que la
loi lui accorde; de garder le trésor public et d'effectuer ses recettes, ses payements, sans qu'il ait à re-
douter des dilapidations; et ces services, le droit administratif les régit ou y pourvoit en réglant de la
manière la plus explicite le mode de gestion du do-

maine de l'état; en défendant d'exploiter une mine, une carrière ou de défricher un marais sans en avoir obtenu d'abord la concession; en soumettant toutes les forêts, y compris celles des simples particuliers, à un régime spécial; en traçant les formes et les conditions principales des marchés de nature diverse, passés au nom et pour le compte de l'état, en permettant même au gouvernement de recourir à la voie des réquisitions, lorsque des circonstances majeures lui ôtent la possibilité de contracter des marchés réguliers; en concourant à l'assiette des contributions publiques et en se chargeant de les percevoir; enfin en instituant, près du trésor public, et pour l'administrer, des fonctionnaires qui se soumettent à l'obligation du cautionnement, aux priviléges du trésor et aux règles presque infranchissables d'une comptabilité minutieuse.

PREMIÈRE PARTIE.

TITRE PREMIER.

DES ATTRIBUTIONS GÉNÉRALES DE L'ADMINISTRATION.

LES attributions de l'administration sont de deux sortes, elles consistent à agir ou à statuer : *agir*, c'est-à-dire étudier les hommes, les choses, les circonstances, discerner les besoins des masses, aviser et disposer les moyens d'y répondre ; puis, soit dans la sphère abandonnée par la loi à la sagacité, au tact, aux lumières, à la prudence, et, en un mot, à l'art de l'administrateur, soit en exécution de la loi elle-même, appliquer ces moyens.

Statuer, c'est-à-dire prononcer, arbitrer entre des intérêts divers et opposés les uns aux autres, qu'il y ait ou qu'il n'y ait pas litige existant.

Nous allons traiter successivement de l'action et des décisions administratives, puis, pour compléter notre objet, dire les limites que les lois assignent au domaine de l'administration et l'assistance qu'elles lui prêtent.

CHAPITRE PREMIER.

De l'action administrative.

L'action administrative se manifeste de quatre manières :

1° Par des instructions, lorsque l'administration recherche, vérifie, constate, apprécie et transmet des renseignements; lorsque, par exemple, elle recueille toutes les données et prépare tous les plans et projets nécessaires pour arriver à la meilleure circonscription possible des départements, arrondissements, cantons et communes.

2° Par des opérations matérielles, lorsque l'administration gère la chose publique, c'est-à-dire la recueille, la conserve, l'exploite, l'améliore et l'emploie; en effet, l'administration recueille la chose publique en confectionnant des rôles d'assiette et de cotisation entre les contribuables, en percevant et versant au trésor public le montant des contributions, etc.

Elle conserve la chose publique en faisant entretenir et réparer les biens de l'état, en exerçant les actions relatives au domaine ou en y répondant, en faisant dresser un tableau descriptif des ports de mer, rivières navigables, canaux publics, routes, etc.

Elle exploite la chose publique, en faisant valoir par elle-même diverses propriétés et en amodiant ou concédant certains autres biens.

Elle améliore la chose publique, en faisant exécuter sur les biens qui la composent des travaux de tous genres, ou même en altérant la nature de ces biens par des ventes, des échanges, des acquisitions.

Elle emploie la chose publique, en liquidant les dettes de l'état, en passant des marchés de toutes sortes dans l'intérêt public et en payant le montant de ces dettes, le prix de ces marchés.

3° Par l'exercice d'un pouvoir éminemment moral et bienfaisant, indéterminé dans ses règles comme dans son étendue ; c'est, d'une part, lorsque l'administration, veillant sur les individus, dirige l'éducation publique, encourage les industries, les découvertes utiles, promet et accorde des récompenses aux belles actions, écarte la mendicité, le vagabondage, ou bien réserve aux malades, aux infirmes, aux ouvriers sans travail, des secours à domicile, des hospices, des ateliers de charité, et, en un mot, prête son assistance au malheur ; d'autre part, lorsque l'administration, dans l'exercice de son patronage sur les communes et les établissements publics, homologue, autorise, surveille ou dirige les actes qui intéressent ces institutions.

4° Enfin, par l'exercice d'une autorité positive, consacrée par le texte de la loi, motivée sur l'utilité publique et s'appliquant soit aux choses, soit aux personnes.

Aux choses : lorsque l'administration détermine les propriétés particulières auxquelles l'expropriation pour utilité publique est applicable, ordonne le desséchement des marais, prévient par certaines précautions ou fait cesser par la distribution de secours les accidents et les fléaux, surveille la salubrité des comestibles exposés en vente publique, fait exécuter les règlements de police relatifs à l'établissement dans les villes des ateliers et usines insalubres, inspecte le titre des matières d'or et d'argent, rappelle les citoyens à l'observation des anciens règlements de police, prescrit le nettoiement, l'illumination des voies publiques, la réparation ou la démolition des bâtiments qui menacent ruine, etc.

Aux personnes : lorsqu'elle dissipe les attroupements; réprime les rixes et les disputes, les bruits et les rassemblements nocturnes dans les rues; veille au maintien du bon ordre dans les foires, marchés, cafés, spectacles, églises, et autres lieux où il se fait de grands rassemblements d'hommes; prévient les événements fâcheux qu'entraînerait la divagation des insensés et des furieux, etc.

CHAPITRE II.

Des décisions administratives.

L'administration est appelée à rendre des décisions de quatre natures différentes dans quatre situations bien distinctes.

Les décisions de la première classe ont pour objet la répartition équitable ou du moins légale de certaines charges et de certains avantages entre les citoyens qui doivent y participer.

La répartition de certaines charges, telles que les contributions directes, le contingent pour le recrutement de l'armée, le service de la garde nationale, les subventions relatives à certains travaux d'utilité publique ou locale.

La répartition de certains avantages, lesquels s'appliquent, soit à des choses publiques et indivisibles dont chaque citoyen peut user, telles que les rivières navigables et flottables, les lais et relais de la mer; soit à des choses communes susceptibles d'être réparties entre tous, telles que les eaux en tant qu'elles servent aux irrigations, les coupes affouagères dans les bois des communes, les biens communaux autres que bois, places, promenades, voies publiques, édifices d'un usage commun, et terrains renfermant des productions minérales.

Les décisions administratives de la première classe ont encore en vue de concéder à certains individus et sous diverses conditions, soit des choses publiques qui ne peuvent faire l'objet d'une jouissance commune, par exemple, des portions abandonnées de la voie publique, des prises d'eau sur les rivières navigables et flottables; soit des choses privées qui ne sauraient être exploitées avec avantage par toute personne indistinctement, par exemple, des mines, des carrières.

Toutefois, observons-le, les décisions dont il s'agit ne supposent l'existence d'aucun litige, elles ne sont point provoquées par les particuliers, elles constituent de simples actes d'administration ; aussi ces décisions appartiendraient - elles à l'action administrative proprement dite, si la balance des intérêts respectifs de diverses personnes et le jugement qu'elles nécessitent ne suffisaient pour les en distinguer.

Les décisions administratives de la seconde classe ont pour objet le règlement des comptes de deniers publics, règlement qui a lieu, au moyen des documents et explications fournis par le dépositaire de ces deniers, et après une discussion à laquelle celui-ci est appelé ; ces décisions ont, quelquefois, le caractère contentieux, d'ordinaire, cependant, elles se réduisent à une sorte d'homologation qui reconnaît l'exactitude du compte rendu.

Les décisions de la troisième classe, nommées décisions contentieuses, ont pour objet de statuer sur un litige ; elles supposent toujours l'existence d'un acte émané de l'action administrative et une réclamation à laquelle cet acte a donné lieu, en d'autres termes, la lutte des particuliers contre l'administration ou des particuliers, entre eux, au sujet d'un acte administratif (1).

(1) On s'étonne de ce que l'autorité administrative est appelée à juger des contestations entre particuliers, c'est-à-dire de vrais procès ; on croit trouver là une violation dangereuse de la Charte qui consacre la séparation des pouvoirs exécutif et judiciaire, livre le premier de ces pouvoirs à des fonctionnaires dépendants, amovibles et confie le second aux tribunaux civils sous la garantie de l'inamovibilité et de l'indépendance les plus complètes ; à cet égard nous ferons observer que l'existence de la juridiction administrative en matière contentieuse, loin d'altérer l'exercice de la

Aucune autre cause, aucun titre appartenant au droit privé, aucun marché, par exemple, s'il est

justice et de violer la Charte, assure au contraire aux citoyens leurs plus justes droits, au gouvernement son unité, sa libre action, et, à la Charte, le maintien de ses principes.

Les citoyens n'obtiendront-ils pas leurs justes droits lorsqu'ils trouveront chez leurs juges la connaissance parfaite de l'esprit de la loi. Or, quand la loi administrative régit, non des droits rigoureux, mais des intérêts ; quand ces intérêts varient selon les circonstances de chaque jour, selon les besoins des hommes et les vues de la politique ; quand dès lors l'esprit de la loi administrative doit voir, doit saisir et pénétrer des nuances, des formes, des profondeurs variées et mobiles à l'excès ; le juge qui connaît le mieux la loi administrative n'est-il pas celui qui, sorti de l'administration, maintenu près d'elle, partage ses vues larges, profondes, délicates, reçoit et comprend ses inspirations soudaines. En vain, on dirait que l'amovibilité des fonctionnaires administratifs ne permet pas de compter sur l'impartialité de leurs décisions, les principes de la garantie administrative exposés plus bas à la section IIIe du chapitre IV, répondraient suffisamment à ce reproche.

Le gouvernement, à son tour, dans l'intérêt de son unité et de sa libre action, ne veut-il pas que le juge administratif subisse son influence, puisque la justice qu'il exerce par l'interprétation des lois, par la réformation ou le maintien des actes des fonctionnaires publics, complète l'action administrative ; puisque, si cette justice était remise à un tribunal indépendant, celui-ci constituerait, près de notre gouvernement centralisé et libre, je ne sais quel autre pouvoir souverain, anormal, inconstitutionnel ; puisqu'enfin ce tribunal, s'il appartenait à notre ordre judiciaire, pourrait, à chaque moment, par son ignorance de l'esprit de l'administration, par ses règles de droit trop exclusives et ses principes d'équité trop généraux, et l'invincible obstination de son inamovibilité, fausser, entraver l'action administrative ou en écarter les effets.

Enfin, il n'est pas dans les principes de la Charte de refuser aux fonctionnaires administratifs une juridiction contentieuse, car la Charte, par son article 50, déclare que les tribunaux sont maintenus tels qu'ils existent, et, dès longtemps avant la Charte, les lois, la jurisprudence, les auteurs avaient assis le domaine des tribunaux administratifs près de celui des tribunaux civils, bien loin de vouloir le méconnaître ou le supprimer.

passé entre particuliers, ne peut donner lieu à une décision contentieuse; on doit en dire autant des actes de l'administration elle-même qui ne sauraient occasionner de litiges administratifs, et, notamment, des actes qui émanent d'une faculté purement gracieuse et discrétionnaire laissée à l'administration, des règlements généraux qui statuent sur les divers intérêts de l'ordre public, des mesures de gouvernement qui sont prises dans la seule considération des intérêts politiques de l'état, des actes administratifs qui ont réservé les droits des réclamants, des mesures de police locale et momentanées qui ont été prises dans un intérêt commun et sans aucune application individuelle, des actes dont les suites, en tant qu'elles sont litigieuses, rentrent sous l'empire du droit commun.

Les décisions contentieuses portent sur des litiges attribués à l'administration par la nature même des choses ou par des dispositions de loi expresses; ces litiges naissent de circonstances fort nombreuses et variées, ils résultent, par exemple, de la requête d'un contribuable en décharge ou en réduction, en remise ou en modération de ses impôts; des questions qui s'élèvent entre les entrepreneurs de travaux publics et l'administration sur le sens des clauses de leurs marchés; des difficultés relatives aux travaux de salubrité dans les villes et communes, à la direction et à la largeur des chemins, à la perception des péages sur les ponts et bacs, à la comptabilité des dépositaires de deniers publics; des réclamations au sujet des redevances et indemnités en matière de mines; des débats touchant le mode de jouissance et le partage des biens communaux, le caractère et les effets des diverses opérations administratives en matière de contributions indirectes, la validité des prises maritimes, etc.

Les décisions administratives de la quatrième classe ont pour objet la réparation des dommages causés à la chose publique par certaines contraventions aux règlements administratifs, et, surtout, par des empiétements sur la largeur des chemins vicinaux, par des contraventions en matière de roulage ou de grande voirie, par la violation des servitudes défensives des places fortes; ces décisions que l'administration peut rendre dans les cas spéciaux pour lesquels elle a reçu de la loi une mission expresse ont de l'analogie avec les jugements des tribunaux de police correctionnelle, elles en diffèrent néanmoins en ce qu'elles ne condamnent jamais à des peines personnelles et en ce que les destructions et amendes imposées par elles sont essentiellement considérées comme réparations de dommages.

CHAPITRE III.

Des limites assignées au domaine de l'administration.

Pour mieux faire saisir les attributions générales de l'administration civile et leurs limites, nous allons esquisser le pouvoir supérieur et les autorités parallèles à cette administration; ce pouvoir supérieur est le gouvernement, ces autorités parallèles sont l'autorité militaire et l'ordre judiciaire.

Le gouvernement est exercé par le roi sous la responsabilité des ministres; il veille au maintien de la constitution et à l'exécution des lois, ordonne les mesures générales de sûreté, règle les rapports extérieurs de l'état dans le plus grand intérêt de la paix, du commerce et de l'industrie nationale, veille au libre jeu de tous les pouvoirs et à l'unité de leur action par l'usage d'une force modératrice, et, en résumé, préside d'en haut sur la nation, lui donnant sa direction politique et sociale.

Le gouvernement n'a au-dessus de lui que la puissance de l'opinion publique, et, à certains égards, celle des colléges électoraux, ainsi que nous le verrons tout à l'heure en traitant de l'autorité royale; mais il a au-dessous de lui les autorités militaires, administratives et judiciaires, pouvoirs de second ordre qui demeurent subordonnés à sa direction, et qui s'emparent de ses volontés, de ses actes, soit pour leur prêter les développements que nécessitent les lieux et les temps, soit pour opérer leur exécution matérielle.

Il n'existe, on le voit, nulle confusion possible entre le gouvernement et l'administration civile, en est-il de même de celle-ci relativement aux autorités militaire et judiciaire?

L'autorité militaire règle l'organisation des armées, elle dirige leur marche selon les vues du gouvernement, selon les exigences de la sûreté intérieure et extérieure de l'état; elle connaît des crimes, délits ou fautes relatifs au service militaire et prononce contre les coupables les peines portées par les lois; l'autorité militaire ne saurait, non plus, se confondre en aucune manière avec l'administration.

La différence est bien moins marquée entre l'administration civile et l'ordre judiciaire; on aurait, en effet, une idée très-fausse de l'un et de l'autre pouvoir en estimant que le premier seul peut ordonner une mesure d'exécution, et que le second a seul le droit de juger; comme nous l'avons déjà dit, l'administration elle-même statue sur le contentieux administratif par une foule de décisions qui constituent de vrais jugements; et l'ordre judiciaire, à son tour, émet de simples ordonnances en plusieurs cas, notamment, pour commander l'exécution de ses jugements et arrêts, pour homologuer les avis d'un conseil de famille, pour autoriser une femme mariée à ester en justice, ou un créancier à former sans titre une saisie-arrêt, pour faire comparaître des témoins, pour assurer la police des audiences, pour appeler en certains cas la force armée, etc.

Les caractères qui séparent l'administration civile de l'ordre judiciaire sont peu marqués, disons-nous, il est cependant nécessaire de distinguer par des limites précises leur domaine respectif, car, aux termes de la Charte, nul ne peut être distrait de ses juges naturels, et, d'ailleurs, l'ordre public ne saurait permettre que les administrateurs, non plus que les tribunaux, fussent troublés dans l'exercice de leurs fonctions légales.

Nous essaierons donc de trouver ces caractères dans la diversité des lois que ces autorités appliquent, du but qu'elles se proposent, des droits dont elles tiennent compte, des objets qu'elles envisagent, de leur mode d'agir, de l'effet de leurs actes, et, enfin, du titre de leur institution.

L'administration civile applique le droit administratif, celui qui règle les devoirs réciproques de l'état et des citoyens; l'autorité judiciaire applique le droit privé, soit civil, soit pénal, ce droit qui fixe les devoirs des citoyens entre eux, et qui punit les violations de la loi.

L'administration a pour but l'utilité générale et l'ordre public; l'autorité judiciaire se propose le maintien des droits privés.

L'administration se dirige d'après des considérations d'équité ou même de simple convenance; l'ordre judiciaire, d'après des titres , des conventions , des témoignages authentiques.

L'administration envisage souvent l'avenir et des cas de détail non prévus par les lois ; l'autorité judiciaire n'a pour objet que des faits préexistants, individuels et des cas toujours prévus.

L'administration peut agir spontanément et statuer par des règlements généraux qui développent les injonctions des lois, elle procède d'une manière rapide et simple qui se modifie au gré des circonstances ; l'autorité judiciaire ne peut agir sans être provoquée, elle ne peut prononcer par voie de disposition générale et réglementaire sur les causes qui lui sont soumises, de plus sa marche est lente, sévère, invariable.

L'administration peut souvent, par ses actes, créer des droits, prévenir des désordres, mais elle n'a pas capacité pour infliger des peines, si ce n'est comme réparation de dommages. L'autorité judiciaire peut reconnaître des droits acquis, mais non créer de nouveaux droits ; par compensation , elle punit les crimes et les délits.

Enfin, l'administration n'est qu'une hiérarchie d'agents commissionnés par le roi et essentiellement révocables, d'institutions auxquelles le roi peut souvent retirer telle ou telle part de leurs attributions pour l'attirer à lui ou la confier à des fonctionnaires d'une autre classe ; mais le pouvoir judiciaire est délégué, c'est-à-dire , est remis à des fonctionnaires inamovibles, à des institutions diverses qui agissent bien au nom du roi, mais dont le roi ne peut ni modifier, ni, surtout, se réserver les attributions sans violer la Charte constitutionnelle.

Il est facile, d'après cela, de ne point se tromper, même dans l'application, sur les attributions respectives du pouvoir administratif et du pouvoir judiciaire.

D'une part, les cours et tribunaux doivent, d'après la jurisprudence constante de la cour de cassation, se garder absolument de mettre obstacle aux opérations administratives; d'interpréter des actes administratifs, quelle que soit leur nature, si leur interprétation ne découle point des règles du droit privé, mais doit se puiser dans les motifs et les vues de l'administration; de réformer, censurer ou interpréter les règlements administratifs, et, à bien plus forte raison, de disposer de la chose publique, d'arrêter la comptabilité administrative, de régler la répartition des charges ou des jouissances communes, de s'immiscer dans le régime intérieur des établissements publics, et d'exercer à leur égard, des actes de tutelle.

D'autre part, l'administration ne peut, d'après la jurisprudence du conseil d'état, connaître des questions qui s'agitent entre les particuliers touchant leurs intérêts privés, soit que le débat porte sur un droit de propriété, de servitude et autre droit réel ou sur l'état et le domicile des personnes, soit que le débat ait pour objet un titre du droit commun, un titre de succession, de possession, de prescription, par exemple; ou un acte passé entre particuliers tel qu'un acte de vente, de louage, de société, de subrogation, de mandat.

L'administration ne peut non plus infirmer ni contredire les jugements rendus par les cours et tribunaux dans l'ordre de leur compétence, ni remettre en question ce qu'ils ont jugé, ni prononcer sur le mode d'exécution de leurs jugements.

CHAPITRE IV.

De l'assistance prêtée par les lois à l'administration.

L'assistance prêtée par les lois à l'administration publique a pour but de lui assurer l'exercice de ses fonctions, soit que celles-ci consistent à agir, soit qu'elles consistent à délibérer, soit qu'elles aient l'un et l'autre objet; nous allons successivement examiner les effets de cette triple assistance.

SECTION PREMIÈRE.

De l'assistance prêtée par les lois à la simple action administrative.

L'assistance dont les lois environnent la simple action administrative se rapporte à l'autorité publique que l'administration exerce sur les personnes et sur les choses, ou à l'office de personne privée que l'administration remplit dans la gestion du patrimoine public.

Les lois assistent l'administration dans l'exercice

de son autorité publique , notamment : en lui donnant un pouvoir discrétionnaire à l'effet de requérir, pour le maintien de l'ordre public et l'exécution des lois, les troupes de ligne, la garde nationale, la gendarmerie, en un mot, la force publique ; en lui permettant d'exiger, de la part des simples citoyens eux-mêmes, les travaux, services et secours jugés nécessaires dans les circonstances de tumulte, naufrage, inondation , incendie ou autres calamités, ainsi que dans les cas de brigandages , pillages , flagrant délit, clameur publique ou exécution judiciaire ; en lui procurant le respect et l'obéissance par des peines établies, soit contre la violation des règlements administratifs ou le refus d'un service légalement dû , soit pour les cas de rébellion, d'outrages et de violences envers les administrateurs.

Les lois assistent l'administration dans son office de personne privée, préposée à la gestion du patrimoine public : 1° En lui accordant des priviléges de deux sortes, les uns, destinés à assurer le recouvrement des contributions directes et assis sur les récoltes, sur les meubles , sur les deniers provenant des fermages, loyers et revenus des contribuables, les autres, destinés à garantir le remboursement des frais de justice et assis sur les immeubles et effets mobiliers des personnes qui ont été condamnées en matières criminelle, correctionnelle et de police.

2° En attachant la contrainte par corps, à l'exécution des condamnations qui constituent les dépositaires des deniers publics redevables envers le trésor.

3° En imposant des formes spéciales aux actions dirigées par l'administration ou contre elle, et, par exemple :

En établissant que l'on ne pourra, sous peine de nullité, intenter aucune action contre l'administration sans s'être d'abord pourvu, par simple mémoire au préfet, pour obtenir la décision de celui-ci.

En prescrivant d'assigner l'état, en matière domaniale, en la personne ou au domicile du préfet du département où est établi le tribunal appelé à connaître de la demande en première instance ; — le trésor royal, en la personne ou au bureau de son agent ; — les administrations et établissements publics, en leurs bureaux, si l'assignation se donne dans le lieu où est le siége de l'administration, et, au cas contraire, en la personne ou au bureau de leur préposé ; — le roi, pour ses domaines, en la personne de l'administrateur du domaine du roi ; — les communes, en la personne ou au domicile du maire ; — et la ville de Paris, en la personne ou au domicile du préfet de la Seine.

SECTION II.

De l'assistance prêtée à la juridiction administrative ou des conflits d'attribution.

L'assistance prêtée à la juridiction administrative a pour but de résoudre les questions de compétence qui s'élèvent entre celle-ci et l'ordre judiciaire. D'une part, la nécessité de maintenir le domaine de la juridiction administrative contre les envahissements du pouvoir judiciaire, d'autre part, la difficulté de poser des limites qui fissent distinguer ce domaine de celui des tribunaux civils, ont dû amener une foule de cas où la compétence administrative est incertaine, nombre de débats pour lesquels il est urgent de recourir à l'intervention d'une autorité médiatrice.

De là l'origine des conflits d'attribution.

Les conflits d'attribution sont, en effet, des débats qui s'élèvent entre l'administration et les tribunaux civils lorsque ces deux autorités, après s'être déclarées l'une et l'autre compétentes ou l'une et l'autre incompétentes, réclament ensemble ou refusent la connaissance d'une même affaire; nous nommons de tels débats *conflits d'attribution* pour les distinguer des conflits de juridiction, débats de même nature élevés au sein même de l'ordre judiciaire entre deux tribunaux civils.

Les conflits d'attribution se divisent en deux classes, celle des conflits positifs et celle des conflits négatifs.

§ Ier. *Des conflits positifs.*

Les conflits positifs sont des conflits qui s'élèvent lorsque le pouvoir administratif revendique, comme appartenant à sa juridiction, telles et telles affaires dont les tribunaux connaissent et refusent de se dessaisir.

Disons aussi brièvement que le permet l'importance de la matière, quelles personnes ont caractère pour élever les conflits positifs, dans quels cas ces conflits peuvent être élevés, quels sont les mesures préalables, les formes et les délais à observer en pareilles circonstances, enfin, comment s'opère le règlement des conflits positifs, quelles formalités préparent ce règlement et quels effets le suivent.

Des personnes qui peuvent élever les conflits positifs.

Les préfets, dans leurs départements respectifs, les gouverneurs ou intendants, dans les colonies confiées à leur direction, et, le préfet de police, à Paris, pour ce qui rentre dans les limites de ses attributions, ont seuls le droit d'élever des conflits positifs ; ni le conseil d'état, ni les ministres, ni les conseils de préfecture, ni les intendants de la marine, ni aucune autre autorité ne jouissent de ce pouvoir.

Cas où les conflits positifs peuvent être élevés.

Trois circonstances diverses autorisent à élever des conflits : celle où les tribunaux civils instruisent une cause qui doit être portée devant les tribunaux administratifs ; celle où ils veulent, à l'occasion d'un procès dont la connaissance leur appartient, apprécier préalablement le sens et les effets d'un acte dont la connaissance est réservée à l'administration ; celle, enfin, où les tribunaux civils s'occupent d'une demande qui tend à remettre en question des faits déjà décidés par l'autorité administrative dans les matières de sa compétence.

Touchant la seconde de ces circonstances, nous observerons : 1° Que, si une question préjudicielle relative à un acte administratif vient à se produire au sein d'un procès criminel, l'administration civile peut alors élever le conflit nonobstant l'article Ier de l'ordonnance du 1er juin 1828 qui déclare que les conflits ne peuvent jamais être élevés en matière criminelle; comment croire, en effet, que notre législation si constante dans son respect envers l'unité du gouvernement ait pu, pour les matières criminelles, rompre cette unité? Evidemment, l'ordonnance de 1828 a eu pour objet de consacrer cette règle que l'administration est incompétente pour réprimer les crimes, et, nullement, de violer au profit des cours d'assises, le grand principe de l'unité gouvernementale.

En vain l'on oppose que, si l'administration n'est point saisie par des conflits des questions administratives qui surgissent devant les tribunaux criminels, elle connaîtra toujours des mêmes questions par suite du renvoi volontaire que ces tribunaux ordonneront! Il serait vraiment singulier qu'en des matières si délicates et importantes, on eût confié aux tribunaux criminels eux-mêmes le soin de protéger l'administration contre leurs propres envahissements.

2° Que, lorsqu'une question préjudicielle relative à un acte administratif naît d'une instruction en matière de police correctionnelle, l'article IIe de l'ordonnance de 1828 permet formellement d'élever le

conflit sur cette question ; qu'ainsi, lorsqu'une personne prévenue d'un délit de pêche prétend n'avoir
point contrevenu à la loi du 15 avril 1829 parce
que la rivière n'avait été déclarée ni navigable, ni
flottable, dans la partie où la pêcherie était établie ;
ou bien, lorsqu'une personne prévenue de dégradation, d'enlèvement commis sur un terrain, se justifie en disant qu'elle est propriétaire de ce terrain,
et, pour le prouver, invoque un titre administratif,
il y a lieu à élever un conflit, au premier cas, sur
la question préjudicielle de navigabilité, et, au
deuxième, sur la question de propriété.

3° Que, d'après les termes de l'article II° précité,
le conflit peut s'élever devant les tribunaux de police
correctionnelle et ceux de simple police, sur la question principale elle-même, lorsque celle-ci a pour
objet un des délits dont la loi attribue la répression
à l'autorité administrative, or, ces délits sont : d'une
part, les contraventions en matière de grande voirie placées, par une loi du 29 floréal an X, dans la
compétence exclusive des conseils de préfecture, et,
d'autre part, les contraventions relatives à la police du roulage, etc. placées, par une autre loi du
29 floréal an X et un décret du 25 juin 1806, dans
les attributions des maires et des conseils de préfecture.

On n'a pas le droit d'élever des conflits lorsqu'une
commune ou un établissement public qui intente
une action judiciaire ou y défend n'a point obtenu
l'autorisation exigée par la loi ; lorsque le créancier

d'une commune, voulant exercer contre elle une action judiciaire, a omis de se pourvoir, d'abord, par simple mémoire au préfet, pour obtenir la décision de celui-ci ; enfin lorsque des agents du gouvernement sont poursuivis en justice par action criminelle sans que le poursuivant ait reçu l'autorisation nécessaire à cet effet.

Les motifs de cette règle sont, pour le premier cas, que l'autorisation de plaider nécessaire aux communes n'est qu'un simple avis sur l'opportunité du procès à soutenir, et que, dès-lors, les tribunaux qui, de leur propre chef, suppléent à cette autorisation, n'empiètent point sur la juridiction administrative ; pour le deuxième cas, que le mémoire, à adresser au préfet par le créancier d'une commune, ne tend pas davantage à obtenir de cet administrateur un jugement sur le fond de la question, mais a en vue de lui fournir les renseignements nécessaires pour décider s'il y a lieu de satisfaire à la demande, et d'empêcher alors une commune de soutenir un procès injuste ou onéreux ; enfin, dans le troisième cas, le droit d'élever des conflits a été refusé à l'administration pour faciliter aux citoyens l'accès de la justice. Toutefois, en ces trois circonstances, le législateur n'a point négligé les intérêts de l'administration, puisque, dans les deux premières, l'issue du procès se montre-t-elle défavorable à une commune, celle-ci peut faire annuler le jugement du tribunal civil, et toute la procédure qui le précède, comme le témoigne la jurisprudence de la cour suprême ; et puisque, dans la troisième, non-seulement le défaut d'autorisation préalable constitue, en faveur du fonctionnaire poursuivi, une exception à proposer devant le tribunal saisi de la cause, mais encore les articles 127 et 129 du code pénal déclarent coupable de forfaiture et punissent, soit les juges qui, après une réclamation légale des parties intéressées ou de l'autorité administrative, auraient rendu des ordonnances ou décerné des mandats contre les agents ou préposés de l'administration, soit les officiers du ministère public ou les officiers de police qui auraient requis ces mandats et ordonnances.

Mais le conflit peut-il être élevé devant les tribunaux de commerce ou de justice de paix? Telle est la question qui a partagé les auteurs; d'un côté on disait que le conflit ne peut s'élever devant les juridictions qui ne possèdent pas de ministère public, puisqu'aux termes de l'article 6 de l'ordonnance du 1er juin 1828, le préfet doit, pour élever valablement un conflit, demander d'abord le renvoi de l'affaire par un mémoire adressé au procureur du roi; d'un autre côté, on faisait valoir la généralité des motifs qui rendent nécessaires les conflits et on imaginait divers moyens pour parer aux difficultés d'application; mais le conseil d'état s'est prononcé en faveur de la première opinion, et, d'ailleurs, M. Taillandier, rapportant l'esprit qui a présidé à la rédaction de l'ordonnance de 1828, au sein de la commission dont il était secrétaire, assure que cette commission a entendu abroger, d'une manière absolue, les conflits dans les matières sur lesquelles les juges de paix et les tribunaux de commerce prononcent en dernier ressort.

Mesures préalables et délais relatifs à l'élévation des conflits.

Les mesures à observer avant l'élévation des conflits ont pour objet de prévenir, s'il est possible, la lutte toujours fâcheuse de l'ordre administratif et de l'ordre judiciaire en appelant le libre désistement de celui-ci, d'éclairer la prudence des préfets par des débats publics et contradictoires à l'audience, et, enfin, de s'assurer que ces magistrats ont, par devers eux, tous les documents propres à empêcher l'élévation de conflits mal fondés qui deviendraient à la fois une offense gratuite envers les juges civils, et une atteinte portée aux droits des citoyens.

Les mesures dont il s'agit sont prescrites par l'ordonnance royale du 1ᵉʳ juin 1828; d'après cette ordonnance, le préfet qui estime que la connaissance d'une affaire portée devant un tribunal civil de son département est attribuée par la loi à la juridiction administrative peut, alors même que l'administration n'est pas en cause, demander à ce tribunal lui-même le renvoi du litige devant l'autorité compétente; à cet effet, le préfet adresse au procureur du roi un mémoire où est rapporté le texte de loi qui donne à l'administration la connaissance de ce litige.

La demande du préfet est ensuite communiquée au tribunal par le procureur du roi, qui requiert le renvoi de l'affaire si cette demande lui paraît fondée ; et le tribunal, ayant ouï les parties en cause, rend un jugement motivé pour admettre ou rejeter le déclinatoire, c'est-à-dire, l'exception d'incompétence.

Enfin, dans les cinq jours suivants, le procureur du roi adresse au préfet copie de ce jugement et de ses propres conclusions.

Après tous ces préliminaires, le conflit peut être élevé et il l'est en effet si, d'une part, malgré toutes les lumières que les débats de l'audience lui ont fournies, le préfet persiste dans son opinion, et si, d'autre part, le tribunal civil soutient sa juridiction et rejette le déclinatoire ou bien si, après que le tribunal a reconnu son incompétence et ordonné le renvoi de l'affaire, une partie qui se croit blessée dans ses intérêts, appelle du jugement du tribunal.

L'élévation du conflit, ou, en d'autres termes, la revendication faite, au nom de l'administration, d'une cause qui appartient à la juridiction administrative, résulte d'un arrêté du préfet lequel doit, conformément à l'article 9 de l'ordonnance du 1er juin 1828, renfermer : 1° Le visa du jugement intervenu sur le déclinatoire et l'acte d'appel s'il y a lieu ; 2° Le texte de la loi qui attribue à l'administration la connaissance du point litigieux.

Cet arrêté, avec les pièces qui y sont visées, est déposé au greffe du tribunal dans le délai de quinzaine sous peine de nullité du conflit, et, aussitôt après ce dépôt est remis par le greffier au procureur du roi qui le communique au tribunal dans la chambre du conseil; c'est, en effet, au tribunal seul de vérifier si le conflit est élevé dans les cas, dans les délais et selon les formes légales et d'ordonner, en conséquence, qu'il soit sursis à toute procédure ou à toute voie d'exécution jusqu'après le règlement du conflit.

Quant au délai dans lequel l'élévation du conflit est admissible, reconnaissons, d'abord, que les préfets ne doivent pas attendre, pour élever les conflits, que les tribunaux saisis de matières administratives aient rendu leurs jugements; l'ordre régulier des juridictions et l'intérêt des parties veulent, au contraire, que le juge incompétent soit dépouillé le plus tôt possible; cependant, il peut arriver que, par ignorance de ce qui se passe au sein des tribunaux, les préfets laissent ceux-ci consacrer leurs usurpations par des jugements, et même, après ces jugements, laissent un certain délai s'écouler : alors question est de savoir jusqu'à quelle époque le conflit peut être valablement élevé?

Les articles 4 et 8 de l'ordonnance de 1828 vont nous servir à résoudre ce point : de ces deux articles combinés il résulte que, sauf le cas fort rare prévu par l'article 8 de l'ordonnance de 1828, le conflit ne peut plus être élevé après que le juge civil saisi d'une matière administrative a rendu sa décision, si celle-ci est acquiescée ou si elle n'est point susceptible d'appel; et qu'au contraire, si cette décision n'est acquiescée ni expressément par un acte écrit, ni tacitement par une exécution volontaire, si, de plus, elle est susceptible d'appel, l'élévation du conflit est possible ; mais alors, se présentent deux hypothèses :

Le déclinatoire formé par le préfet au tribunal civil est rejeté, ou bien il est admis et il donne lieu à l'appel de l'une des parties.

Au premier cas, le préfet peut élever le conflit dans la quinzaine de l'envoi qui lui est fait, par le procureur du roi, tant des conclusions ou réquisitions de celui-ci que du jugement rendu sur le déclinatoire, conformément à l'article 7 de l'ordonnance de 1828; au deuxième cas, le préfet a le droit d'élever le conflit dans la quinzaine qui suit la signification de l'acte d'appel, et ce, encore bien qu'avant l'expiration de ce délai, il ait été prononcé sur le fond du litige par un jugement en dernier ressort.

Observons que, dans l'une et l'autre hypothèse, le délai de quinzaine n'est point fatal puisque, d'une part, après ce délai expiré, le fond du procès peut amener les mêmes parties devant un tribunal d'appel, et que, d'autre part, l'article 4 de la loi de 1828 dit formellement que le conflit peut être élevé en appel s'il ne l'a pas été en instance ou s'il l'a été irrégulièrement après les délais prescrits par l'art. 8 de l'ordonnance.

Règlement des conflits positifs.

Le règlement des conflits est l'action de trancher par un jugement définitif les débats qui s'élèvent entre l'ordre judiciaire et l'ordre administratif touchant leur compétence respective. Depuis l'arrêté du

13 brumaire an X, le règlement des conflits est dans les attributions du conseil d'état; nous allons voir quelles formalités prépare ce règlement et quels en sont les effets.

Après avoir été communiqué au tribunal, ainsi que nous venons de le voir, l'arrêté de conflit est déposé au greffe pour y rester pendant quinze jours avec les pièces y jointes.

Ce dépôt effectué, le procureur du roi en prévient de suite les parties ou leurs avoués, lesquels peuvent en prendre communication sans déplacement et remettre, dans le même délai de quinzaine, au parquet du procureur du roi, leurs observations sur la question de compétence avec tous les documents à l'appui; aussitôt après l'accomplissement de ces formalités, de ces délais, le procureur du roi informe le garde des sceaux de ce qui s'est passé en lui transmettant, à la fois, l'arrêté du préfet, ses propres observations et celles des parties, s'il y a lieu, avec toutes les pièces jointes, c'est-à-dire, avec l'assignation en justice, les conclusions prises à l'audience, le déclinatoire proposé par le préfet et le jugement rendu sur la compétence par le tribunal.

Le ministre de la justice, à son tour, est chargé d'adresser ces diverses pièces au secrétariat général du conseil d'état, et, cela, dans les vingt-quatre heures de leur réception, sauf, toutefois, à prévenir de cet envoi le magistrat qui les lui a transmises.

L'affaire, ainsi parvenue au conseil d'état, est

examinée, élaborée, par le comité de législation et de justice administrative ; il en est fait rapport en assemblée générale et en séance publique ; les avocats des parties présentent, s'ils le veulent, des observations verbales ; le maître des requêtes ou l'auditeur faisant les fonctions de ministère public est entendu ; et, après ces débats contradictoires, le conseil d'état prononce enfin le règlement du conflit.

Ce règlement doit avoir lieu dans le délai de deux mois, à dater de la réception des pièces au ministère de la justice ; si donc deux mois s'étaient écoulés, depuis cette époque, sans qu'il eût été statué par le conseil d'état, l'arrêté de conflit rendu par le préfet serait censé non avenu, et les parties seraient libres de reprendre l'instance par elles introduite devant les tribunaux civils.

Si, maintenant, nous recherchons quels sont les effets du règlement des conflits et quels droits accessoires résultent, pour le conseil d'état, de l'exercice de cette attribution, il nous est facile de reconnaître :

1° Que la décision du conseil d'état qui règle et approuve un conflit a pour seul effet de constater l'existence d'un acte ou d'un fait administratif et de saisir l'autorité administrative de la connaissance de cet acte, de ce fait, ce qui ne s'oppose point à ce que l'administration renonce plus tard à l'accomplissement de cette tâche, si elle voit qu'elle ne peut la remplir sans dépasser sa compétencee ;

2° Que la décision du conseil d'état, qui règle et approuve un conflit, n'annulle le jugement ou l'arrêt émané de la juridiction civile qu'en ce qui excède la compétence de celle-ci.

3° Que le conseil d'état, après avoir constaté l'existence d'un acte administratif et approuvé le conflit, peut enjoindre aux parties de plaider devant lui et statuer lui-même sur le fond du litige, lorsqu'il s'agit de l'interprétation d'une ordonnance ou d'un décret du souverain; mais qu'en tout autre cas, le conseil d'état ne doit point, à l'occasion du règlement des conflits, statuer sur le fond des procès, ni même tracer aux parties la marche qu'elles ont à suivre, de peur de se compromettre en les renvoyant vers une autorité qui ne serait point liée par ce renvoi.

4° Qu'enfin, s'il n'y a pas eu de déclinatoire proposé devant les tribunaux civils par le préfet, ou bien si, après le rejet du déclinatoire par lui formé, le préfet a omis de rendre un arrêté de conflit, le conseil d'état n'a point le droit d'annuler, de modifier ou d'entraver, dans son exécution, un jugement, quel que soit d'ailleurs son caractère et le juge qui l'a rendu.

§ II. *Des conflits négatifs.*

Les conflits négatifs sont des conflits d'attribution qui ont lieu lorsque l'autorité administrative et l'autorité judiciaire se sont formellement déclarées incompétentes au sujet d'une même affaire, et que les parties ont recouru au conseil d'état en règlement de juges. Il suit de cette définition :

1º Que le conflit négatif suppose le refus de juger de la part de deux juridictions, l'une civile, l'autre administrative, appelées à statuer respectivement sur le fond même d'une affaire; et que si, par exemple, l'administration autorise une commune à ester en justice, si les tribunaux civils se déclarent ensuite incompétents sur l'objet de l'autorisation, cette diversité de sentiments ne constituera pas un conflit négatif tant que les tribunaux administratifs n'auront point été, à leur tour, saisis du fond de la cause.

2º Qu'il n'y aurait pas conflit négatif si la question sur laquelle les juges civils et les juges administratifs ont eu à prononcer n'était point la même, si, par exemple, après qu'une question civile aurait été renvoyée aux tribunaux par l'administration, les tribunaux, à leur tour, avaient renvoyé à celle-ci une question administrative, encore bien que ces deux questions eussent trait à la même affaire.

3º Que le conflit négatif n'existerait pas davantage, si la cause renvoyée et par les tribunaux civils et par telle ou telle juridiction de l'ordre administratif, ressortissait à une autre juridiction de ce même ordre.

4º Qu'il en serait de même si les tribunaux civils avaient renvoyé une cause devant l'administration seulement pour savoir si elle constituait un litige administratif, et si l'administration avait décidé la question négativement.

5° Que, pour donner lieu au conflit négatif, ce n'est point assez que les deux autorités diverses, appelées à statuer au fond sur une même affaire, se soient abstenues de prononcer, mais qu'il faut que chacune d'elles ait rendu une déclaration formelle d'incompétence.

6° Que, pour effectuer le conflit négatif, il n'est pas besoin d'un arrêté de conflit rendu par le préfet, qu'un tel acte serait même tout à fait inutile à cet égard ; mais que, pour effectuer le conflit négatif, il faut, indépendamment des conditions ci-mentionnées, que les parties aient recouru devant le conseil d'état, par la voie de règlement de juges et non par celle de réformation.

Le règlement de juges et la réformation sont, en effet, deux voies distinctes ouvertes aux parties qui, après des déclarations d'incompétence émanées et d'un juge civil et d'un juge administratif, se sentent arrêtées par un double déni de justice.

Par la voie de réformation, les parties demandent au tribunal immédiatement supérieur dans l'ordre hiérarchique l'annulation d'un jugement rendu par le tribunal inférieur, et, appellent, par exemple : devant les cours royales, des décisions des tribunaux d'instance ; devant les ministres, des décisions des préfets ; et, devant le conseil d'état, des décisions des conseils de préfecture. Par la voie de règlement de juge, les parties s'adressent directement au conseil d'état, et, à lui seul, non pour lui demander de réformer tel acte administratif, émané d'une juridiction inférieure, mais pour l'inviter à désigner, soit dans l'ordre administratif, soit dans l'ordre judiciaire, un tribunal auquel la cause devra être portée, et qui ne pourra se refuser à en connaître sous prétexte d'incompétence.

Le conseil d'état est habile, toutefois, à prononcer le règlement de juge, encore bien que les parties se soient d'abord adressées à lui par voie de réformation, et qu'il n'ait été saisi de la question de règlement qu'après avoir déclaré l'incompétence de l'autorité administrative.

En cas de conflit négatif, le pourvoi en règlement de juge et les significations d'ordonnance de *soit communiqué*, ne sont soumis à aucun délai ; du reste, on procède alors comme dans les cas ordinaires de recours en matière contentieuse.

SECTION III.

De l'assistance prêtée par les lois aux fonctions administratives en général ou de la garantie des agents de l'administration.

La garantie des agents du gouvernement est consacrée par la constitution de l'an VIII qui la définit ainsi : « La protection que la loi accorde à certains » fonctionnaires publics, en défendant de les poursuivre, sans une autorisation supérieure, à raison » des abus ou des délits prétendus commis par eux » dans l'exercice de leurs fonctions. » Le décret du

9 avril 1806 confirme la constitution de l'an VIII, et déclare que l'autorisation du gouvernement est nécessaire pour traduire en justice les agents de celui-ci.

Le code pénal, lui-même, par son article 129, prononce une peine de 100 francs au moins et de 500 francs au plus contre chacun des juges qui, après une réclamation légale des parties intéressées ou de l'autorité administrative, mais, sans autorisation du gouvernement, auraient rendu des ordonnances ou décerné des mandats contre des fonctionnaires publics prévenus de crimes ou de délits commis dans l'exercice de leurs fonctions.

Enfin, s'élève-t-il des doutes sur le sens des mots *agents du gouvernement, fonctionnaires publics,* Proudhon nous assure que ces noms désignent toutes personnes qui, agissant comme mandataires ou comme délégués de l'autorité royale, sont censées exécuter les ordres de celle-ci.

La garantie des agents administratifs est donc un principe bien nettement posé dans nos lois; cette garantie a pour objet de protéger l'exercice des fonctions administratives, voilà un fait non moins constant; mais cette garantie atteint-elle son but? Ce but lui-même est-il avantageux? telle est la double question qui s'élève d'abord et que nous croyons pouvoir résoudre affirmativement.

Sur le premier point, deux motifs nous déterminent : 1° Sans la garantie, rien n'empêcherait les tribunaux d'user de leur compétence en matière de crimes et délits pour appeler à leur gré, devant eux, les agents de l'administration , pour imputer à ceux-ci des fautes, des abus, des délits qui n'auraient de réalité qu'aux yeux des magistrats peu initiés aux vues mobiles de la politique , et pour arrêter ainsi dans sa marche ou déjouer dans son attente l'action administrative.

2° Sans la garantie on verrait les agents de l'autorité, seuls au milieu des jalousies, des préventions , des passions qui les entourent, craindre d'exercer leurs devoirs souvent rigoureux, souvent contraires aux intérêts privés; ou bien essayer de remplir ces devoirs et alors être troublés , inquiétés à chaque moment dans leur exercice, être traduits devant les tribunaux pour les motifs les plus faux ou les plus frivoles, au grand retard , au grand préjudice de l'administration.

Quant au point de savoir si la protection spéciale donnée aux fonctions administratives est bonne en soi, on dira, peut-être, que les particuliers sont sujets à mille vexations de la part de l'autorité locale éloignée souvent de toute surveillance, et que, contre l'arbitraire du pouvoir, cette protection ne laisse de recours que près du pouvoir lui-même.

A cela il faut répondre que la protection résultant de la garantie, si efficace qu'elle soit d'ailleurs, n'attente pas aux justes droits des citoyens ; en effet, de deux choses l'une : ou l'administration, reconnaissant que l'acte imputé au fonctionnaire public est étranger à ses fonctions, permet de le poursuivre

devant les tribunaux civils, et alors les particuliers
ne sauraient se plaindre ; ou bien l'administration,
estimant que l'acte du fonctionnaire est conforme
aux vues de l'autorité supérieure, refuse d'autoriser
la mise en jugement, et alors il reste aux particuliers la voie de pétition aux chambres qui peuvent
accuser et juger le ministre, ou, au moins, lui faire
rendre compte de ses actes. En ce dernier cas, le
refus d'autorisation, et, même, la sécurité du fonctionnaire inculpé, loin de blesser la justice, émanent
de ce sage principe que, dans la hiérarchie administrative, la responsabilité des actes doit tomber
sur le supérieur qui les ordonne plutôt que sur l'inférieur qui les accomplit pour obéir à un devoir.

Ainsi, d'une part, la garantie dont il s'agit protége l'action administrative, et, d'autre part, la
protection, fruit de cette garantie, sert le pouvoir
sans méconnaître les droits privés.

Cela posé, examinons pour quels faits la garantie
des agents administratifs est accordée, et sur l'accomplissement de quelles formalités cette garantie
repose.

La constitution de l'an VIII et la jurisprudence du
conseil d'état ont posé ce principe que la garantie
appartient non à la personne du fonctionnaire mais
à ses fonctions ; ce qui signifie qu'un citoyen, alors
même qu'il est au nombre des fonctionnaires publics protégés par la garantie, ne peut pas invo-
quer celle-ci pour des actes étrangers à l'exercice

de ses fonctions, tous les citoyens étant égaux devant la loi.

La cour de cassation et diverses cours royales, en appliquant ce principe, ont récemment établi :

1° Que la garantie accordée aux agents administratifs, à raison des actes faits par eux dans l'exercice de leurs fonctions, a en vue d'écarter certaines poursuites criminelles et non les poursuites civiles, de telle sorte que, pour intenter ces dernières, l'autorisation préalable n'est point nécessaire.

2° Que la garantie ne protége plus les agents administratifs, même à l'égard des faits consommés dans l'exercice de leurs fonctions, lorsque ces agents ont cessé de remplir celles-ci.

3° Que chaque fait nouveau, imputé à un fonctionnaire déjà traduit en justice, nécessite une autorisation nouvelle.

S'agit-il maintenant de savoir sur quelles formalités repose la garantie administrative, nous voyons ces formalités se grouper autour d'un point central qui est l'autorisation supérieure à obtenir avant toute poursuite criminelle dirigée contre un fonctionnaire.

D'après nos lois actuelles, l'autorisation préalable doit être demandée tantôt au conseil d'état, lui-même, et tantôt à diverses administrations particulières, sauf le recours à ce conseil.

Au conseil d'état, il appartient d'autoriser la mise en jugement des maires et adjoints de maire, en tant qu'ils agissent comme préposés de l'administration et non comme officiers de police judiciaire ou comme officiers de l'état civil, des greffiers des municipalités, des conseillers d'état, des directeurs des douanes, des directeurs et inspecteurs des contributions directes, des directeurs et inspecteurs des postes, des préfets et sous-préfets, des commissaires de police, des gardes champêtres, gardes forestiers et gardes-pêche, des officiers et sous-officiers de gendarmerie, des administrateurs des établissements de charité, des ecclésiastiques, etc.

Aux administrations générales des forêts, des douanes, des monnaies, des postes, de l'octroi, de l'enregistrement et des poudres et salpêtres, il appartient d'ordonner la mise en jugement de leurs préposés respectifs, sauf toutefois, le recours au conseil d'état en cas de refus.

L'autorisation dont il s'agit est demandée, soit par le gouvernement lui-même, soit par des autorités locales ou des parties plaignantes; au premier cas, la dénonciation, ainsi que les pièces contenant les faits qui donnent lieu à l'examen, sont renvoyées à une commission composée du président de l'une des sections du conseil et de deux conseillers d'état; cela fait, ou cette commission décide que l'inculpation n'est pas fondée, et, alors, elle charge son président d'en informer le ministre de la justice; ou elle juge que les faits qui lui sont soumis doivent donner lieu à des poursuites judiciaires, et, alors, elle en rend compte au roi par écrit; ou elle estime que les fautes imputées ne peuvent entraîner que des peines de discipline, et, en ce dernier cas, elle prend les ordres du roi pour faire son rapport au conseil d'état compétent à l'effet d'appliquer lesdites peines ; souvent la commission est d'avis que le fonctionnaire inculpé sera appelé dans son sein , et le ministre de la justice doit, à cet effet, mander ce fonctionnaire ; celui-ci peut même, bien qu'il ne soit point appelé, se faire entendre dans le cours de l'instruction , comme aussi produire sa défense par écrit.

Lorsque l'autorisation est réclamée par des autorités locales ou par des parties plaignantes , la demande de ces personnes est transmise au roi par les ministres, et il y a lieu de procéder suivant la loi du 22 frimaire an VIII.

Dans l'un et l'autre cas. la requête à fin d'autorisation ne peut être présentée au conseil d'état si elle n'a été précédée d'une information judiciaire ou si la personne que l'on prétend avoir souffert de l'acte imputé au fonctionnaire dit, elle-même, n'en avoir ressenti aucuns dommages et refuse de se rendre partie plaignante.

Dans l'un et l'autre cas aussi, le conseil d'état a le droit de refuser l'autorisation de poursuivre, soit parce que les faits imputés au fonctionnaire ne sont point prouvés, soit parce que ces faits, bien que constants, ne suffisent pas pour motiver des poursuites ou portent avec eux leur justification.

Tel est, d'après nos lois, l'effet décisif de l'ordonnance qui accorde ou refuse l'autorisation préalable, que cette ordonnance ne peut être attaquée par la voie contentieuse, et que si, avant qu'elle fût représentée, un tribunal civil statuait au fond, même pour acquitter, sur une poursuite dirigée contre un fonctionnaire à raison de ses fonctions, le jugement de ce tribunal devrait être annulé comme entaché d'excès de pouvoir; toutefois, il faut reconnaître que selon la règle : *Contra non valentem agere non currit præscriptio*, la prescription ne court, en faveur des agents administratifs, que du jour où l'autorisation supérieure est venue légitimer les poursuites exercées contre eux.

D'après ce qui vient d'être dit, on pourrait considérer la garantie administrative comme un privilége identique et commun aux divers agents de l'administration; cette garantie, cependant, n'est point la même pour tous, elle n'est point accordée à tous indistinctement et dans tous les cas : selon l'article 144 de la loi du 8 décembre 1814 et l'article 244 de la loi du 28 août 1816, les préposés ou employés de la régie des contributions indirectes, prévenus de crimes ou de délits commis dans l'exercice de leurs fonctions, peuvent être poursuivis et traduits devant les tribunaux compétents sans autorisation préalable et dans les mêmes formes que les autres citoyens; seulement le juge instructeur, lorsqu'il a décerné contre eux un mandat d'arrêt, est tenu d'en informer le directeur des impositions indirectes du département de l'employé poursuivi.

Selon toutes les lois de finances qui se sont succédé depuis le 15 mai 1818, les autorités qui or-

donnent, les employés qui confectionnent les rôles
et tarifs et ceux qui font le recouvrement d'impôts
directs ou indirects non prescrits ou maintenus par
les lois, à quelque titre et sous quelque dénomination
que ces impôts se perçoivent, peuvent être poursuivis
comme concussionnaires, sans préjudice de l'action
en répétition, pendant trois années, contre tous individus qui ont fait la perception, et sans que, pour
exercer cette action devant les tribunaux, il soit besoin d'une autorisation préalable.

Aux termes de l'arrêté du 18 floréal an x, les
préfets peuvent, après avoir pris l'avis des sous-préfets, traduire devant les tribunaux, sans recours à la
décision du conseil d'état, les percepteurs des contributions pour faits relatifs à leurs fonctions ; les
préfets peuvent aussi, conformément à l'arrêté du 29
thermidor an x, autoriser la mise en jugement des
préposés de l'octroi municipal.

Les maires, considérés comme juges de police
ou comme officiers de l'état civil ; les maires, adjoints
de maire, gardes champêtres, et gardes forestiers, commissaires de police et officiers de gendarmerie, considérés comme officiers de police judiciaire, peuvent
être poursuivis, pour faits relatifs à leurs fonctions,
sans l'autorisation du gouvernement et sous la seule
garantie des formes établies en leur faveur par les
articles 50 du code civil, 483 et 485 du code d'instruction criminelle.

Enfin, les agents de l'administration, quels qu'ils
soient, peuvent, même pour faits relatifs à leurs fonc-

tions, être traduits directement devant les tribunaux lorsqu'ils sont pris en flagrant délit.

Ce serait ici le lieu d'exposer les caractères spéciaux propres à la garantie des ministres, car, d'un côté, nos lois constitutionnelles rendent les ministres responsables en cas de trahison, de concussion et de prévarication, et, d'autre part, la garantie ordinaire ne peut être accordée à ces administrateurs soit parce que leur position élevée ferait de cette simple garantie une barrière infranchissable, soit parce que l'article 47 de la charte de 1830 énonce formellement que la chambre des députés a le droit d'accuser les ministres et de les traduire devant la chambre des pairs qui, seule, a celui de les juger.

Quel que soit notre désir à ce sujet, il nous est cependant impossible de le satisfaire puisque la loi sur la responsabilité des ministres, loi promise par l'article final de la charte de 1830 et discutée, depuis plusieurs années, dans l'une et l'autre chambre, n'a point encore été rendue. Nous nous bornerons donc, pour à présent, à donner quelques règles consacrées par l'opinion et la jurisprudence.

Il y a trahison lorsque, par des actes faits ou méchamment omis, par des ordres donnés ou par des plans concertés et arrêtés, un ministre attente soit à la charte constitutionnelle, soit à la sûreté intérieure ou extérieure de l'état, soit à la personne du roi, du régent ou des membres de la famille royale; lorsque, par exemple, un ministre signe et publie des ordonnances attentatoires aux libertés du pays.

Il y a concussion lorsqu'un ministre détourne directement ou indirectement les deniers de l'état et abuse, dans un intérêt privé, des pouvoirs que la loi lui confie; lorsque, par exemple, un ministre ordonne des perceptions illégales, vend les faveurs du roi ou prend un intérêt dans les marchés que les fournisseurs passent avec l'état.

Il y a prévarication lorsqu'un ministre, sans commettre ni trahison ni concussion, compromet sciemment les intérêts de l'état par la violation ou l'inexécution des lois, ou par l'abus criminel du pouvoir qui lui est légalement conféré; lorsque, par exemple, un ministre, dans une intention criminelle, dépasse les crédits ouverts au budget de son département.

Les ministres ne cessent point d'être punissables, soit comme complices, soit comme responsables, alors que la justice populaire, déclarant un roi parjure, et, personnellement, volontairement, auteur d'un complot contre les libertés nationales, méconnaît l'inviolabilité de ce roi, prononce sa déchéance et chasse sa dynastie.

Une arrestation arbitraire ne peut motiver une poursuite contre un ministre qu'autant qu'elle constitue le crime de concussion, de trahison ou de prévarication.

Enfin, en l'absence de lois particulières sur la responsabilité des ministres, l'autorité judiciaire doit

se déclarer incompétente pour connaître de toute
action, même civile, dirigée contre un ancien ministre à raison de ses fonctions.

Terminons en observant qu'il ne faut pas confondre avec la garantie administrative, certaines
formes particulières prescrites par diverses lois pour
les actions à intenter contre les ministres, les conseillers d'état et quelques autres agents du pouvoir;
en effet, ces dernières formes sont destinées, à re-
hausser la personne des fonctionnaires, et, comme
telles, s'appliquent non aux seules actions qui naissent de l'exercice des fonctions publiques, mais à
toutes actions indistinctement.

TITRE II.

DE L'AUTORITÉ ROYALE.

Comme nous l'avons dit plus haut, les attributions
générales de l'administration consistent à agir ou à
délibérer; d'après cet état de choses, le législateur
a créé des institutions de deux ordres représentées,
les unes, par un fonctionnaire unique, les autres
par un conseil, et, en général, il a confié, aux premières, l'action administrative, aux secondes, la délibération; on regarde, en effet, comme un principe reconnu qu'agir est le fait d'un seul, mais que
délibérer est le fait de plusieurs.

Cela établi, parlons d'abord des institutions représentées par un fonctionnaire unique.

Au premier rang, se trouve l'autorité royale.

A la lecture de notre charte constitutionnelle, la
royauté apparaît toute chargée d'attributions diverses : tantôt, c'est le pouvoir législatif qu'elle possède, mais une part de ce pouvoir est aussi déférée
aux chambres législatives ; tantôt c'est l'autorité exécutive, mais l'exercice réel de cette autorité, elle le
partage soit avec les agents nombreux des administrations civile et militaire, soit avec les tribunaux ; tantôt c'est une puissance qui atteint la
chambre des pairs, celle des députés et l'ordre judiciaire lui-même ; tantôt, enfin, c'est un droit contradictoire en apparence, lequel permet au roi de
déclarer la guerre, de passer des traités de paix,
d'alliance, de commerce, et qui, en même temps,
lui défend d'imposer un centime sans le vote des
chambres législatives.

Notre premier soin doit donc être, en envisa-
geant la royauté, de rechercher s'il n'est point en
elle un pouvoir fondamental, unique, duquel dérivent et auquel se rallient toutes ces attributions
dont le rapprochement, au premier abord, nous
étonne.

Ce pouvoir fondamental n'est-il pas le gouvernement ? Pour qu'il en soit ainsi, il faut deux choses :

1° Que le sens du mot *gouvernement* comprenne
toutes les attributions de la royauté, selon la charte
de 1830 ;

2° Que cette royauté, à son tour, exerce le gouvernement tout entier.

Et d'abord, le sens du mot *gouvernement*, ce sens large, compréhensif, où le chercherons-nous?

Sera-ce dans les articles 13 à 18 de la charte de 1830, au chapitre intitulé : *Des formes du gouvernement du roi?* non sans doute, car, en considérant l'esprit de la charte de 1830, et, surtout, en lisant ses articles 23, 42, 48 et 58, qui consacrent l'action du roi sur chacune des deux chambres et sur l'ordre judiciaire, on est bientôt convaincu que le roi, chez nous, remplit une mission plus large que celle assignée par les articles 13 à 18.

Le sens du mot gouvernement, nous le chercherons là où doit être cherché le sens de tous les mots, dans les usages de la vie. Lorsqu'une société politique, commerciale, industrielle ou autre, se constitue; lorsqu'afin de se conserver et d'atteindre son but, cette société nomme un mandataire, et, lui imposant certaines limites infranchissables, lui livre les ressources communes; lorsqu'enfin ce mandataire saisit ces ressources, et, dans sa main, les convertit en force active pour opérer souverainement, que disons-nous alors? Nous disons que ce mandataire *gouverne*, et, loin de trouver ce mot trop restreint pour exprimer une action aussi large, nous faisons profession de croire que, sous la surveillance qui s'attache à ses actes, plus ce mandataire est inamovible, plus aussi il réalise un bon gouvernement; alors, en effet, le mandataire de la société peut vouloir et accomplir sa volonté ; il peut régler, nuancer, combiner ses actes en vue d'une certaine harmonie, et de manière à donner à ses idées toute leur application, toute leur vertu possible : en même temps, ce mandataire abdique davantage ses intérêts privés, pour unir sa cause à celle du bien commun ; il est porté davantage à des vues d'ensemble, d'avenir, et ces vues mieux assises lui sont plus claires, plus nettes, plus justes ; de sorte que, dans un ordre de choses où tous les biens futurs s'achètent par des sacrifices présents, il a l'intelligence complète de la valeur relative de ces biens et de ces sacrifices, comme aussi un intérêt puissant à vouloir ce qui est le plus sage.

Ainsi donc, d'après l'usage constant, le mot *gouvernement* peut désigner, dans une nation en général, l'ensemble des pouvoirs polititiques, et, chez nous en particulier, les attributions du roi selon la charte de 1830.

Voyons, à cette heure, si la royauté exerce, en France, le gouvernement tout entier.

Nous aurons prouvé l'affirmative, et nul ne le contestera, si nous établissons que l'administration civile et militaire, les relations diplomatiques, la chambre des pairs, la chambre des députés et les tribunaux eux-mêmes, en tant qu'ils touchent aux intérêts publics, sont, d'après le texte et l'esprit de notre charte, soumis à la direction ou à l'influence toute puissante du roi.

1° Les administrations civile et militaire, ainsi

que les relations diplomatiques, sont dirigées par le roi ; ceci est incontestable, puisqu'aux termes de l'article 12 de la constitution de 1830, au roi seul appartient la puissance exécutive, et qu'aux termes de l'article 13, le roi est le chef suprême de l'état, commande les forces de terre et de mer, déclare la guerre, passe les traités de paix, d'alliance, de commerce, nomme à tous les emplois d'administration publique, et fait les règlements et ordonnances nécessaires pour l'exécution des lois.

2° La chambre des pairs est sous l'influence toute puissante du roi, puisqu'aux termes de l'article 23 de la même charte, les pairs sont nommés par le roi en nombre illimité, et puisque, si la majorité des membres de la chambre des pairs refuse au roi son concours en faveur d'une mesure qui importe à la politique du roi, celui-ci peut à l'instant briser cette majorité par une promotion de nouveaux membres qui comprennent mieux sa pensée.

3° La chambre des députés est aussi sous l'influence du roi, puisque l'article 42 de la charte permet à celui-ci de dissoudre cette chambre, et qu'en fait, il use de ce droit toutes les fois que l'harmonie paraît vouloir cesser entre les intentions de cette chambre et l'esprit du gouvernement.

4° Enfin, les tribunaux, dans leur contact avec les intérêts généraux et l'administration publique, subissent l'action du roi soit que celui-ci, usant des dispositions de l'article 48 de la charte, modifie la composition des tribunaux par des nominations et mutations de juges, par des créations et suppressions de chambres; soit qu'en vertu de l'article 58, il accorde des grâces et commue des peines; soit qu'enfin, il fasse élever des conflits pour maintenir intact le domaine de l'administration.

La direction ou l'influence puissante du roi s'exerce donc sur tout ce qui touche à la chose publique par une action immédiate; la royauté, aujourd'hui en France, tient donc en ses mains le gouvernement tout entier; allons plus loin, et disons que l'autorité royale, comme ayant le gouvernement de la France, remplit son but à un haut degré, puisque non-seulement elle repose tout entiere sur une seule tête, mais encore le roi qui la possède est inviolable, sacré et héréditaire, d'après l'article 12 et la disposition finale de la charte de 1830.

Toutefois, comme nous l'avons dit, l'idée de gouvernement, si générale qu'elle soit, bien loin d'exclure la soumission à une puissance limitative, la suppose au contraire; quelle est donc, chez nous, cette puissance et de quelle part vient-elle, car elle n'appartient assurément ni à l'administration publique, ni aux chambres législatives, ni aux tribunaux, placés, comme ils le sont, sous la direction ou l'influence de la royauté?

La puissance limitative qui s'exerce sur l'autorité royale émane des colléges électoraux, et, surtout, de l'opinion publique.

Elle émane des premiers soit que le roi, mécontent de l'esprit qui anime la chambre élective, la dissolve et provoque les colléges électoraux à manifester leur vœu par des élections nouvelles ; soit qu'après l'expiration des pouvoirs quinquennaux de la même chambre, la nécessité de ces élections se produise naturellement.

Et remarquons tout ce qu'a de réel une telle puissance : d'une part, c'est au vœu des colléges électoraux, à lui seul, que le roi peut appeler des décisions de la chambre élective, et, d'autre part, ce vœu lui-même n'admet point de recours, il est infranchissable.

La puissance limitative exercée sur l'autorité royale émane encore, disons-nous, de l'opinion publique.

L'opinion publique est la pensée de l'ensemble des citoyens, cette pensée qui était divisée, contradictoire, incertaine, incomplète surtout, et, dès lors, peu influente au temps passé ; mais qui, de nos jours, grâce aux sciences politiques enrichies de vérités nombreuses, claires, incontestées ; grâce aux bienfaits d'une publicité immense, devient unie et forte, acquiert sur l'ordre social, des idées précises d'ensemble et de détail et déjà domine le gouvernement en laissant libre cours à ses volontés justes et honnêtes, en arrêtant ses erreurs et son mauvais vouloir.

Mais, si, dans l'état, tout le gouvernement appartient au roi et toute la puissance limitative aux colléges électoraux et à l'opinion publique, c'est-à-dire au pays, quelle est donc, en fait, l'utilité des chambres législatives ?

Les chambres occupent une grande place dans l'organisation de l'état en ce qu'elles servent, à la fois, les deux autorités qui le dominent, celle du roi et celle du pays.

Les chambres, en effet, servent l'autorité du pays : d'une part, en le dispensant d'une surveillance active sur chaque acte du gouvernement, c'est-à-dire, en assumant sur elles-mêmes la charge de cette surveillance et en faisant du pays un simple juge d'appel, pour les cas où le gouvernement et les chambres n'auront pu se ranger à un commun avis; d'autre part, au moyen de la publicité et de la liberté de leurs discussions, par lesquelles chacun est initié aux affaires communes et peut se former sur celles-ci une opinion qu'il fera valoir, en temps et lieu, comme électeur ou comme simple citoyen.

Les chambres servent l'autorité royale :

1° En ce que, dans leurs discussions, elles apprennent aux citoyens les difficultés qui entourent le gouvernement et les rendent, par cela même, plus accessibles à la raison d'état.

2° En ce que si le roi, d'après des vues sages, veut créer une institution, adopter une mesure, et, en un mot, faire une loi, leur adhésion donne à cette loi un crédit souvent général; et si, au contraire, le roi veut rejeter une demande que l'esprit public favorise, il peut renvoyer à l'un des corps délibé-

rants, à la pairie, par exemple, la responsabilité morale de ce refus.

3° Enfin, les chambres servent l'autorité royale,
même quand elles contrarient ses vues et entravent
ses actes par des refus de lois; car, de deux choses
l'une : ou les vues du gouvernement sont conformes à la pensée commune, et, alors, le refus
des chambres, en nécessitant de nouvelles élections,
en amenant aux affaires de nouveaux députés, de
nouveaux pairs de France, rétablit l'heureuse harmonie de tous les corps politiques, rassure et raffer-
mit l'autorité royale; ou bien les vues du gouvernement sont contraires à la pensée commune, et,
alors, le refus des chambres préserve le roi de la
haine des citoyens et de l'insurrection si désastreuse
de l'opinion publique.

Certes, bien que réduite à cette double assistance,
la mission des chambres est encore assez belle pour
qu'il ne soit pas besoin de leur supposer dans le
gouvernement de l'état une participation qu'elles
ne possèdent et ne sauraient posséder.

Maintenant que nous avons vu tous les pouvoirs
du roi, reliés en faisceau et confondus sous le **nom**
de gouvernement, envisageons-les dans leurs divisions les plus saillantes et passons rapidement en
revue le pouvoir législatif, le pouvoir exécutif, le
pouvoir judiciaire, le pouvoir modérateur.

1° Selon l'article 14 de la charte de 1830, le
roi exerce la puissance législative conjointement
avec la chambre des pairs et la chambre des dépu-

tés ; selon l'article 15 de cette charte, le roi peut proposer les lois ; et, selon l'article 18, lui seul a le
droit de donner, par sa sanction, le caractère légal
aux actes que les chambres ont adoptés. Nous savons
déjà ce qu'il peut y avoir de réel dans ce concours
des chambres avec l'autorité royale pour la confection des lois ; quant au pouvoir législatif lui-même,
il consiste à instituer ou à prescrire tout ce qui intéresse le bien de l'état, sauf à respecter, d'une part,
les droits publics que la charte garantit à chaque
citoyen, comme l'égalité devant la loi, la liberté de
la presse et des cultes ; d'autre part, les attributions
des autres pouvoirs politiques, celles du pouvoir judiciaire, par exemple.

2° Aux termes de l'article 12 de la charte, au roi
seul appartient le pouvoir exécutif. Ici, rien d'ambigu,
puisque la charte reconnaît que toute la puissance exécutive est dévolue au roi ; mais, cette puissance, elle-même en quoi consiste-t-elle ? elle consiste
à assurer par des règlements, par des ordres, des
soins et des moyens multiples, l'exécution des lois,
soit que celles-ci dérivent du droit naturel, du droit
des gens, du droit public, soit qu'elles naissent de
tout autre droit ; ainsi, pour l'exécution du droit
des gens, le roi passe les traités de paix, d'alliance
et de commerce, ou même déclare la guerre et
commande les armées ; pour l'exécution du droit
naturel, le roi exerce la police du royaume qui tend
à prévenir les crimes ; pour l'exécution du droit public, le roi nomme à tous les emplois d'adminis-

tration publique; pour l'exécution du droit général, le roi fait la promulgation des lois.

3° D'après les articles 48 et 49 de la charte, le pouvoir judiciaire appartient au roi et est exercé en son nom par des juges inamovibles que le roi nomme et institue. Le pouvoir judiciaire est le pouvoir de connaître des débats qui s'élèvent soit entre les particuliers, relativement à leurs affaires privées, soit entre l'état et les particuliers, relativement à la violation du droit pénal; et de prononcer sur ces débats tant par la déclaration des faits que par l'application de la loi. En matière pénale, et, dans son contact avec les intérêts généraux et la marche de l'état, le pouvoir judiciaire est, comme nous l'avons dit, soumis à la haute influence du roi; néanmoins, pour tout ce qui a trait au jugement des procès civils, il jouit d'une indépendance complète, car ce pouvoir étant, selon les termes mêmes de la charte, délégué à des juges inamovibles, le gouvernement ne peut l'attirer à lui ou le transférer momentanément à des commissions spéciales, pas plus qu'il ne peut, de sa pleine autorité, abolir un jugement.

4° Enfin, il résulte des articles 12, 13, 23, 42, 48, 58, etc. de la charte que le roi exerce le pouvoir modérateur, ce pouvoir qui consiste à ramener vers l'harmonie et la direction commune les différents corps constitués qui s'en écartent, et dont l'effet nécessaire est, comme nous l'avons vu, de mettre aux mains du roi tous les fils de la machine poli-

tique et toute la réalité de la puissance gouvernementale.

Nous ne nous étendrons pas davantage sur les
pouvoirs généraux de la royauté, nous les avons
envisagés tour à tour, dans leur ensemble, dans leur
unité et dans les caractères respectifs qui les distinguent; nous savons quelle place précise occupe,
parmi eux, le pouvoir exécutif; il est temps, à cette
heure, d'arriver à notre objet plus spécial, aux attributions du roi comme chef de l'administration
civile.

Et, d'abord, reconnaissons que ces attributions
dérivent du pouvoir exécutif, mais ne le comprennent pas tout entier, car une part de ce pouvoir
s'exerce sur l'armée, une autre part sur les relations
diplomatiques, et, sous ces deux rapports, l'autorité royale ne se lie en rien à l'administration civile;
cela posé, consultons la charte :

« Le roi, dit l'article 13, nomme à tous les emplois de l'administration publique et fait les règlements et ordonnances nécessaires pour l'exécution
des lois, sans pouvoir jamais ni suspendre les lois
elles-mêmes, ni dispenser de leur exécution. —
Toute justice émane du roi, ajoute l'article 48. »

Tel est le double principe des attributions du roi
en matière d'administration civile; ce principe, si
vague qu'il soit, essayons de le développer d'après
ce qui a lieu, chaque jour, pour son application :

Les attributions du roi, comme chef de l'administration civile, se répartissent en deux classes,

suivant qu'elles ont pour objet les règlements et ordonnances nécessaires à l'exécution des lois, ou une
certaine juridiction, soit en premier, soit en dernier
ressort.

Les attributions de la première classe sont, elles-
mêmes, de deux sortes, selon que le roi les exerce
sur le simple rapport d'un ministre ou bien en conseil d'état.

Les attributions exercées par le roi sur le simple
rapport d'un ministre consistent : tantôt à faire des
actes d'une autorité purement gracieuse et discrétionnaire, comme la nomination, la révocation
des fonctionnaires administratifs ou la distribution des récompenses; tantôt à prescrire, pour le
service intérieur des ministères, certaines mesures
propres à améliorer ce service, à en accélérer la
marche.

Les attributions exercées par le roi en conseil d'é-
tat, consistent : soit à créer des règlements d'administration publique, soit à faire d'autres ordonnances
qui reçoivent la forme de ces règlements.

Les règlements d'administration publique sont
des ordonnances royales qui intéressent directement
le public, qui ne s'arrêtent pas à tel ou tel objet
particulier, mais embrassent une certaine généralité, qui commandent et obligent, qui prévoient
et règlent l'avenir, et, enfin, qui, vu leur haute importance, sont entourées de formes spéciales comme
l'instruction méthodique et régulière, la discussion
au conseil d'état, l'insertion au Bulletin des lois.

Les ordonnances rendues dans la forme des règlements d'administration publique sont des ordonnances qui se réfèrent aussi, d'une manière directe, aux intérêts publics, qui, dans leur prévoyance, règlent aussi l'avenir, mais qui, se rapportant à un objet spécial, ne peuvent être classées parmi les règlements d'administration publique.

C'est à cause de l'intérêt général qu'elles ont en vue que ces ordonnances reçoivent les mêmes formes que les règlements eux-mêmes, ces formes si propres à assurer ensemble leur meilleure rédaction et leur plus grande publicité.

On peut à peine se faire une idée du nombre et de la variété des règlements d'administration publique, soit que l'autorité royale les ait rendus spontanément, soit qu'elle les ait portés pour obéir aux prescriptions formelles d'une loi ; les règlements d'administration faits dans ce dernier cas ont eu pour objets principaux :

Le mode suivant lequel il doit être procédé à la liquidation des dépenses et frais dans les matières civiles ordinaires ;

La police et la discipline des tribunaux ;

L'organisation et les attributions des gardes de commerce établis à Paris pour l'exécution des jugements qui emportent contrainte par corps ;

La formation du tableau des avocats et la discipline du barreau ;

L'établissement des séminaires et des agrégations religieuses d'hommes et de femmes ;

L'établissement des écoles de droits, de médecine et de pharmacie, leur organisation administrative, les matières d'enseignement, les inscriptions, rétributions, examens, diplômes ;

Le régime des prisons, quant à l'application et à la distribution des produits du travail de chaque détenu pour délit correctionnel ;

La négociation et la transmission des effets publics;

La détermination du poids et du chargement des voitures de roulage et de messagerie;

Quant aux ordonnances rendues suivant la forme des règlements d'administration publique, elles ont eu pour objets principaux :

La délivrance des lettres de grande naturalisation accordées par le roi aux étrangers;

L'organisation de la Légion-d'Honneur;

L'autorisation de changer de nom de famille;

Le tarif des droits de navigation pour chaque fleuve, rivière, ou canal de France;

L'établissement des ponts dont la construction est entreprise par les particuliers; le tarif du péage à percevoir sur ces ponts et la durée de la jouissance de ce péage;

Les concessions de mines; la permission d'établir des hauts-fourneaux, des forges, des patouillets, etc.;

La formation des sociétés anonymes et l'approbation des actes qui les constituent.

De plus, le gouvernement s'est prescrit à lui-même la forme des règlements d'administration publique.

1º Pour la rectification des erreurs commises sur le grand-livre de la dette publique et même sur le livre de la dette viagère, touchant les noms et dates de naissance des créanciers de l'État;

2º Pour l'autorisation spéciale, nécessaire à toute société d'assurances, aux tontines et autres sociétés de ce genre;

3º Pour la fixation du droit de commission et de courtage des agents de change et courtiers dans les diverses places où ces officiers publics sont établis, etc.

Nous traiterons des attributions juridiques du roi, au titre *du conseil d'état*.

TITRE III.

RÈGLES GÉNÉRALES SUR LA TUTELLE ADMINISTRATIVE.

On nomme *tutelle administrative* l'action de contrôle, de surveillance, de patronage que l'autorité supérieure exerce sur les communautés (1), c'est-à-dire, sur les départements, sur les communes et sur les établissements publics.

(1) *Les communautés* sont des êtres collectifs qui subsistent et se perpétuent alors même que les membres dont elles se composent actuellement viennent à changer : ainsi on doit distinguer dans une communauté trois classes d'individus qui souvent ont des intérêts opposés : 1º les membres actuels; 2º les membres futurs; 3º les administrateurs.

L'incapacité qui frappe ces êtres collectifs n'a pas pour cause leur faiblesse ; elle est fondée principalement sur les dangers que courrait l'ordre public si des sociétés particulières, formées au sein de la société générale, pouvaient échapper à la surveillance de l'autorité.

Cela posé, on doit envisager la tutelle administrative sous deux rapports, 1° *sous le point de vue politique :* une association pouvant donner à ses membres une direction autre que celle du bien social, et d'ailleurs, ce nouveau corps, par la réunion des forces individuelles, pouvant devenir dangereux, il importe à l'administration de l'empêcher de naître, si les formes, les conditions, les moyens de son existence ne lui paraissent pas présenter de suffisantes garanties.

2° *Sous le point de vue économique :* car la personne morale est indépendante des individus ; les membres actuels n'ont pas plus de droits que ceux qui les ont précédés ; ils doivent laisser à leurs successeurs la source de richesses qu'ils ont eux-mêmes reçue ; ils ne doivent pas compromettre le sort de l'établissement ou de la communauté par des dépenses excessives ou de mauvaises opérations : aussi, l'administration intervient-elle pour surveiller à chaque instant la gestion et pour protéger contre l'intérêt du moment les droits des membres futurs.

Les formalités qui constituent la tutelle administrative varient suivant l'importance des actes de la vie civile, et suivant la nature des communautés que ces actes concernent (*voyez* ce que nous dirons à cet égard sur les départements, les communes et les établissements publics).

Quant à présent, nous nous bornerons à signaler quelques règles générales :

Ces diverses communautés sont soumises aux mêmes prescriptions que les particuliers et prescrivent comme eux (2227 C. C.).

Elles ne peuvent compromettre (1004).

Les demandes qui les intéressent sont dispensées du préliminaire de conciliation (49 Pr.). Elles doivent être communiquées au ministère public (83 Pr.).

La voie de requête civile leur est ouverte lorsqu'elles n'ont pas été défendues ou lorsqu'elles ne l'ont pas été valablement (488 Pr.).

Enfin leurs administrateurs ne peuvent, sous peine de nullité, se rendre adjudicataires ni par eux-mêmes, ni par personnes interposées des biens confiés à leurs soins (1596 C. C.).

TITRE IV.

ORGANISATION DÉPARTEMENTALE ET MUNICIPALE.

CHAPITRE PREMIER.

Division territoriale.

Avant 1789 la France était divisée en provinces, pays d'état, subdélégations, etc.; l'assemblée constituante, par ses lois de décembre 1789, janvier et mars 1790, créa la division en départements, districts et cantons.— La constitution de l'an VIII confirma cette division; seulement, elle remplaça la dénomination de *district*, par celle d'*arrondissement*.

Cet état de choses est parvenu jusqu'à nous. Ainsi donc, la France est divisée aujourd'hui en *départements, arrondissements, cantons* et *communes*.

Observons toutefois :

1° Qu'il n'y a en réalité que trois unités administratives : la grande *unité*, celle du département; l'unité *secondaire*, celle de l'arrondissement; l'unité *tertiaire*, celle de la commune.

Le *canton* n'est pas une circonscription administrative proprement dite, un centre d'administration : cette subdivision appartient presque exclusivement à l'administration de la justice; son principal objet est de déterminer l'étendue du ressort dans lequel le juge de paix peut instrumenter.

2° Que les départements et les communes forment seuls des individualités : seuls en effet, ils peuvent posséder, acquérir, seuls ils ont des revenus, des charges, un budget. — Les arrondissements et les cantons n'ont point d'existence propre ; leurs biens sont ceux des départements, et il est pourvu à leurs dépenses par le budget départemental.

Les limites de chaque département, de chaque arrondissement et de chaque commune, ont été fixées par une loi : dans la rigueur des principes, une loi seule peut donc les modifier ; mais nous verrons tout à l'heure que ce droit, à l'égard des communes, est passé en partie dans les attributions du pouvoir administratif.

Les demandes relatives aux changements à opérer dans les limites des départements et des arrondissements, doivent être accompagnées de l'avis du conseil général et du conseil d'arrondissement qu'elles intéressent, ainsi que de ceux des préfets et des sous-préfets.

Lorsque deux départements ou deux arrondissements sont bordés par une rivière, ils prennent pour limite le milieu de cette rivière.

A l'égard des communes, il importe de savoir qu'en 1789, époque à laquelle on procéda à la nouvelle circonscription territoriale, il existait en France, sous le nom de villes, bourgs ou villages, des réunions de personnes liées par des intérêts communs. L'assemblée constituante respecta ces circonscriptions : une loi de 1789 porte en effet : « Il y aura une municipalité dans chaque ville, bourg, paroisse ou communauté des campagnes ». Puis, une loi de 1790 décida que les villes emporteraient le territoire soumis à l'administration directe de leurs municipalités, et que les communautés des campagnes comprendraient tout le territoire, tous les hameaux, toutes les maisons isolées dont les habitants seraient cotés sur les rôles d'imposition du chef-lieu (1).

Mais la division de la France par département fit bientôt reconnaître l'impossibilité de maintenir cet état de chose ; car elle eut pour effet de comprendre le territoire de certaines communes dans la circonscription de plusieurs départements voisins. Un arrêté du 8 ventôse an X leva ces difficultés : par cet arrêté, le directoire déclara que les communes sujettes au morcellement seraient censées faire partie du département dans lequel se trouverait incorporé le chef-lieu : or, le chef-lieu, aux termes du décret du 20 janvier 1790, est le lieu où se trouve le clocher ; dès lors, ce fut dans ce département que les habitants exercèrent leurs droits civils et politiques, qu'ils payèrent leurs contributions, etc.

Remarquons toutefois, que l'arrêté du 8 ventôse an X n'est relatif qu'aux personnes ; que le département n'embrasse pas moins tout le territoire com-

____

(1) Un décret du 10 brumaire an II substitua la dénomination générique de *commune* à celle de ville, bourg et village ; l'usage a cependant conservé l'ancienne désignation.

pris dans sa circonscription ; et que les autorités des divers départements peuvent dès lors faire concurremment sur ce territoire tous les actes relatifs à la police répressive , tels que la dispersion des attroupements, la poursuite des prévenus , etc.

Il résulte des observations qui précèdent, que c'est toujours aux institutions antérieures à 1789, qu'il faut se reporter pour résoudre les questions qui s'élèvent, relativement aux délimitations des communes , toutes les fois que la loi n'y a pas formellement dérogé. — Ces questions sont de la compétence du préfet lorsque les deux communes font partie du même département. — C'est au gouvernement à statuer, lorsqu'elles sont comprises dans des départements différents.

Passons aux *sections* de communes : il peut devenir indispensable de réunir en une seule commune ou de joindre à d'autres communes certaines individualités peu considérables, ou qui n'ont pas les ressources suffisantes pour se soutenir par elles-mêmes ; d'autre part, la trop grande étendue d'une commune ou la convenance des habitants peut nécessiter des morcellements de territoire , soit pour en réunir une fraction à une autre commune , soit pour former de cette fraction une commune nouvelle.

La commune ou la partie détachée d'une commune qui se trouve ainsi réunie à une autre, prend le nom de *section de commune.*

Ainsi, on peut dire que la *section de commune*

est une partie de commune possédant des intérêts propres et distincts.

En traitant des biens des communes, nous verrons quels sont ces intérêts : bornons-nous seulement ici à exposer brièvement les formes que l'on observe pour opérer ces modifications.

Toutes les fois qu'il s'agit de réunir plusieurs communes en une seule ou de distraire une section de commune, soit pour la réunir à une autre commune existante, soit pour l'ériger en commune séparée, le préfet prescrit préalablement une enquête, tant sur le projet en lui-même que sur ses conditions.

Cette enquête est suivie des avis des conseils municipaux, des conseils d'arrondissement et du conseil général. — Pour ce cas, le conseil municipal doit être assisté des plus imposés, en nombre égal à celui de ses membres.

Si le projet concerne une section de commune, il est créé pour cette section une commission syndicale, laquelle donne son avis; le préfet désigne les membres qui doivent composer cette commission : ils sont choisis parmi les électeurs municipaux domiciliés dans la section, si le nombre des électeurs est double de celui des membres à élire; au cas contraire, la commission est composée des plus imposés de la section.

Ces opérations préliminaires terminées, si les réunion ou distraction de communes doivent modifier la composition d'un département, d'un arrondissement ou d'un canton, une loi est nécessaire ; car les modifications touchent alors aux circonscriptions électorales, lesquelles étant établies par une loi, ne peuvent être modifiées que par une loi.

Mais pour les communes situées dans le même canton, une ordonnance royale est suffisante.

Nous n'étendrons pas plus loin nos observations sur la division territoriale ; passons à l'organisation départementale.

Les bases du système administratif qui nous régit ont été posées par l'assemblée constituante ; c'est elle qui a distingué le pouvoir judiciaire du pouvoir administratif ; qui a établi la subordination hiérarchique des agents de l'autorité et le système d'élection des membres des conseils de département et d'arrondissement. — L'institution des préfets et des conseils de préfecture nous vient du gouvernement impérial.

CHAPITRE II.

Des départements.

Les départements sont des communautés formées d'après la circonscription légale du territoire, et qui ont une existence propre dans l'ordre politique, dans l'ordre administratif et dans l'ordre civil :

Dans l'ordre *politique ;* car ils prennent part à la formation de la chambre élective : nous ne les considérerons pas sous ce point de vue.

Dans l'ordre *administratif ;* car ils ont des institutions qui leur sont propres : ces institutions dérivent de la Charte et des lois fondamentales du royaume.

Dans l'ordre *civil*; car ils ont, comme de simples particuliers, des propriétés, des revenus, des charges, en un mot une existence civile.

Toutefois, les départements ne peuvent être propriétaires que dans le seul intérêt du service public : ainsi, un département peut avoir en propre des casernes, des routes, etc., mais il ne pourrait posséder une ferme ; on ne voit dans les départements qu'une circonscription qui représente une série d'intérêts politiques : sous ce rapport, leur position diffère de celle des communes, lesquelles représentent une série d'intérêts *privés* nés des rapports habituels et du voisinage.

Les départements n'étant que des circonscriptions politiques, leurs revenus et leurs charges sont comprises dans le budget de l'État et dans les comptes généraux que rendent annuellement les ministres.

Quoi qu'il en soit, ils ne forment pas moins des individualités : ce caractère leur a été formellement reconnu par diverses lois; notamment, par la loi du 10 mars 1838 sur l'organisation départementale.

Nous diviserons ce chapitre en quatre sections.

Dans la première, nous traiterons des agents du département.

Dans la seconde, nous parlerons de son budget.

Enfin, dans la troisème, nous dirons quelques mots sur la tutelle à laquelle il est soumis.

SECTION PREMIÈRE.

Agents de l'administration départementale.

On trouve à chaque degré de la hiérarchie administrative un conseil qui représente les intérêts locaux, collectifs et économiques, et un fonctionnaire unique chargé de la partie active.

Les conseils administratifs sont les conseils généraux, les conseils d'arrondissements et les conseils municipaux.

Les agents chargés de l'administration active, sont les préfets, les sous-préfets et les maires.

Les divers conseils administratifs concourent à la répartition des contributions directes et des charges locales, votent des dépenses, donnent leur avis et délibèrent sur toutes les questions d'intérêt local, enfin ils émettent des vœux. Leurs attributions sont graduées sur la variété des intérêts auxquels ils sont chargés de veiller : ainsi, les conseils municipaux ont des attributions plus nombreuses que le conseil général, et le conseil général que le conseil d'arrondissement.

Les agents du département sont le conseil général et le préfet.

§ 1er. *Du conseil général.*

Le *conseil général* est un conseil administratif qui a pour mission *principale* de répartir les contributions publiques entre les arrondissements du département.

Ce conseil est en quelque sorte le surveillant et le censeur du préfet.

Nous parlerons successivement de sa formation, de ses délibérations et de ses attributions.

Le conseil général est composé d'autant de membres qu'il y a de cantons dans le département; mais sans que leur nombre puisse excéder trente.

Ils sont élus dans chaque canton par une assemblée composée des électeurs des députés, et des citoyens portés sur la liste du jury.

Pour être éligible il faut réunir les conditions suivantes :

1° Être âgé de vingt-cinq ans ;

2° Payer 200 francs au moins de contributions directes dans le département ;

3° Ne point faire partie d'un autre conseil général.

Le conseil général est nommé pour neuf ans ; il se renouvelle par tiers, de trois en trois ans. L'ordre de ce renouvellement est déterminé par un tirage au sort auquel le préfet procède en conseil de préfecture dans une séance publique.

En cas de décès, démission ou vacance par option , l'assemblée électorale doit être convoquée dans le délai de deux mois, à l'effet de pourvoir à la vacance.

Le roi peut dissoudre le conseil général; mais alors, il doit être procédé à de nouvelles élections dans le délai de trois mois au plus tard , à dater du jour de la dissolution.

Les conseils généraux ne sont point permanents;
ils ne peuvent se réunir que sur une convocation
faite par le préfet en vertu d'une ordonnance du
roi, laquelle détermine l'époque et la durée des
sessions.

S'ils se réunissaient sans être convoqués ou déli-
béraient hors de la réunion légale, le préfet prendrait en conseil de préfecture un arrêté par lequel il
déclarerait de nul effet les décisions qu'ils auraient
prises, et ordonnerait telles mesures qu'il jugerait
convenables pour forcer l'assemblée à se dissoudre,
sans préjudice des peines prononcées par l'art. 258
du Code pénal.

Les membres condamnés seraient exclus du conseil; on ne pourrait les réélire avant l'expiration
de trois années à partir du jugement.

Des mesures de la même nature seraient prises
contre les conseils généraux qui se mettraient en
correspondance avec d'autres conseils généraux ou
avec des conseils d'arrondissement, ou qui publie-
raient des adresses ou proclamations. De plus, le préfet aurait le droit de les suspendre provisoirement,
en attendant que le roi eût statué définitivement par
une ordonnance.

Les sessions ont lieu dans un temps donné, rap-
proché de celui de la promulgation de la loi des finances, afin que les opérations nécessaires à l'exécution de cette loi ne puissent être retardées.

Elles durent ordinairement quinze jours : dix
jours sont consacrés à la répartition de l'impôt, au

jugement des demandes en dégrèvement et à l'audition des comptes du préfet; les cinq autres sont employés à délibérer sur les abus à signaler et sur les améliorations à introduire.

Au jour indiqué pour la réunion du conseil général, le préfet donne lecture de l'ordonnance de convocation, reçoit le serment des conseillers nouvellement élus et déclare au nom du roi la session ouverte.

La présidence provisoire appartient de droit au doyen d'âge. Les fonctions de secrétaire sont remplies par le plus jeune.

On commence par élire, à la majorité absolue des suffrages, un président et un secrétaire.

La moitié plus un des membres du conseil est nécessaire pour qu'on puisse délibérer.

Les membres qui se présentent après la séance d'ouverture prêtent serment entre les mains du président.

Ces opérations préliminaires terminées, le préfet dépose les documents et instructions qu'il a dû préparer à l'avance, et sur lesquels le conseil est appelé à délibérer.

Les pièces doivent être remises le premier jour de la session; elles sont accompagnées d'un rapport raisonné.

Hors le cas où il s'agit de l'apurement des comptes, le préfet a le droit d'assister aux délibérations et d'être entendu toutes les fois qu'il le demande; mais il n'a que voix consultative.

Les séances du conseil général ne sont pas publiques ; on a craint que des discours destinés à produire de l'effet à l'extérieur ne fussent substitués aux discussions sérieuses qui doivent occuper le temps si court des sessions.

Il est dressé procès-verbal de chaque séance ; les procès-verbaux sont rédigés par le secrétaire ; ils doivent contenir l'analyse de la discussion ; on ne mentionne pas le nom des membres qui y ont pris part.

Rappelons-nous que le conseil général peut ordonner la publication de tout ou partie de ses délibérations.

Quant au budget et aux comptes définitifs arrêtés, ils sont de droit rendus publics par la voie de l'impression.

Le lendemain de la clôture de la session, le président du conseil adresse les procès-verbaux au ministre de l'intérieur.

Le but de cette communication, est de faire connaître au gouvernement les besoins et les vœux du département.

Le ministre de l'intérieur soumet au roi un résumé des procès-verbaux.

Renvoi de ces procès-verbaux est ordonné par le roi aux ministres, chacun en ce qui concerne son département ; puis dans le mois suivant, chaque ministre présente au roi un rapport détaillé et propose les projets qu'il juge utiles à l'intérêt général.

Passons aux attributions des conseils généraux.

Le conseil général est à la fois délégué du pouvoir législatif, représentant légal et conseil du département.

Comme *délégué du pouvoir législatif*, il est chargé 1° de faire chaque année, entre les arrondissements, la répartition des contributions directes dites de *répartition* (1). Cette mission a dû être réservée au conseil général; car mieux que les chambres ou le conseil d'état, il est à même de connaître la richesse des arrondissements. Toutefois, s'il refusait de se réunir ou s'il se séparait sans avoir fait cette répartition, le préfet y procéderait d'office, et délivrerait des mandements de contingent. On ne peut, en effet, abandonner l'impôt à la négligence ou à la mauvaise volonté d'une assemblée qui est indépendante de l'autorité;

2° De statuer sur les demandes en réduction formées par les conseils d'arrondissement;

3° De voter des centimes facultatifs.

Comme représentant légal du département, le conseil général délibère, donne son avis, exerce une autorité de surveillance, adresse des réclamations, émet des vœux :

Il *délibère*, sur les contributions extraordinaires à établir, sur les emprunts à contracter, sur les acquisitions, aliénations, échanges des propriétés départementales, sur le changement de destination

---

(1) Il est bien entendu que le conseil général n'a point à statuer sur les impôts de quotité (tels que les patentes), et encore moins sur les contributions directes.

ou d'affectation des édifices départementaux, en un mot, sur tout ce qui intéresse l'administration; mais l'exécution des délibérations du conseil général sur ces diverses matières doit être précédée de quelques formalités préalables.

Le conseil général *donne son avis*, dans tous les cas prévus par les lois ou par les règlements; par exemple, sur les questions qui ont pour objet l'intérêt public; sur les changements proposés à la circonscription du territoire départemental, des arrondissements, des cantons, des communes et à la désignation des chefs-lieux; sur les difficultés que soulève la répartition de la dépense des travaux qui intéressent plusieurs communes. — Enfin, il donne son avis toutes les fois que l'administration le consulte, ce qui arrive quand il s'agit de régler des intérêts matériels; par exemplede, faire une loi sur les parcours, sur les lais et relais de la mer.

Le conseil général exerce une *autorité de surveillance*, lorsqu'il vérifie l'état des archives et celui du mobilier appartenant au département, lorsqu'il entend et débat les comptes d'administration qui lui sont présentés par le préfet, etc.

Le président adresse directement au ministre de l'intérieur les observations du conseil général sur les comptes soumis à son examen; ces comptes, provisoirement arrêtés par le conseil général, sont définitivement réglés par ordonnance royale.

Enfin, le conseil général peut adresser directement aux ministres, par l'intermédiaire de son président, des *réclamations* dans l'intérêt spécial du département, et son opinion sur l'état et les besoins des différents services publics : on a dû conférer ce droit aux conseils généraux, afin de mettre le gouvernement à même de connaître le vœu public. Aussi, les mémoires relatifs à ce sujet doivent-ils non-seulement indiquer les maux à réparer ou les améliorations à introduire dans le département, mais encore présenter des vues étendues, des idées d'utilité publique, des éléments d'amélioration et de prospérité générale.

§ II. *Des préfets.*

On nomme *préfet*, le fonctionnaire supérieur préposé par le roi à l'administration d'un département.

Le préfet est essentiellement révocable.

Il prête serment entre les mains du roi ou d'un commissaire délégué à cet effet.

Il réside au chef-lieu du département; en cas d'absence, il est tenu, lorsqu'il n'existe pas de secrétaire général, de déléguer ses pouvoirs à un conseiller de préfecture; de plus, s'il veut sortir du département, cette délégation doit être préalablement approuvée par le ministre de l'intérieur.

Chaque année, le préfet visite les communes comprises dans sa circonscription; le but de cette tournée est de recevoir les réclamations des citoyens et des administrations locales : d'étudier l'opinion publique, et d'apprécier par lui-même le zèle de ses subordonnés.

En cas de vacance ou d'absence sans délégation, l'administration départementale est confiée au conseiller de préfecture le plus ancien suivant l'ordre du tableau, à moins qu'il n'y ait eu une délégation antérieure; cette délégation subsiste alors jusqu'à ce que le ministre de l'intérieur en ait décidé autrement.

Passons aux attributions des préfets.

Ces attributions se rattachent toutes à l'un des points de vue suivants :

Le préfet est agent du pouvoir exécutif;

Il est intermédiaire entre le gouvernement et le département;

Il procure l'action administrative;

Il pourvoie directement par ses propres actes aux besoins du service public.

Comme *agent du pouvoir exécutif*, le préfet, bien que placé sous la direction plus spéciale du ministre de l'intérieur, reçoit les ordres de tous les ministres; aussi, tous les chefs des divers services publics lui sont-ils subordonnés.

Cependant, son action ne s'étend ni sur l'administration des armées, ni sur le pouvoir judiciaire.

Toujours au même titre, le préfet exerce les actions qui concernent les biens de l'état ou du département, et dénonce aux tribunaux les faits contraires à l'ordre public qui parviennent à sa connaissance : l'article 10 du code d'instruction criminelle lui accorde même le droit de faire personnellement tous les actes nécessaires pour constater les crimes, délits ou contraventions, et d'en livrer les auteurs aux tribunaux; il peut requérir la force armée, etc.

Comme *intermédiaire* entre le gouvernement et le département, il fait publier et exécuter les lois que lui transmettent les ministres; il donne force exécution aux rôles des contributions directes, etc. *Vice versa*, il fait parvenir au gouvernement les réclamations de ses administrés, les renseignements qui lui sont demandés sur la localité, etc.

Le préfet *procure l'action administrative*, en d'autres termes, il transmet et veille à l'exécution des ordres de l'autorité supérieure.

Pour obtenir ce résultat, il fait au sous-préfet des injonctions que celui-ci transmet aux municipalités pour que celles-ci, à leur tour, agissent ou ordonnent. Ainsi les degrés de l'échelle administrative sont observés.

Procurer l'action, c'est donc là une partie importante des devoirs et de l'art de l'administrateur; par elle se manifeste la vie de l'administration. Voici une analyse des fonctions très-diverses que cette opération comprend:

La première fonction, est d'expliquer aux magistrats inférieurs le sens de la loi et de l'ordonnance qu'il s'agit de faire exécuter: on la nomme *instruction;*

La deuxième, est de donner les ordres spéciaux que les circonstances peuvent exiger: ou *la direction;*

La troisième, est de presser, de déterminer cette exécution, ou *l'impulsion;*

La quatrième, est d'en vérifier l'exécution : ou *l'inspection*,

La cinquième, est de se faire rendre compte de cette exécution, de recevoir les réclamations des personnes intéressées et les observations des préposés : c'est la *surveillance* ;

La sixième, est d'autoriser ou de rejeter les propositions d'intérêt public auxquelles peut s'étendre le pouvoir de l'administration : c'est *l'estimation, l'appréciation*.

La septième, est d'approuver, de valider ou de laisser sans valeur les actes qui ont besoin de vérification ou d'approbation : on la nomme *le contrôle*.

La huitième, est de rappeler à leur devoir les autorités inférieures qui les méconnaissent ou les oublient : c'est *la censure* ;

La neuvième, est d'annuler les actes contraires aux lois ou aux ordres supérieurs : c'est *la réformation* ;

La dixième, est de faire réparer les omissions ou les injustices : c'est *le redressement* ;

La onzième enfin, est de suspendre les fonctionnaires incapables, de destituer et de faire destituer ceux qui se rendent coupables de négligence et de faire poursuivre en justice les prévaricateurs : cette dernière fonction se nomme *la correction, la punition*.

Le préfet pourvoit par ses propres actes aux besoins du service public; et à cet effet, tantôt il prend des mesures de simple surveillance; par exemple, lorsqu'il dresse les listes des médecins, chirurgiens, officiers de santé, sages-femmes, etc., lorsqu'il prescrit de faire des travaux sur les grandes routes, sur les rivières, etc.—Tantôt il agit comme revêtu d'une autorité de tutelle; par exemple, lorsqu'il homologue les délibérations des municipalités; lorsqu'il vérifie et arrête, sur l'avis du sous-préfet, les comptes de gestion rendus à la commune par le maire; lorsqu'il arrête les budgets des communes dont les revenus sont inférieurs à 3,000 francs; lorsqu'il règle définitivement le budget des établissements régis par une commission d'hospices; lorsqu'il autorise des travaux. —Tantôt enfin, il agit comme revêtu d'un pouvoir *de commandement*, et ce pouvoir il l'exerce, soit sur les agents qui lui sont subordonnés, soit sur les simples citoyens.

Sur ses subordonnés, lorsqu'il les nomme ou les destitue : parmi ces fonctionnaires nous remarquerons les maires et adjoints des communes qui comptent moins de trois mille habitants, les remplaçants provisoires du sous-préfet et du conseiller de préfecture remplissant les fonctions de secrétaire général en cas d'absence, maladie, etc.; les membres des commissions administratives des établissements de charité; enfin, les notaires chargés de la passation des baux des biens appartenant aux pauvres.

Sur les citoyens : il agit alors comme exerçant une autorité ou comme exerçant une juridiction.

Comme exerçant une autorité : par exemple, lorsqu'il autorise l'établissement des spectacles ou des établissements insalubres; lorsqu'il fixé la manière de jouir des choses communes ; lorsqu'il prescrit des mesures pour la sûreté publique.

Comme exerçant une juridiction : la juridiction du préfet est *discrétionnaire* ou *contentieuse* (1) : *discrétionnaire*, par exemple, lorsqu'il règle, de concert avec les évêques, l'heure et le mode d'exécution des ordonnances qui prescrivent des prières publiques ; lorsqu'il autorise l'établissement des spectacles ; lorsqu'il pourvoit par diverses mesures à la conservation des biens des communes et des établissements publics ; lorsqu'il ordonne le curage d'un canal ou révoque une concession de prise d'eau ; lorsqu'il rend exécutoires les rôles des contributions directes ; lorsqu'il dresse la liste des électeurs, des jurés et celle des notables commerçants.

Le préfet exerce une autorité contentieuse, lorsqu'il prononce lui-même sur les contestations qui s'élèvent : il agit alors, soit *seul*, soit *en conseil de préfecture*.

Seul, par exemple, lorsqu'il statue sur l'opposition mise par le conservateur des forêts, au défrichement d'un bois, etc.

En conseil de préfecture, et ce sous peine de nullité, lorsqu'il prononce sur les contestations qui s'élèvent touchant l'administration et la perception des octrois entre les communes et les régisseurs ;

---

(1) *Discrétionnaire*, lorsqu'il applique à des cas particuliers, mais sans contradiction, les lois dont l'exécution directe lui est confiée. — *Contentieuse*, lorsqu'il fait cette application, après débats contradictoires, sur la réclamation des parties lésées.

sur le recours contre les décisions du sous-préfet en matière de navigation ; sur toutes les réclamations formées contre la liste des jurés, des électeurs ; enfin dans tous les cas où le législateur l'a jugé nécessaire pour augmenter la solennité des actes.

Du reste, le préfet n'est pas lié par l'avis du conseil de préfecture ; il peut agir contrairement à cet avis ; les actes qu'il fait sont signés de lui seul ; ils sont inscrits sur ses registres et non sur ceux du conseil de préfecture.

S'il pense qu'une affaire contentieuse, portée devant les tribunaux ordinaires, soit attribuée par les lois à l'autorité administrative, il peut élever le conflit.

Ne perdons point de vue surtout que le préfet n'est qu'administrateur subordonné ; qu'il n'est revêtu d'un pouvoir de commandement que pour l'exécution des lois, des ordonnances ou des délibérations déjà approuvées : lorsqu'il s'agit d'une mesure de haute administration (c'est-à-dire qui ne doit émaner que de l'autorité souveraine), d'une entreprise nouvelle ou de travaux extraordinaires, il peut seulement proposer au ministre un projet d'arrêté.—Cependant, il devrait prendre des mesures provisoires si la sûreté publique l'exigeait.

Le préfet manifeste son pouvoir de commandement par des *arrêtés*.

Les arrêtés sont revêtus de l'intitulé qui rapporte le titre du fonctionnaire dont ils émanent ; et terminés par une formule *impérative*.

Ils doivent être notifiés aux parties intéressées ; la loi n'ayant prescrit aucune forme pour cette notification, l'usage a consacré les règles suivantes : lorsqu'ils concernent la société, on les affiche dans les chefs-lieux des communes, on les publie à son de trompe, enfin on les insère dans les recueils administratifs. — Lorsqu'ils ne concernent que des particuliers, on se borne le plus souvent à les notifier par lettre ; si ce n'est en matière de voirie : dans ce dernier cas, la notification se fait par le ministère des huissiers.

Les arrêtés rendus par le préfet dans les limites de ses attributions sont exécutoires par provision ; les personnes qui y contreviennent encourent une amende de 1 à 5 francs.

Il est permis de se pourvoir contre les arrêtés du préfet, à l'effet d'en obtenir la réformation.

Le pourvoi doit être porté *devant le préfet* lui-même, lorsqu'il s'agit d'un arrêté pour lequel l'approbation du ministre n'est pas nécessaire.— La révocation ne peut nuire aux droits que des tiers ont acquis en vertu des arrêtés révoqués ; elle ne produit d'effet que pour l'avenir.

En cas de refus du préfet, le recours est ouvert suivant les cas, soit devant le ministre, soit devant le conseil d'état.—*Devant le ministre*, contre les arrêtés que le préfet a rendus dans les limites de sa compétence.—*Devant le conseil d'état*, dans la forme contentieuse, lorsque le préfet a excédé ses pouvoirs.

Par exception, les réclamations relatives à la révision des listes des électeurs et du jury, doivent être portées devant la cour royale.

Le pourvoi contre un acte administratif se forme par simple pétition ; on n'emploie les voies judiciaires que dans le cas où l'acte est entaché d'incompétence ou d'illégalité.

La loi ne prescrit aucun délai fatal : il est de principe que les décisions administratives peuvent toujours être modifiées ou révoquées quand les circonstances le demandent.

Une somme fixe est attribuée au préfet à titre d'abonnement pour subvenir aux frais de bureaux ; les deux tiers de cette somme servent aux appointements des employés de préfecture et des gens de service ; le surplus est consacré aux frais de bureaux.

§ III. *Des conseils de préfecture.*

Dans chaque département, il existe près du préfet un conseil qui est principalement appelé à connaître du contentieux administratif ; on lui donne le nom de *conseil de préfecture.*

Le but de cette institution, est de garantir aux parties qu'elles ne seront pas jugées sur des avis de bureaux, et de donner à la propriété, des juges accoutumés au ministère de la justice.

Dans la hiérarchie administrative, on considère le conseil de préfecture comme une sorte de tribunal de première instance ; l'appel de ses décisions se porte devant le conseil d'état.

Il se réunit sur la convocation du préfet ; ce fonctionnaire en a la présidence ; sa voix est prépondérante en cas de partage.

Voyons quelle est la composition du conseil de préfecture ; nous parlerons ensuite de ses attributions.

Les membres du conseil de préfecture sont amovibles ; le roi les nomme et peut les révoquer ; ils doivent être âgés de vingt-cinq ans au moins ; leur nombre est fixé à trois, quatre ou cinq, suivant l'importance du département.

Ils prêtent serment entre les mains du préfet.

Les fonctions de conseiller de préfecture sont incompatibles avec celles de notaire, de maire, d'adjoint, de conseiller municipal ou de magistrat.

Pour qu'une délibération puisse être prise en conseil de préfecture, la présence de trois membres au moins est nécessaire. Le préfet, lorsqu'il assiste à l'assemblée, compte pour compléter ce nombre.

En cas de partage, ou en cas d'insuffisance des membres du conseil par suite de récusation, maladie ou autre cause, les membres restants désignent à la pluralité des voix un des membres du conseil général.

Si les membres du conseil de préfecture étaient tous à la fois forcément empêchés, on les remplacerait par un nombre égal de membres du conseil général que désignerait le préfet.

Le traitement des conseillers de préfecture est du

dixième de celui du préfet, sans qu'il puisse, dans aucun cas, excéder 1,200 francs.

Le conseil de préfecture prononce :

1° Sur les demandes élevées *par les particuliers* relativement à l'assiette et au recouvrement des contributions directes; ce qui embrasse les centimes additionnels, les contributions locales dont la perception est confiée à l'administration, telles que la rétribution due aux instituteurs communaux, en un mot, les divers péages, redevances et impositions qui sont assimilées aux contributions directes.

Remarquons surtout, que les conseils de préfecture ne statuent que sur les demandes élevées *par les particuliers;* le conseil général seul peut connaître de celles formées par les communes, les établissements publics et les arrondissements.

2° Sur les difficultés qui s'élèvent à l'occasion des travaux publics; des indemnités auxquelles ces travaux donnent lieu; des marchés et entreprises de fournitures pour les services publics;

3° Sur les contestations relatives au domaine public, aux rentes de domaines nationaux, aux transferts de rentes, aux adjudications des bois de l'état et autres opérations forestières;

4° Sur les contestations dans lesquelles l'administration communale est spécialement intéressée;

5° Enfin, sur les difficultés qui s'élèvent en matière de grande voirie et autres assimilées à cette matière sous le rapport de la compétence.

A ces attributions principales, le coneil de préfecture joint encore quelques fonctions accessoires :

Ainsi, 1° il donne, comme nous l'avons vu , des avis au préfet, lorsque ce dernier le requiert.—Le préfet est dit alors *prononcer en conseil de préfecture.*

2° Il concourt à la tutelle administrative des communes et des établissements publics, en leur accordant ou en leur refusant l'autorisation de plaider; en prenant connaissance des demandes que l'on veut diriger contre ces communautés ; enfin , en donnant des avis qui forment, relativement aux actes de la tutelle, une partie nécessaire de l'instruction : par exemple, l'autorisation du préfet pour les transactions qui intéressent les communes, doit être donnée en conseil de préfecture.

La procédure à suivre devant ce conseil n'est déterminée par aucune loi; voici les règles que l'usage a consacrées :

Toute demande formée par des particuliers s'introduit par une pétition sur papier timbré, adressée au préfet; à cette pétition, doivent être joints les pièces et mémoires explicatifs.

Le préfet transmet le tout au conseil, et celui-ci nomme un rapporteur.—Quand il n'existe ni pièces ni renseignements suffisants, le conseil a le droit de faire comparaître les parties devant lui.

Lorsque l'affaire est introduite par l'administration, le conseil de préfecture se trouve saisi , par l'envoi que lui fait le préfet, des pièces et documents.

Quant à l'instruction devant le conseil de préfecture, elle diffère de celle qui a lieu devant les tribunaux ordinaires, notamment, en ce que les parties ne peuvent se faire représenter ni par des avoués ni par des avocats ; l'affaire s'instruit sur requête ou mémoire, ce qui rend la justice administrative plus simple et plus prompte.

La défense des communes, devant le conseil de préfecture, est présentée par le maire, et en cas d'empêchement, par son adjoint.

Le conseil de préfecture manifeste sa décision par des arrêtés.

Ces arrêtés doivent être signés par trois membres au moins.

Comme ils produisent les mêmes effets que les jugements rendus par les tribunaux ordinaires, sans même excepter l'hypothèque, l'ordre public veut qu'ils soient motivés ; de plus, lorsqu'ils emportent condamnation, les termes de la loi en vertu de laquelle cette condamnation est prononcée, doivent y être insérés (art. 63, Inst. crim.).

Cependant, à la différence des jugements ordinaires, les arrêtés du conseil de préfecture ne sont revêtus ni d'un intitulé, ni d'un mandement, ce qui n'empêche pas qu'ils soient exécutoires par eux-mêmes, le sceau de l'autorité publique leur donnant une force suffisante.

La signification des arrêtés s'opère par le ministère des huissiers.

Les moyens de contrainte sont la voie des garnisaires et la saisie des meubles.

Les conseils de préfecture, étant des tribunaux exceptionnels, ne peuvent connaître de l'exécution de leurs décisions ; si des difficultés s'élèvent à cet égard, elles sont portées devant les tribunaux ordinaires.

Quand le conseil se trouve saisi d'une question qui ressortit des tribunaux ordinaires, il doit se déclarer incompétent.

Les arrêtés du conseil de préfecture sont sujets à appel : l'appel se porte devant le conseil d'état ; il se forme par le dépôt d'une requête signée d'un avocat au conseil ; il n'est plus recevable après l'expiration de trois mois à partir de la notification de l'arrêté faite à personne ou à domicile.

Du reste, la décision du conseil de préfecture est exécutoire par provision ; car les affaires administratives sont toujours réputées urgentes.

Si le défendeur ou le réclamant ne fournit ni mémoire ni défense, le conseil de préfecture donne défaut. On peut se pourvoir contre cette décision par voie d'opposition : l'opposition est admise jusqu'au jour de l'exécution ; elle se forme par une pétition sur papier timbré adressée au préfet ; le conseil de préfecture est seul compétent pour en connaître.

La voie de tierce opposition est en outre ouverte contre les arrêtés du conseil de préfecture : mais la requête civile ne peut avoir lieu ; car cette voie ex-

traordinaire est accordée uniquement contre les jugements rendus en dernier ressort.

§ IV. Des secrétaires généraux de préfecture.

Le secrétaire général de préfecture, est un officier public dépositaire de tous les documents administratifs, et investi d'un caractère légal pour imprimer l'authenticité à l'expédition des actes émanés de la préfecture.

Le secrétaire général remplace le préfet lorsque ce dernier sort du département.

Il est nommé par le roi, et prête serment entre les mains du préfet.

Depuis la révolution de 1830, les départements des Bouches-du-Rhône, de la Gironde, du Nord, du Rhône, de la Seine et de la Seine-Inférieure, sont les seuls qui aient des secrétaires généraux ; dans tous les autres, ils ont été supprimés par des raisons d'économie : un conseiller de préfecture désigné par le ministre de l'intérieur est investi de ces fonctions.

SECTION II.

Budget des départements.

On nomme budget, l'état annuel des dépenses qu'on présume avoir à faire et des fonds ou revenus à recouvrer pour ces dépenses.

Les départements ont des recettes et des dépenses : parmi les recettes, les unes sont dites ordinaires, les autres *facultatives*, les autres *spéciales* : or, l'intention du législateur a été d'appliquer les premières aux dépenses *ordinaires;* les deuxièmes, aux dépenses *facultatives;* et les dernières aux dépenses *spéciales*.

§ Ier. *De l'actif.*

L'actif des départements se compose :

1° Des centimes (1) *additionnels*, votés par le pouvoir législatif : cet impôt est proportionné aux contributions directes que doit payer chaque département ; comme il est destiné à subvenir à des services ordinaires (c'est-à-dire à des services permanents et obligatoires), lesquels sont à peu près les mêmes pour tous les départements, le pouvoir législatif en fixe le montant sans le concours du conseil général.

L'impôt proportionnel pouvant ne pas suffire pour couvrir les dépenses de quelques départements et dépasser de beaucoup les dépenses de certains autres, la loi des finances le divise en deux parts : l'une, reste affectée au service du département, l'autre est centralisée au trésor pour former un *fonds commun*, lequel est exclusivement destiné à aider les départements les moins riches. — La répartition de ce fonds de réserve appartient au gouvernement ; les conseils généraux ne peuvent s'en occuper.

(1) *Voyez* pour la définition des diverses sortes de centimes le titre des contributions directes.

Cette même loi détermine en outre un certain nombre de centimes, lesquels sont centralisés au trésor, et destinés à être distribués à titre de secours entre les particuliers qui ont éprouvé du dommage par suite de grêle, inondation ou incendie.

2° Des centimes votés par les conseils généraux. On les nomme centimes *facultatifs*, lorsque la loi du budget s'est bornée à fixer un *maximum* que le conseil général ne pourra dépasser, en lui laissant le soin de régler l'emploi des fonds. — On les nomme centimes *extraordinaires*, lorsqu'ils sont votés en vertu de lois spéciales, pour des dépenses extraordinaires et déterminées. — Enfin, on les nomme centimes *spéciaux*, lorsqu'ils sont affectés par des lois générales à des services spéciaux, tels que l'instruction primaire, les subventions pour les chemins vicinaux de grande communication, les dépenses du cadastre, etc.

3° Des revenus des immeubles départementaux. Les départements peuvent avoir des propriétés susceptibles de donner des revenus ; tels sont entre autres les biens non destinés à un service public acquis par les départements à titre gratuit ou à titre onéreux ; et les biens destinés à un service départemental, mais qui ne sont pas actuellement employés à un service public. Ces biens peuvent, avec l'autorisation du ministre, être donnés provisoirement à bail ou être exploités de toute autre manière. — Enfin, des immeubles employés à un service départemental peuvent même donner des produits ; tels sont notamment les arbres placés sur le bord des routes.

4° Des droits dont la perception est autorisée par les lois, pour les expéditions d'anciennes pièces ou actes déposés aux archives.

5° Du produit des droits de péage autorisés par le gouvernement au profit du département.

6° Des autres droits et perceptions concédés au département par les lois, tels que les pensions des jeunes détenus payées par les parents, l'excédant du produit des droits d'examen des officiers de santé, etc.

Le receveur général est chargé, sous sa responsabilité personnelle, d'opérer ces divers recouvrements : à cet effet, le préfet lui remet les rôles des centimes additionnels, ainsi que les états des produits accidentels et extraordinaires, après avoir rendu le tout exécutoire.

Si les contribuables élèvent des réclamations sur la répartition des centimes additionnels, ces réclamations sont portées devant le conseil de préfecture, comme lorsqu'il s'agit de contributions directes.

Le receveur général dépose au trésor les sommes versées entre ses mainset, le préfet délivre, à mesure des besoins, des mandats sur le trésor.

Les fonds qui n'ont pu recevoir leur emploi pendant le cours de l'exercice, sont reportés sur le suivant, avec l'affectation qu'ils avaient au budget voté par le conseil général. Les fonds restés libres, sont cumu-

lés avec les ressources du budget nouveau, suivant
la nature de leur origine.

§ II. Du passif.

Avant la loi de 1838, on distinguait trois budgets
des dépenses :

1° Le budget des dépenses *fixes*, c'est-à-dire dont
le montant était déterminé par le gouvernement;
ce budget comprenait les traitements des fonctionnaires de l'administration, ainsi que les dépenses que
l'on appelait *communes*, parce qu'elles étaient occa-
sionnées par des établissements communs à plusieurs
départements.

2° Le budget des dépenses *variables*, c'est-à-dire
des dépenses votées par le conseil général, et dont
le montant pouvait varier d'une année à l'autre.

3° Le budget des dépenses *extraordinaires*, c'est-
à-dire de celles qui étaient votées, comme les dépenses variables, par le conseil général, mais qui n'a-
vaient pas lieu périodiquement; telles étaient celles
que nécessitaient les ouvertures et les réparations
extraordinaires de routes départementales, les constructions et les réparations des bâtiments, etc.

Depuis 1838, il n'existe plus qu'un seul budget,
lequel est divisé en sections :

La première, comprend les dépenses dites *ordinaires* ou *obligatoires :* on leur donne ce nom, parce
qu'elles intéressent tellement la société, que si le
conseil général négligeait d'y pourvoir, elles pourraient être établies *d'office* par le préfet en conseil

de préfecture, et arrêtées par ordonnance royale. Nous donnerons pour exemple de ces dépenses, celles qui ont pour objet les grosses réparations, l'entretien des édifices et bâtiments départementaux, les loyers des hôtels de préfecture et de sous-préfecture, le casernement ordinaire de la gendarmerie.

Il est pourvu à ces dépenses au moyen : 1° des centimes additionnels affectés à cet emploi par la loi des finances; 2° de la part allouée au département dans le *fonds commun* : ce fonds, il faut nous le rappeler, ne doit être appliqué qu'aux dépenses d'utilité générale; 3° du produit des biens départementaux; 4° des droits que le département est autorisé à percevoir.

La deuxième section comprend les dépenses *facultatives* : elles sont désignées ainsi, parce que, n'ayant pas le même caractère d'utilité générale que celles dont nous avons parlé dans la première section, le gouvernement ne peut les établir d'office.— Les dépenses comprises dans cette catégorie sont nombreuses; il est même impossible d'en faire l'énumération : nous donnerons seulement pour exemple les secours ou encouragements accordés aux sociétés d'agriculture, l'entretien des monuments historiques, les frais d'illumination et les gratifications pour belles actions.

Les allocations destinées à ces dépenses ne peuvent être modifiées par l'ordonnance royale qui règle le budget; il faut qu'elles soient approuvées ou rejetées en totalité.

On a demandé si le conseil général peut appliquer les centimes facultatifs à des dépenses ordinaires? Pouvant employer les ressources dont il s'agit à des dépenses de pure convenance d'une utilité seulement locale, il doit *à fortiori* pouvoir les consacrer à des dépenses d'intérêt général.

Les dépenses auxquelles la loi affecte des centimes spéciaux ou extraordinaires sont comprises dans des sections particulières (*voyez* § Iᵉʳ, *de l'Actif*).

Ces centimes ne peuvent recevoir une destination autre que celle qui leur est donnée par la loi.

En terminant cette section, il nous reste à dire quelques mots sur la manière dont est réglé le budget départemental.

Chaque année, le préfet présente des comptes d'administration au conseil général.

Les observations du conseil sont adressées directement par son président au ministre chargé de l'administration départementale.

Les comptes provisoirement arrêtés par le conseil général, sont définitivement réglés par une ordonnance du roi.

Les budgets définitivement réglés, sont publiés par la voie de l'impression; en sorte que la société est appelée à joindre son contrôle à celui du conseil général et de l'autorité supérieure.

Enfin, les revenus et les charges des départements sont compris dans le budget de l'état.

SECTION III.

Tutelle des départements.

Le département est une personne morale : il a des propriétés ; il peut acquérir, aliéner, etc.; aussi, la loi le place-t-elle, relativement aux différents actes de la vie civile, sous la tutelle de l'autorité administrative. — Voyons quelles sont les formes établies pour le protéger.

Lorsqu'il s'agit de lever un impôt extraordinaire ou de faire un emprunt, il faut une délibération du conseil général approuvée par le pouvoir législatif.

Les délibérations du conseil général relatives à des acquisitions, aliénations et échanges des propriétés départementales, ainsi que les changements de destination des édifices départementaux, doivent être approuvés par le roi, le conseil d'état entendu. Toutefois, l'autorisation du préfet, donnée en conseil de préfecture, est suffisante, lorsqu'il ne s'agit pas d'une valeur excédant 20,000 fr.

L'acceptation ou le refus des legs doit être autorisée par une ordonnance royale rendue en conseil d'état; toutefois, comme cette ordonnance n'est souvent accordée qu'après de longs délais, le préfet peut accepter provisoirement; l'autorisation qui intervient plus tard remonte, quant à ses effets, à cette acceptation.

Le mode de gestion des propriétés départementales est déterminé par le préfet et approuvé par le ministre. En attendant cette approbation, le préfet peut faire tels actes de gestion que commande l'urgence.

Lorsqu'il s'agit de construire ou de réparer des édifices départementaux, les projets, plans et devis doivent être approuvés par le ministre, après avoir été préalablement soumis au conseil des bâtiments civils. Toutefois, cette approbation n'est prescrite que pour les travaux qui doivent excéder 5o,ooo fr.

A l'égard des travaux qui intéressent à la fois le département et les communes, en cas de désaccord sur la répartition de la dépense, il est statué, par ordonnance du roi, les conseils municipaux, les conseils d'arrondissement et le conseil général entendus.

Les actions du département sont exercées par le préfet, en vertu d'une délibération du conseil général et avec l'autorisation du roi donnée en conseil d'état. — Mais le préfet peut, sans délibération du conseil général ni autorisation préalable, intenter les actions que commande l'urgence.

Par la même raison, il a le droit de faire seul tous actes conservatoires.

L'appel d'une première décision est considéré comme une nouvelle demande, ce qui nécessite une autorisation nouvelle.

Le préfet défend, avec l'autorisation du conseil général, à toutes actions dirigées contre le département. Cette autorisation préalable n'est même pas nécessaire en cas d'urgence.

Observons, que les demandes dirigées contre un

département ne sont recevables (hors le cas où il s'agit d'une action possessoire) qu'après avoir été soumises au préfet par un mémoire. La partie poursuivante ne peut porter l'affaire devant les tribunaux qu'après l'expiration de deux mois, à partir du récépissé de ce mémoire. Durant cet intervalle, le cours de la prescription est suspendu.

En cas de litige entre l'État et le département, l'action est intentée ou soutenue au nom du département, par le membre du conseil de préfecture le plus ancien en fonctions.

Pourquoi le préfet n'est-il pas chargé de prendre les intérêts du département? Parce que devant représenter l'État dans l'instance, il ne peut remplir un double rôle.

Le département peut transiger, mais seulement après avoir obtenu l'autorisation préalable du conseil général, et l'approbation royale donnée en conseil d'état.

La loi n'a pas prévu tous les actes qui peuvent intéresser le département ; nous citerons entre autres : les actes de partage, de bornage, les baux et les désistements : on décide généralement, qu'à raison du silence de la loi, il faut appliquer les règles établies pour les communes, en substituant à l'intervention du conseil municipal celle du conseil général.

CHAPITRE III.

Des arrondissements.

L'arrondissement est une fraction administrative du territoire départemental.

Cette circonscription forme l'unité secondaire ; elle est à la fois *politique*, *judiciaire*, *administrative*.

Politique, car elle est représentée à la chambre élective par un député ;

Judiciaire, car elle a un tribunal civil ;

Administrative, car elle a une sous-préfecture et un *conseil* dit *d'arrondissement*.

Le conseil d'arrondissement est chargé de répartir les contributions entre les communes ; sa mission est, sur une échelle moins vaste, à peu près la même que celle du conseil général.

Il y a aujourd'hui en France trois cent soixante-trois arrondissements.

Nous diviserons ce chapitre en deux sections :

Dans la première, nous parlerons des conseils d'arrondissement, et dans la deuxième des sous-préfets.

SECTION PREMIÈRE.

Des conseils d'arrondissement.

Le conseil d'arrondissement est composé d'autant de membres qu'il y a de cantons, mais sans que leur nombre puisse être inférieur à neuf.—S'il y a moins de neuf cantons dans l'arrondissement, le roi répartit, par une ordonnance, entre les cantons les plus peuplés, le complément à élire.

Ce conseil est nommé pour six ans; il se renouvelle par moitié, de trois ans en trois ans; l'ordre des renouvellements est déterminé par un tirage au sort auquel le préfet procède en conseil de préfecture et en séance publique.

Les mêmes électeurs qui nomment les membres du conseil général, nomment les membres du conseil d'arrondissement.

On ne peut être à la fois membre de plusieurs conseils d'arrondissement, ou d'un conseil d'arrondissement et d'un conseil général.

Les conseils d'arrondissement se réunissent chaque année, sur la convocation faite par le préfet, en vertu d'une ordonnance du roi.

La durée de la session ne peut excéder quinze jours.

Au jour indiqué pour la réunion, le sous-préfet donne lecture de l'ordonnance de convocation, reçoit le serment des conseillers nouvellement élus, et déclare, au nom du roi, la session ouverte.

Les membres qui se présentent après la session d'ouverture, prêtent serment entre les mains du président du conseil.

Appliquez ici, du reste, tout ce que nous avons dit sur la formation du conseil général, en observant que le sous-préfet remplit, près du conseil d'arrondissement, la même mission que le préfet près du conseil général.

Passons aux attributions des conseils d'arrondissement.

Les conseils d'arrondissement sont les auxiliaires du conseil général ; ils ont, sur une échelle moins étendue, les mêmes droits et les mêmes devoirs, à cela près qu'ils ne votent point de budget ; car l'arrondissement n'est pas une personne légale.

Intermédiaire entre les communes et le département, le conseil d'arrondissement a pour mission de préparer les délibérations du conseil général, et de répartir entre les communes le contingent qui lui a été assigné par celui-ci dans les contributions directes.

Pour accomplir ce double but, il se réunit deux fois : avant la session du conseil général, après cette session : la première réunion dure dix jours, la seconde cinq.

Dans la première, il reçoit les comptes du sous-préfet ; il juge comme en première instance les réclamations relatives à la fixation du contingent de l'arrondissement dans les contributions ; il délibère sur les demandes en réduction formées par les communes, et transmet ensuite ces demandes au conseil général, lequel prononce définitivement ; il émet des vœux ; enfin, il donne les avis qui lui sont demandés sur les questions qui intéressent l'arrondissement.

Dans certains cas, l'avis du conseil d'arrondissement est *nécessaire ;* dans d'autres cas il est *facultatif.*

Le conseil d'arrondissement *doit* donner son avis,

toutes les fois que les lois ou les règlements l'ont prescrit, ou lorsqu'il est consulté par l'administration.

Il *peut* le donner, dans tous les cas où le conseil général est appelé à délibérer sur les objets qui intéressent l'arrondissement.

Le conseil d'arrondissement a même la faculté d'adresser au préfet, par l'intermédiaire de son président, son opinion sur l'état et les besoins des services publics en ce qui touche l'arrondissement, notamment sur l'agriculture et le commerce, sur les hospices, les maisons d'arrêt, sur les meilleurs moyens de secourir les indigents et de réprimer la mendicité, sur l'instruction publique, sur les ponts et chaussées et la navigation intérieure, sur les besoins matériels de l'administration, etc.

Dans la seconde partie de la session, le conseil d'arrondissement répartit entre les communes les contributions directes.

A cet effet, la décision du conseil général relative au contingent à fournir par l'arrondissement, est transmise par le préfet au sous-préfet, lequel en donne communication au conseil d'arrondissement : la répartition s'opère sur cette base.

Si le conseil d'arrondissement ne se réunissait pas ou se séparait sans avoir arrêté la répartition, le contingent de chaque commune serait réglé par le préfet, d'après les bases de l'année précédente.

Le président du conseil d'arrondissement transmet au sous-préfet expédition du tableau de répar-

tition.—Le sous-préfet dresse trois expéditions de
ce tableau ; l'une pour le ministre des finances,
l'autre pour le directeur des contributions, et l'autre
pour le receveur des finances de l'arrondissement. —
Il expédie des mandements aux maires, afin de leur
faire connaître le contingent de leur commune ; puis,
dans chaque commune, des *commissaires répartiteurs* font la répartition par cote individuelle, d'a-
près les règles tracées par la loi.

SECTION II.

Des sous-préfets.

Le sous-préfet est le fonctionnaire spécialement
chargé d'administrer un arrondissement.

Le sous-préfet est soumis à la surveillance et à la
direction du préfet ; mais n'en concluons pas qu'il soit
livré au pouvoir discrétionnaire de celui-ci : il est
moins l'agent du préfet que celui du gouvernement ;
nommé par le roi, le roi seul peut le révoquer.

En cas d'absence ou de maladie, le préfet peut
désigner une personne pour administrer provisoirement en son lieu et place.

Toutefois, il ne pourrait, de sa propre autorité, lui
accorder un congé ; le ministre seul a ce droit.

Le sous-préfet est intermédiaire légal entre le
préfet et les maires ; ses pouvoirs dans l'arrondissement, sont les mêmes que ceux du préfet dans le
département.

On considère principalement ce fonctionnaire

comme un organe d'information, de transmission, de surveillance, de contrôle, et comme dépositaire public. En effet, il est appelé à donner tous *renseignements* sur les affaires relatives à son arrondissement ; — il *transmet* aux maires les ordres du préfet, et réciproquement il transmet au préfet les demandes des communes, des établissements publics, et même celles des particuliers ; — il *surveille* les écoles primaires, l'exploitation des carrières à galerie souterraine ; — il *contrôle* les procès-verbaux de vérification des rôles de contribution qui lui sont chaque mois remis par le maire ; — enfin les procès-verbaux de la délimitation des fonds dans son arrondissement, les diplômes des docteurs en médecine, des officiers de santé, des sages-femmes, etc., sont *déposés* dans ses bureaux.

Toutefois, dans un assez grand nombre de cas, le sous-préfet agit de sa propre autorité : par exemple, il nomme les membres qui devront composer le comité consultatif de chaque commune ; il concourt à la tutelle des communes et des établissements publics, en arrêtant les budgets des communes dont les revenus n'excèdent pas 100 fr., en autorisant les acceptations de dons et legs faits aux hospices ou aux pauvres lorsque la valeur de ces libéralités n'excède pas 300 fr., etc. Il autorise l'exploitation des manufactures et ateliers qui sont compris dans la troisième classe des établissements dangereux, insalubres ou incommodes ; enfin il prononce, sauf le recours au préfet, sur toutes les réclamations individuelles auxquelles donnent lieu les opérations des conseils de recensement et la désignation par le sort des jeunes conscrits, sur les contraventions aux règles qui déterminent la largeur des roues des voitures de roulage, etc.

Le sous-préfet est en outre chargé, et c'est là son plus bel attribut, d'aider de ses conseils les municipalités comprises dans sa circonscription ; et de s'efforcer de découvrir les besoins des diverses localités, afin de pouvoir y satisfaire.

L'autorité du sous-préfet se manifeste par des *arrétés :* on peut se pourvoir contre ces arrétés devant le préfet. Le conseil de préfecture serait incompétent ; car il n'est point appelé à connaître des faits de l'administration ; mais seulement du contentieux qui peut naître de ces faits.

Le sous-préfet a des rapports avec le conseil d'arrondissement ; ces rapports sont les mêmes que ceux du préfet avec le conseil général : ainsi, il doit rendre au conseil d'arrondissement un compte annuel de l'emploi des fonds mis à sa disposition pour subvenir aux dépenses de l'arrondissement ; il peut assister aux délibérations, excepté à celles qui ont pour objet d'entendre et d'examiner ses comptes ; il n'a que voix consultative, etc.

CHAPITRE IV.

Des cantons.

Le canton est une subdivision de l'arrondissement ; il comprend tout le territoire dans l'étendue duquel le juge de paix exerce ses attributions.

Ainsi, le canton n'est pas une circonscription administrative proprement dite ; il ne représente pas une unité : on a créé cette subdivision, uniquement pour satisfaire à des besoins judiciaires d'un ordre local. Cependant, chaque canton est représenté au conseil d'arrondissement.

Il y a, en France, deux mille huit cent trente-trois cantons.

CHAPITRE V.

Des communes.

La commune est une subdivision ou fraction de l'arrondissement, dans laquelle il existe un centre d'administration (1).

La commune comprend toutes les *personnes* qui sont domiciliées dans sa circonscription (*v.* 102-111, Code civil).—Quant à celles qui sont propriétaires de quelque portion du territoire, elles supportent les charges communales qui grèvent les biens, et

(1) La commune est une société de citoyens, considérés sous le rapport des relations locales qui naissent de leur réunion dans les villes et dans certains arrondissements du territoire des campagnes. (Lois des 3-14 septembre 1791, 10 juin 1793, art. 2.)

prennent part à l'administration, soit comme électeurs, soit même comme membres du conseil municipal; mais elles ne participent ni aux droits ni
aux charges qui supposent l'habitation : ainsi, elles
ne peuvent prendre part aux distributions de fruits
communaux; elles ne peuvent être appelées aux
fonctions de maire; enfin elles ne sont point assujetties aux prestations en nature prescrites par la loi
du 21 mai 1836, art. 3.

Considérée sous le point de vue *administratif*,
la commune forme le dernier degré de la hiérarchie
administrative; elle a un droit public qui lui est
propre; elle a des charges, des dépenses locales
auxquelles elle pourvoit au moyen d'impôts qu'elle
vote dans les limites tracées par la loi; enfin elle
peut prendre des arrêtés de police auxquels sont
tenus de se soumettre tous ceux qui se trouvent sur
son territoire.

Considérée comme *personne morale*, la commune subsiste et se perpétue alors même que ses
membres viennent à changer; elle peut posséder,
contracter, acquérir, aliéner, ester en jugement,
soit en demandant, soit en défendant; en un mot,
elle se comporte, pour ce qui concerne son patrimoine, comme une personne privée.

L'origine du nom de certaines communes remonte à la plus haute antiquité; l'autorité royale
seule peut leur enlever ce nom (ordonnance du 8
juin 1834).

Les villes et les communes conservent leurs anciennes armoiries, et quelquefois en obtiennent de nouvelles de l'autorité royale.

Certaines villes reçoivent le titre honorifique de bonnes villes, et acquièrent par là divers priviléges (*voyez* ordonnance du 23 avril 1821).

SECTION I.

Administration de la commune.

La commune a un territoire, des biens, une administration, un pouvoir exécutif, un corps délibérant.

Elle est administrée par un corps municipal : ce corps se compose du conseil municipal, du maire et des adjoints.

Le conseil municipal délibère, le maire agit.

Sous les ordres du corps municipal, se trouvent placés les commissaires de police, les gardes champêtres et les gardes particuliers ; un receveur est chargé des recettes.

§ Ier. *Du conseil municipal.*

Les membres du conseil municipal sont élus par l'assemblée des électeurs communaux.

Ils sont tous choisis sur la liste générale de ces électeurs, parmi ceux qui réunissent les conditions requises (*voyez* loi du 21 mars 1831), et qui ont vingt-cinq ans accomplis.

Les deux tiers au moins doivent être pris parmi les électeurs censitaires ; et les trois quarts parmi les électeurs domiciliés dans la commune.

Ne peuvent être membres du conseil municipal les préfets, sous-préfets, secrétaires généraux, conseillers de préfecture, les ministres des divers cultes en exercice dans la commune, les comptables de revenus communaux, les agents salariés de la commune, ceux qui ont été suspendus de l'exercice des droits civiques, l'étranger non naturalisé.— Dans les communes qui comptent cinq cents habitants et au-dessus, les parents au degré de père, de fils, de frère, ne peuvent faire partie du même conseil municipal : celui qui a réuni le plus de voix l'emporte.—Enfin, on ne peut appartenir en même temps à deux conseils municipaux.

Après chaque élection nouvelle, il est dressé un tableau des membres du conseil municipal dans l'ordre et suivant le nombre de suffrages obtenus, sans égard à l'époque de l'élection.

Le conseil municipal est élu pour six ans; mais il se renouvelle par moitié tous les trois ans, ce qui donne lieu à de nouvelles élections. Le sort désigne, à la fin de la troisième année, les membres sortants; le tirage se fait publiquement.

Le roi peut dissoudre le conseil municipal avant l'expiration de ce terme : l'ordonnance de dissolution indique alors l'époque de la réélection; elle doit avoir lieu dans les trois mois qui suivent la dissolution (1).

Le préfet pourrait même le suspendre provisoi-

(1) Observons que cette ordonnance n'emporte pas nécessairement la destitution du maire et des adjoints.

rement s'il se mettait en correspondance avec d'autres conseils municipaux ou s'il publiait des proclamations ou adresses aux citoyens.

Outre le renouvellement qui a lieu dans les deux cas dont nous venons de parler, il est procédé à des élections partielles dans l'intervalle des trois ans, savoir :

1° Lorsque l'élection d'un ou de plusieurs membres du conseil est annulée : les électeurs doivent alors être convoqués dans la quinzaine 'pour procéder au remplacement ;

2° Lorsque par suite de vacance le conseil se trouve réduit aux trois quarts de ses membres ;

3° Lorsqu'il résulte du recensement officiel que la population s'est considérablement accrue : alors, si le conseil municipal n'est pas composé d'un nombre de conseillers égal aux trois quarts de celui qu'il devrait comprendre eu égard à cet accroissement de population, il y a lieu de procéder à des élections partielles.

Les membres cessent individuellement de faire partie du conseil municipal : 1° dans le cas de démission ; 2° dans le cas de suspension ou de perte des droits civiques ; 3° lorsqu'ils ont manqué sans excuse reconnue légitime à trois convocations consécutives : dans ces deux derniers cas, le préfet prononce l'exclusion.

Le maire préside la séance d'installation. — Les nouveaux membres prêtent serment entre ses mains.

§ II. *Délibérations du conseil municipal.*

Le conseil municipal se réunit quatre fois par an, savoir : au commencement des mois de février, mai, août et novembre.

Chaque session dure ordinairement dix jours : la plus importante est celle du mois de mai; car elle a principalement pour objet le règlement du budget de la commune.

Des convocations extraordinaires peuvent en outre avoir lieu dans l'intervalle des sessions, lorsque l'intérêt de la commune le commande : mais dans ces réunions, le conseil municipal est tenu de restreindre ses délibérations à l'objet pour lequel il a été spécialement convoqué.

Toute délibération prise par un conseil municipal hors de sa réunion légale est nulle de droit. L'illégalité doit être déclarée par le préfet en conseil de préfecture.

Pour que le conseil municipal puisse délibérer, la présence de la majorité de ses membres est exigée.

Mais sur quelle base calcule-t-on cette majorité? On ne considère que le nombre réel des conseillers en exercice : rappelons-nous en effet qu'il n'y a lieu de compléter le conseil municipal qu'autant qu'il est réduit aux trois quarts.

S'il arrive que le maire, après deux convocations successives faites à huit jours d'intervalle, n'ait pu réunir la majorité des membres du conseil, les membres qui se présentent à la troisième convocation peuvent délibérer valablement, quelque faible que soit leur nombre.

Le préfet doit déclarer démissionnaire tout membre qui, sans excuse légitime, a manqué à trois convocations successives.

Le conseil est présidé par le maire, et, à son défaut, par l'un des adjoints. Toutefois, s'il s'agit de délibérer sur les comptes de l'administration, la présidence appartient à l'un des membres du conseil désigné au scrutin.

A la première séance de chaque session, le président expose la nature des travaux de la session.

Les délibérations sont prises à la majorité absolue : la voix du président est prépondérante en cas de partage. — Le scrutin a lieu toutes les fois que trois membres le réclament.

Les délibérations doivent, en outre, être inscrites par ordre de date sur un registre coté et paraphé par le sous-préfet; tous les membres qui y ont pris part doivent signer.

Les mêmes raisons qui ont fait interdire la publicité des séances des conseils généraux et des conseils d'arrondissement ont fait également décider que le conseil municipal délibérerait à huis clos.

Les citoyens inscrits sur le rôle des contributions directes peuvent cependant prendre connaissance du contenu au registre des délibérations, mais sans déplacement.

Les délibérations du conseil municipal ne sont exécutoires qu'après avoir été approuvées, savoir :

Par le préfet, lorsqu'elles sont relatives à l'administration de la commune, à des constructions, réparations ou autres travaux qui n'excèdent pas 20,000 fr., et lorsque les dépenses doivent être faites avec les revenus de la commune ;

Par le roi, lorsqu'il s'agit d'acquisitions, d'échanges, d'aliénations ou de baux emphytéotiques.

§ III. *Attributions des conseils municipaux.*

Un conseil municipal est établi près du maire pour l'éclairer et l'aider dans les matières d'intérêt communal les plus importantes. Ses attributions sont au nombre de cinq : il délibère , il exerce un contrôle, il donne son avis, il réclame, il exprime des vœux : nous examinerons successivement chacune d'elles.

Les délibérations se divisent en deux classes :

1° Les délibérations de *règlements*; 2° les délibérations pures et simples.

Le conseil municipal règle par ses délibérations le mode d'administration des biens communaux ; les conditions des baux dont la durée n'excède pas dix-huit ans, lorsqu'il s'agit de biens ruraux, et neuf ans lorsqu'il s'agit de maisons ; le mode de jouissance et la répartition des fruits communaux autres que les bois , ainsi que les conditions à imposer aux parties prenantes ; enfin les affouages , sauf observation des lois forestières.

Expédition de toute délibération sur un des objets ci-dessus énoncés est immédiatement adressée par le maire au sous-préfet, lequel en délivre ou fait délivrer récépissé; si le préfet n'a pas annulé la délibération dans les trente jours qui suivent la date de ce récépissé, elle devient exécutoire par elle-même, indépendamment de toute approbation de l'autorité supérieure. — Le préfet peut toutefois, dans des cas importants, suspendre l'exécution de la délibération pendant un nouveau délai de trente jours. — Les délibérations peuvent être annulées par le préfet, savoir : *d'office*, lorsqu'elles violent la loi ou un règlement d'administration publique; *sur la réclamation des parties intéressées*, lorsqu'elles préjudicient à des intérêts privés.

Les délibérations pures et simples sont celles qui doivent, pour produire leur effet, être revêtues de l'approbation soit du préfet, soit du ministre, soit du roi, suivant les distinctions de la loi. Dans cette classe, viennent se ranger toutes les délibérations qui se rattachent à l'avenir de la commune, c'est-à-dire celles qui concernent le budget communal, les acquisitions, aliénations ou échanges de propriétés, les acceptations de legs, les actions judiciaires, et en général toutes les délibérations non comprises dans la première catégorie. Aucun délai fatal n'est déterminé pour l'approbation des délibérations.

Le conseil municipal exerce *un contrôle*, lorsqu'il délibère sur le compte présenté annuellement par le maire; lorsqu'il entend, débat et arrête les comptes des receveurs principaux, etc.

Le conseil municipal *donne son avis* dans une foule de cas qui n'intéressent qu'indirectement la commune, et dont l'initiative ou la décision appartient à d'autres pouvoirs : par exemple, lorsqu'il s'agit de projets d'alignement de grande voirie dans l'intérieur des villes, bourgs et villages, de l'acceptation des dons et legs faits aux établissements de charité et de bienfaisance, de l'autorisation d'emprunter, d'acquérir, d'échanger, d'aliéner, de plaider ou de transiger demandée par les mêmes établissements.

Enfin le conseil municipal *réclame*, s'il y a lieu, contre le contingent assigné à la commune dans l'impôt de répartition.

Telles sont les attributions du conseil municipal : en dehors de ces limites, il ne peut qu'exprimer *des vœux*, encore faut-il que ce soit sur des objets d'intérêt local. Toutes délibérations qu'il prendrait sur d'autres objets seraient nulles de droit.

SECTION II.

Des maires et des adjoints.

Le maire est un administrateur revêtu d'un double caractère : il est délégué pour l'exécution des lois et des règlements ; il est le représentant et l'organe de la commune.

Les adjoints ont pour mission de remplacer le maire, en cas d'empêchement *complet* ou *partiel*.

Lorsqu'il y a *empéchement complet*, les fonctions du maire sont déléguées *par la loi* d'une manière absolue à l'adjoint disponible, suivant l'ordre des nominations, et, à défaut d'adjoint, à un conseiller municipal, suivant l'ordre du tableau.

Lorsqu'il y a empêchement *partiel*, le maire peut déléguer une partie de ses fonctions à un ou plusieurs adjoints, et, à défaut d'adjoints, à un ou plusieurs conseillers municipaux, suivant l'ordre du tableau : par exemple, il peut charger l'un des adjoints de la police, un autre de l'état civil, un troisième de la surveillance des édifices publics. — Mais il ne pourrait déléguer la totalité de ses pouvoirs : s'il jouit des honneurs attribués au titre de maire, il doit supporter quelques-unes des charges que ce titre impose.

Le nombre des adjoints varie en raison de la population : il y en a un seulement dans les communes qui ne comptent que deux mille cinq cents habitants ; deux, lorsque la population est de deux mille cinq cents à dix mille ; au delà de ce nombre, on ajoute un adjoint par chaque excédant de vingt mille habitants.

En outre, si des obstacles rendent momentanément dangereuses ou difficiles les communications entre le chef-lieu de la commune et une portion du territoire, on élit, parmi les citoyens qui habitent ce territoire, un adjoint spécial pour remplir les fonctions d'officier de l'état civil.

Ne perdons pas de vue que les fonctions de cet adjoint sont bornées à la rédaction des actes de l'état civil : elles ne s'étendent pas à l'exercice de l'autorité municipale proprement dite, c'est-à-dire à l'administration et à la police : d'où il résulte qu'à la différence des délégués du maire, il correspond non avec les autorités constituées, mais avec le maire.

Le maire et les adjoints sont choisis parmi les membres du conseil municipal ; ils sont nommés, savoir :

Par le roi, pour les chefs-lieux d'arrondissement, et pour les communes qui ont trois mille habitants ; — *par le préfet*, au nom du roi, pour les autres communes.

Ils restent trois ans en fonctions.

Ces fonctionnaires municipaux ne reçoivent point d'honoraires ; aucun frais de représentation ne leur èst même alloué ; on accorde seulement au maire pour frais de bureaux une somme annuelle par forme d'abonnement.

Ne peuvent être maires ni adjoints :

Les membres des cours ou tribunaux de première instance, ou les juges de paix ;

Les militaires et employés des armées de terre et de mer, en activité de service ou en disponibilité ;

Les ingénieurs des mines ou des ponts et chaussées, lorsqu'ils sont en activité de service ;

Les agents ou employés des administrations financières ou des forêts ;

Les fonctionnaires et employés des colléges communaux ni les instituteurs primaires ;

Les préfets, sous-préfets, secrétaires généraux,

les conseillers de préfecture ni les citoyens qui sont déjà membres d'un autre conseil municipal;

Enfin on ne peut prendre pour adjoints les agents salariés du maire, tels que ses intendants, ses régisseurs, ses jardiniers.

Après leur nomination, le maire et les adjoints prêtent serment : cette formalité les investit de leur pouvoir et achève leur caractère public. S'ils entraient en fonctions sans l'avoir accomplie, ils encourraient une amende de 16 à 150 francs.

Les maires prêtent serment entre les mains de leur prédécesseur, et, en cas de mort, de destitution ou de suspension de ce dernier, entre les mains de l'adjoint.

Le serment des adjoints est reçu par le maire ou par l'adjoint qui le remplace.

La prestation du serment des maires et des adjoints est constatée séance tenante par un procès-verbal signé de tous les fonctionnaires municipaux présents au procès-verbal, et immédiatement envoyée par le maire au sous-préfet, lequel en donne avis au préfet.

Trois causes peuvent entraîner la cessation des fonctions du maire :

1° Le *renouvellement* : il a lieu tous les trois ans ;

2° La *démission* : elle est *expresse* ou *tacite ;* *expresse*, quand elle est donnée spontanément; *tacite*, quand elle résulte des circonstances : par exemple, si le maire accepte des fonctions incompatibles ou s'il change de résidence.

Le maire non réélu ou démissionnaire reste en fonctions jusqu'à ce que son successeur ait prêté serment ; sinon il encourt des peines correctionnelles comme ayant préjudicié à la chose publique.

3° La *suspension* ou la *révocation* : le préfet peut suspendre le maire ; mais le roi seul peut de le révoquer. Nous verrons que, sans recourir à ce moyen extrême, le préfet peut, en cas de refus ou de négligence du maire, faire d'office certains actes, soit par lui-même, soit par un délégué spécial.

Le fonctionnaire non maintenu, démissionnaire ou suspendu, ne cesse pas de faire partie du conseil municipal ; un nouveau maire est choisi parmi les autres membres du conseil.

Ces observations sont applicables aux adjoints.

§ I. *Attributions des maires.*

Le maire a des attributions *dans l'ordre judiciaire* et *dans l'ordre administratif.*

Dans l'ordre judiciaire : il est à la fois officier de l'état civil, officier de police judiciaire et juge de simple police.

Dans l'ordre administratif : il est délégué du gouvernement et juge administratif.

Sous le premier point de vue, le maire est à la fois officier de l'état civil, officier de police judiciaire et juge de simple police.

Comme *officier de l'état civil*, ses devoirs sont tracés dans le titre 2, livre 1er du Code civil.

Comme officier de police judiciaire, le maire a

qualité pour rechercher les contraventions de police de toute nature, pour recevoir des plaintes et des dénonciations, et même, en cas de flagrant délit ou de réquisition de la part d'un chef de maison, pour faire des visites ou autres actes qui sont de la compétence du procureur du roi. De plus, il peut requérir la force armée et décerner des mandats d'amener contre les prévenus de crimes emportant peines afflictives ou infamantes (*voyez* Code d'inst. crim.).

Dans les trois jours, il doit transmettre à l'officier qui remplit les fonctions de ministère public, près le tribunal de police les procès-verbaux *de contraventions*, ainsi que les pièces à l'appui; et au procureur du roi, les procès-verbaux et autres actes relatifs aux crimes et aux délits.

Comme juge de simple police, le maire connaît, concurremment avec le juge de paix, des contraventions commises dans les communes qui ne sont pas chefs-lieux de canton; de celles qui sont commises dans l'étendue de la commune par des personnes prises en flagrant délit ou par des personnes qui résident dans la commune, lorsque les témoins y sont aussi résidants et lorsque la partie réclamante conclut pour dommages-intérêts à une somme qui n'excède pas 15 fr. (art. 166, Inst. crim.).

Quant aux affaires qui sont exclusivement attribuées au juge de paix par l'art. 139 du Code d'instruction criminelle, elles ne sont pas de la compétence du maire.

Les citations à comparaître devant le maire, procédant comme juge de simple police, ne se donnent point par le ministère des huissiers (169, 170, Instruction criminelle); un simple avertissement du maire est suffisant.

Il donne ses audiences dans la maison commune; les parties et les témoins sont entendus publiquement.

L'adjoint remplit les fonctions de ministère public. En cas d'absence de l'adjoint ou lorsqu'il remplace le maire comme juge de simple police, ces fonctions sont exercées par un des membres du conseil municipal; chaque année, le procureur du roi désigne ce conseiller.

Le greffier est nommé par le maire; il reçoit. pour les expéditions qu'il délivre, les mêmes émoluments que les greffiers de justice de paix (168, Inst. crim.).

En cas de contravention dans les fonctions qui tiennent à l'ordre judiciaire, le maire peut être poursuivi sans autorisation préalable du gouvernement.

Passons aux attributions du maire dans l'ordre administratif : il agit comme délégué du gouvernement, ou comme revêtu de fonctions municipales.

Comme *agent du gouvernement*, le maire est placé sous l'autorité de l'administration supérieure; en cette qualité il doit :

1° Exécuter les mesures de *sûreté générale* : on désigne ainsi, celles qui ne se réfèrent pas à la police municipale;

2° Publier et faire exécuter les lois ou règlements qui ont pour objet l'intérêt du pays;

3° Enfin, remplir les fonctions spéciales que les lois lui attribuent, c'est-à-dire, certaines fonctions dont sont investis les maires, tantôt comme officiers de police judiciaire, tantôt comme juges de police, tantôt comme agents du gouvernement.

Dans les divers cas où le maire agit comme exécutant les ordres de l'autorité supérieure, il est subordonné au préfet et au sous-préfet : s'il refuse ou néglige d'obéir, le préfet peut d'office exécuter l'acte ou le faire exécuter par un délégué spécial.

Bien que les attributions dont nous parlons soient étrangères à l'autorité municipale, on a cru, pour simplifier les rouages de l'administration, devoir en charger le maire. Toutefois, dans les villes populeuses, quelques-unes de ces fonctions sont confiées à des agents spéciaux : ainsi, lorsque le nombre des habitants excède cinq mille, la police judiciaire est exercée par des fonctionnaires connus sous le nom de *commissaires de police*.

Comme revêtu *de fonctions municipales*, en d'autres termes comme *agent*, comme *représentant de la commune*, le maire agit sous la *surveillance* de l'administration supérieure ; il administre les biens de la commune, fait exécuter les mesures prescrites par le conseil municipal, surveille les établissements communaux, souscrit les marchés, les actes de vente, d'échange, de partage ; il représente la commune en justice, soit en demandant, soit en défendant; il réclame au nom de ses administrés devant l'autorité supérieure , etc.

Toutefois, l'art. 17 de la loi de 1837 réserve au conseil municipal le droit de régler par ses délibérations, 1° le mode d'administration des biens communaux; 2° les conditions des baux à ferme ou à loyer dont la durée n'excède pas dix-huit ans pour les biens ruraux, et neuf ans pour les autres biens; 3° la répartition des pâturages et fruits communaux autres que les bois, ainsi que les conditions à imposer aux parties prenantes; 4° les affouages, en se conformant aux lois forestières : dans ces divers cas, le maire ne fait qu'exécuter les décisions du conseil municipal.

Toujours au même titre, le maire prescrit toutes les mesures qui intéressent la sûreté et la commodité du passage dans les rues, quais, places et voies publiques; réprime et punit les délits contre la tranquillité publique, etc.

Lorsque les circonstances l'exigent, il fait publier les lois et règlements de police, afin de rappeler les citoyens à leur observation, et prescrit les mesures locales qu'il juge convenables.

Le maire manifeste *son autorité* par des arrêtés : parmi ces arrêtés, les uns ne devant recevoir qu'une application momentanée, et souvent même individuelle, sont exécutoires par provision, sauf réformation ; les autres, constituant des règlements permanents et disposant d'une manière générale, ne sont exécutoires, à cause de leur importance, qu'après l'expiration d'un mois à partir du récépissé, que doit délivrer le sous-préfet, de l'ampliation déposée entre ses mains.

Les arrêtés doivent être publiés, lorsqu'ils concernent a généralité des citoyens; — ils doivent être notifiés aux parties intéressées, lorsqu'ils sont individuels. L'avertissement verbal serait insuffisant.

Tout citoyen qui se rend coupable d'infraction aux arrêtés légalement pris, encourt une peine : cette peine est prononcée, suivant les cas, soit par les tribunaux de simple police, soit par les tribunaux de police correctionnelle. Il est bien entendu qu'elle ne peut jamais résulter que de la loi ; le maire n'a pas le droit d'en établir.

Le juge devant lequel l'action est portée, n'est point appelé à peser les motifs de l'arrêté : il doit se borner à rechercher le fait; autrement il gênerait l'action administrative : le fait prouvé, il applique la peine.

Gardons-nous, toutefois, de considérer les tribunaux comme des instruments aveugles : l'obligation qui leur est imposée ne s'étend pas aux actes pour lesquels les administrateurs sont incompétents ; le pouvoir de l'administration ne peut franchir les limites que la loi a tracées.

En cas d'obscurité d'un arrêté municipal, l'interprétation appartient à l'autorité qui l'a rendu : en conséquence, le tribunal doit, avant de statuer, attendre que cette interprétation ait eu lieu.

L'autorité supérieure, avons - nous dit, exerce

sur les actes qui émanent du pouvoir municipal un droit de surveillance ; il suit de là :

1° Que le maire doit transmettre ses arrêtés au sous-préfet aussitôt qu'ils ont été rendus : le sous-préfet en réfère ensuite au préfet;

2° Que le préfet peut annuler les arrêtés ou suspendre leur exécution; mais sans qu'il lui soit permis de les modifier;

3° Enfin que le préfet n'a pas le droit de suppléer l'autorité locale, comme il en a le pouvoir lorsqu'elle procède comme représentant le gouvernement.

Le maire peut être poursuivi, lorsqu'il a commis des crimes ou des délits dans l'exercice de ses fonctions : toutefois, lorsqu'il a agi *comme délégué* du gouvernement, le poursuivant doit obtenir l'autorisation préalable du conseil d'état : il importe, en effet, à l'ordre social que les autorités administratives soient mises à l'abri des tracasseries inconsidérées que pourraient susciter des particuliers. — Si le maire a agi comme juge ou comme représentant de la commune, cette autorisation préalable n'est pas nécessaire.

§ II. *Attributions des adjoints.*

Tantôt, l'adjoint supplée *de droit* le maire; tantôt il agit comme son *délégué ;* tantôt il agit *concurremment* avec lui; tantôt enfin il remplit les fonctions de *ministère public.*

L'adjoint remplace de droit le maire, lorsque celui-ci cesse de remplir ses fonctions, même tem-

porairement, par une cause quelconque ; ou lorsqu'il faut passer un acte qui le concerne personnellement.

S'il a plusieurs adjoints, c'est le premier dans
l'ordre des nominations qui est appelé.

A défaut d'adjoints, la suppléance passe au conseiller municipal le premier inscrit dans l'ordre du
tableau.

Dès que l'empêchement a cessé, le maire reprend
ses fonctions, de droit, sans formalités préalables.

Nous avons vu, que l'on nomme un adjoint spécial, pour les localités séparées du chef-lieu de la
commune par un obstacle quelconque : cet adjoint
agit comme suppléant de droit ; seulement, à la différence du suppléant ordinaire, lequel correspond
avec le sous-préfet, il n'est en rapport qu'avec le
maire.

Le maire, ou l'adjoint qui le supplée *de droit*,
peut déléguer une partie de ses pouvoirs à un ou
plusieurs adjoints, sans avoir égard à l'ordre d'inscription sur la liste. Cette délégation étant une pure
faculté, il peut la révoquer quand bon lui semble.

Toutefois, la loi exige qu'à raison de leur importance, les actes de délégation ou de révocation
soient formellement constatés par inscription sur les
registres de la mairie.

L'adjoint délégué ne peut, comme le suppléant *de
droit*, se substituer un autre adjoint ; car il occupe
une charge de confiance.

Par cette même raison, en cas d'empêchement

du délégué, les pouvoirs ne passent point à l'adjoint qui le suit dans l'ordre de la liste ; ils reviennent au maire.

Observons, que les *adjoints seuls* peuvent être délégués : si les conseillers municipaux sont appelés à la suppléance de droit, ce n'est que par nécessité, attendu l'urgence, pour ne pas laisser les affaires de la commune en souffrance.

Le premier adjoint, et, à défaut, celui qui le suit dans l'ordre du tableau, procède *avec le concours* du maire, lorsqu'il s'agit de répartir la contribution foncière ou de dresser la matrice du rôle pour la contribution des portes et fenêtres.

Il est chargé, de même que le maire, de délivrer les certificats constatant l'insolvabilité ou l'absence des redevables du trésor public, de dénoncer au procureur du roi les crimes et délits, de dresser les procès-verbaux pour les constater, de faire saisir les prévenus en flagrant délit, en un mot, de faire tous les actes relatifs à la police.

L'adjoint remplit les fonctions de *ministère public*, lorsque le maire siége comme juge de simple police (*voyez* p. 129).

SECTION III.

Secrétaires des mairies.

Autrefois, et même sous les lois du 22 décembre 1789 et 19 vendémiaire an IV, le secrétaire de mairie était revêtu d'un caractère public ; sa signature donnait l'authenticité aux actes de l'autorité municipale. Mais la constitution de l'an VIII ne l'ayant pas mis au nombre des fonctionnaires publics, on ne le considère plus aujourd'hui que comme un employé de mairie.

Quoi qu'il en soit, le secrétaire de mairie est moins l'agent du maire que celui de la commune : en effet, le maire ne peut le nommer ou le révoquer que sauf l'approbation de l'autorité supérieure. De plus, en entrant en fonctions, il prête serment entre les mains du maire.

Les secrétaires de mairie doivent être âgés de vingt-cinq ans.—Ils ne peuvent cumuler cette fonction avec celle d'adjoint ou de conseiller municipal. —Leur traitement est pris sur les fonds de la commune.— Il est fixé par le conseil municipal.

Dans les communes pour lesquelles le traitement d'un secrétaire serait un sacrifice trop onéreux, cette fonction est remplie par le maître d'école.

Les attributions du secrétaire de mairie ne sont autres que celles du maire; il agit sous la responsabilité de celui-ci.

SECTION IV.

Des commissaires de police.

La police est au nombre des attributions du maire ; néanmoins, dans les villes populeuses, on a dû en charger un fonctionnaire spécial : ce fonctionnaire est appelé *commissaire de police.*

Ainsi, les *commissaires de police* sont des officiers chargés de veiller à la sûreté des citoyens, de rechercher et poursuivre ceux qui ont enfreint les lois répressives.

Ils sont nommés par le roi et ne peuvent être révoqués que par lui.— Mais le ministre de l'intérieur et même le préfet peuvent les suspendre.

Il n'y a qu'un commissaire de police dans les communes qui ont de cinq à dix mille âmes; chaque excédant de dix mille habitants donne lieu à la nomination d'un commissaire de police de plus.

Dans les communes où il n'y a qu'un commissaire de police, s'il se trouve *légitimement empéché*, le maire, et, à son défaut, l'adjoint, est appelé à le remplacer.

Les commissaires de police ne peuvent occuper de fonctions qui se réfèrent à l'autorité municipale ou à l'autorité judiciaire; car ils sont subordonnés à l'une et à l'autre de ces autorités.

Le commissaire de police agit, tantôt comme fonctionnaire administratif, tantôt comme officier de police judiciaire.

Comme *fonctionnaire administratif*, il est chargé de la police municipale et de la police générale; il exerce la première sous l'autorité du maire, et la seconde sous l'autorité du préfet.—A ce titre, le commissaire doit prévenir les délits, surveiller l'exécution des lois et des règlements, parapher les registres sur lesquels les logeurs et les aubergistes sont tenus d'inscrire les noms des personnes qui couchent chez eux, veiller à ce que nul individu non domicilié dans la commune ne s'y introduise sans passe-port, à ce que les marchands ne se servent que de poids et mesures légaux, etc., etc.

Comme *officier de police judiciaire*, le commissaire de police est placé sous l'autorité de la cour royale et sous la surveillance des procureurs généraux et des procureurs du roi.— En cette qualité, il recherche les auteurs des contraventions, crimes et délits qu'il n'a pu prévenir, et transmet au procureur du roi les procès-verbaux qui les constatent.

Toujours au même titre, il peut ordonner l'arrestation du prévenu ; mais seulement en cas de flagrant délit : hors ce cas, le commissaire de police se rendrait coupable d'arrestation arbitraire.

Outre les fonctions administratives ou judiciaires dont nous venons de parler, le commissaire de police remplit les fonctions de ministère public devant les tribunaux de simple police (1).

Les art 222-224 du Code pénal prononcent des peines contre les citoyens qui se rendraient coupables d'outrages envers ces fonctionnaires.

SECTION V.

De la police rurale.

La police rurale a pour objet la conservation des fruits et des biens de la campagne : elle est confiée au maire, lequel l'exerce par l'entremise des gardes champêtres et de la gendarmerie.

(1) Dans les communes où il n'y a pas de commissaires de police, ces fonctions sont remplies par le premier adjoint.

Les délits ruraux sont portés, suivant les cas, devant le maire, devant le juge de paix ou devant les tribunaux correctionnels.

Ils entraînent une amende qui ne peut être moindre de trois journées de travail ou de trois jours de prison, sans préjudice d'une indemnité au profit de celui qui a souffert le dommage.

La peine se prescrit par le délai d'un mois; ce délai court du jour où le délit a été commis : les poursuites ont lieu, soit à la requête de la partie lésée, soit d'office à la requête du procureur du roi.

§ Ier. *Des gardes champêtres.*

Les *gardes champêtres* sont des fonctionnaires spécialement chargés de rechercher et de constater les délits commis contre les propriétés rurales.

Chaque commune peut avoir un ou plusieurs gardes champêtres. Le maire les nomme, sauf l'approbation du conseil municipal; la délibération approbative est ensuite transmise au sous-préfet, lequel délivre la commission.

Ils peuvent être suspendus par le maire ; mais le préfet seul peut les révoquer.

Leur traitement est réglé par le préfet sur la proposition du conseil municipal et sur l'avis du sous-préfet; il est pris sur les revenus de la commune.

Les gardes champêtres doivent être âgés de vingt-cinq ans accomplis. Ils ne peuvent entrer en exercice avant d'avoir prêté serment devant le tribunal civil de l'arrondissement : ce serment leur imprime un caractère public.

Les gardes champêtres sont à la fois officiers de police judiciaire et agents de la force publique.

Comme officiers de police judiciaire, leurs attributions sont énumérées dans le Code d'instruction criminelle, art. 9, 16 et 17.—Ils dressent des procès-verbaux à l'effet de constater les délits et contraventions, ainsi que les diverses preuves susceptibles de mettre sur la trace de ceux qui les ont commis.

Ces procès-verbaux font foi; mais sans préjudice de la preuve contraire, laquelle peut être établie soit par titres, soit par témoins. Ainsi on peut les attaquer sans recourir à l'inscription de faux.

Comme agents de la force publique, ils doivent avertir le maire de tout ce qu'ils découvrent de contraire au maintien de l'ordre et de la tranquillité publique.—Ils sont placés sous la surveillance de l'officier ou du sous-officier de gendarmerie du canton, et doivent leur prêter main forte lorsqu'ils le requièrent.

Indépendamment du garde champêtre salarié par la commune et chargé de veiller à la conservation de la généralité des propriétés rurales, tout propriétaire ou tout établissement public peut établir un garde pour veiller sur ses propriétés particulières. La commission de ce garde particulier est délivrée sur papier timbré par le propriétaire, visée par le maire et transmise au sous-préfet, sans qu'il soit besoin de l'approbation préalable du conseil municipal; seulement, le garde champêtre doit être agréé par le conservateur des forêts.

Le garde particulier est officier de police judiciaire; mais il ne peut dresser de procès-verbaux valables qu'à l'égard des délits ou contraventions commis sur le territoire de son mandant.

Du reste, tout ce que nous avons dit sur la prestation de serment et autres conditions imposées aux gardes champêtres ordinaires, lui est applicable.

§ II. *De la gendarmerie.*

La gendarmerie a le droit de saisir tout individu qu'elle surprend commettant des dégâts dans les champs ou les bois, ou dérobant des fruits; elle dénonce à l'autorité locale les propriétaires qui négligent d'écheniller dans le temps prescrit; elle dresse des procès-verbaux contre tous individus qui contreviennent aux lois et règlements sur la chasse, etc.

Les commandants des brigades ont sous leur surveillance les gardes champêtres. Les officiers et sous-officiers s'assurent, dans les tournées qu'ils sont tenus de faire, si les gardes champêtres remplissent fidèlement leurs fonctions; et donnent connaissance au sous-préfet de ce qu'ils ont appris sur le zèle et la conduite de chacun d'eux.

SECTION VI.

Biens des communes.

De même que les particuliers, les communes peuvent avoir des biens.

Or, les biens sont meubles ou immeubles : leur mobilier se compose des meubles de l'hôtel de ville, des bibliothèques, musées et autres collections, de créances, actions, rentes, etc.

Leurs immeubles se divisent en plusieurs classes : nous examinerons successivement chacune d'elles; mais il importe d'abord de jeter un coup d'œil sur les diverses phases de la législation à cet égard.

La féodalité avait proclamé la maxime : *nulle terre sans seigneur;* maxime d'où il résultait, que la propriété privée était considérée comme une simple concession, et que le terrain sur lequel nulle commune ne pouvait justifier de son droit se réunissait au domaine du seigneur.

Ainsi, les terres vaines et vagues non cultivées, terres connues sous le nom de *bruyères, brandes, marais,* etc., leur appartenaient.

Bientôt, les feudistes imaginèrent trois autres droits qu'ils désignèrent sous le nom de *réserve, triage* et *cantonnement.*

La *réserve,* était une portion de biens que le seigneur était censé retenir, en donnant des biens à une commune.

Le *triage,* était le droit qu'avait le seigneur de

reprendre le tiers des biens que lui ou ses auteurs avaient donnés à une commune de son territoire.

Le *cantonnement*, était une interversion du titre primitif, la conversion d'un droit d'usage sur un terrain qui produisait au delà des besoins d'une commune, en un droit de propriété sur une fraction de ce terrain.

L'assemblée constituante, par ses décrets du 4 août 1789 abolitifs de la féodalité, renversa tous les abus qui en étaient la suite; puis, par diverses lois, et entre autres par celle du 28 août 1792, elle réintégra les communes dans les biens et droits dont elles avaient été dépouillées par la puissance féodale. Cinq années furent accordées aux communes pour réclamer.

A peine ce résultat fut-il obtenu que les habitants des communes, peu soucieux de conserver pour la génération future, demandèrent le partage des biens de chaque commune entre ses habitants : une loi du 10 juin 1793 décréta ce partage et le déclara d'urgence ; elle n'excepta que les bois, les terrains contenant des carrières, les mines, les portions de terrains consacrées à des usages publics, et les édifices à l'usage des communes.

Diverses lois rendues successivement réglèrent ensuite le mode et les conditions du partage ; mais les formalités qu'elles prescrivaient, bien que légères, furent négligées dans la plupart des communes : aussi, des réclamations s'étant élevées de toutes parts, on se vit forcé de suspendre provisoirement l'effet de ces lois (loi du 9 juin 1796, 21 prairial an IV).

Cette situation incertaine se prolongea jusqu'en l'an XII. A cette époque, la loi du 9 ventôse déclara valables tous les partages qui avaient été faits en vertu de la loi de 1792, pourvu qu'ils fussent constatés par un acte; elle autorisa les détenteurs qui ne pouvaient présenter d'actes de partage, mais qui avaient défriché ou clos de murs ou de haies un terrain, construit ou fait des plantations sur ce terrain, à se rendre propriétaires incommutables en payant une redevance annuelle; et rendit aux communes les biens sur lesquels nul ne pourrait justifier de son droit par l'un des deux modes qu'elle déterminait.

Peu de particuliers usèrent du bénéfice de cette loi, et d'un autre côté, les administrations locales mirent peu d'activité dans leurs recherches : pour en finir, le gouvernement accorda aux usurpateurs, par une ordonnance en date du 23 juin 1819, un délai de trois mois pour faire la déclaration de ce qu'ils possédaient sans titre, et leur réserva la faculté de se faire maintenir en possession en payant les quatre cinquièmes de la valeur actuelle des biens, déduction faite de la plus-value résultant des améliorations; ou une redevance annuelle égale au vingtième du prix du fonds ainsi évalué par experts. Faute d'avoir fait leur déclaration dans le délai fixé, ils durent être poursuivis devant le conseil de préfecture, et condamnés à restituer les terrains ou à payer le montant intégral du prix sans aucune remise, et en outre à restituer les fruits perçus.

Cette ordonnance produisit les plus heureux effets : les administrations locales ayant dressé avec soin un état des biens usurpés, la plupart des détenteurs effrayés firent leur déclaration et se portèrent soumissionnaires.

Les seigneurs et les particuliers ne furent pas les seuls qui cherchèrent à s'emparer des biens des communes; elles furent en outre dépouillées par l'État à deux époques différentes, savoir :

1° Par les lois des 24 juin et 24 août 1793 : ces lois liquidèrent les dettes de la république; mirent à la charge de l'État le passif des communes, et lui attribuèrent, à titre d'indemnité, jusqu'à concurrence des dettes payées, les biens qu'elles possédaient, à l'exception de ceux dont le partage était décrété ou qui étaient destinés aux établissements publics.

2° Par une autre loi du 23 mars 1813 : la caisse d'amortissement figura dans cette loi comme acquéreur des biens appartenant aux communes moyennant une inscription de rente sur le grand-livre des cinq pour cent consolidés. L'administration des domaines prit possession de ces biens au nom de la caisse d'amortissement et les fit vendre par adjudication dans la forme ordinaire.

Le trésor se procura ainsi un capital considérable et même d'immenses bénéfices; car le prix de la vente excéda de beaucoup le capital de l'inscription.

Les pâturages, tourbières en exploitation pour

l'usage commun des habitants, ainsi que les halles, marchés, promenades, églises, casernes, salles de spectacle et autres édifices consacrés à un service public, furent toutefois exceptés de la réunion au domaine.

Enfin arriva la loi réparatrice du 28 avril 1816 : cette loi abrogea celle de 1813; elle ordonna la restitution des biens non vendus, mais elle maintint les aliénations faites.

Telles furent les variations successives que la législation relative aux biens a subies : voyons maintenant de quoi se compose aujourd'hui le patrimoine des communes.

Les communes ont des droits de propriété, de simples droits d'usage ou seulement des services fonciers à prétendre.

Les biens dont elles sont propriétaires, se divisent en biens *publics communaux* (1), en biens *patrimoniaux* et en biens *communaux* proprement dits.

Les premiers sont ceux qui, à raison de l'usage auquel ils sont consacrés, se trouvent placés hors du commerce; nous donnerons pour exemple, les rues, places, chemins et églises, les hôtels-de-ville, les casernes, les hôpitaux.

Les *biens patrimoniaux* sont ceux que les com-

(1) L'article 538 du Code civil ne place hors du commerce que les biens qui appartiennent à l'État; cependant, il faut reconnaître que ceux dont nous parlons sont également frappés d'inaliénabilité : c'est pour cela que nous les avons nommés *biens publics communaux*.

munes louent, afferment ou exploitent régulièrement : tels sont les théâtres , les halles, les métairies,
les moulins , les bois, les routes, etc. ; ces sortes
de biens ne sont point placés hors du commerce ;
on peut les aliéner en observant certaines formalités.

Les *biens communaux* sont ceux dont les habitants ont en commun la *jouissance* ou *l'usage*.
Or, ils jouissent en commun :

1° Des coupes affouagères ;

2° Des marais et tourbières ;

3. Des pâturages dans les prés ou bois communs.

On nomme *affouage*, le bois qui, dans les communes propriétaires de forêts, se distribue en nature
aux habitants, pour servir soit au chauffage , soit à
des constructions qui intéressent la commune. Chaque
année, une coupe *affouagère* est délivrée aux com-
munes.pour l'usage des habitants.

La jouissance des marais ne peut consister que
dans l'exercice du droit de parcours.

Quand il s'agit de pâturages, les fruits peuvent
être divisés en nature.—Le droit de pâturage dans les
forêts est réglé par le Code forestier.

Le conseil municipal détermine chaque année le
mode de jouissance des biens communaux et règle
le partage en nature.

Pour avoir droit à cette jouissance, il faut être
Français et habiter la commune , c'est-à-dire y avoir
son *domicile* ; il ne suffirait pas d'y résider : néanmoins, s'il résulte des circonstances qu'elle est établie moins en vue des personnes qu'en faveur des

propriétés, alors, point de doute que tout propriétaire peut y prétendre, quand même il n'habiterait pas la commune.

Le domicile s'établit par une année de résidence; les tribunaux sont seuls compétents pour connaître des questions qui s'élèvent à cet égard.

On demande si la jouissance pourrait être convertie aujourd'hui en un partage de la propriété des biens communaux? Une semblable prétention ne saurait être admise : la jouissance, en effet, appartient à la personne morale, nommée commune; or, cette personne survit aux individus; elle comprend la génération future en même temps que la génération présente.

Les communes peuvent avoir un droit *d'usage* dans les bois de l'État : ce droit leur confère le pâturage, le pacage, la glandée et quelquefois même des coupes de bois de chauffage ; mais il faut qu'il leur ait été conféré soit par des actes du gouvernement, soit par des jugements ou arrêts définitifs.

Les *servitudes* ou *services fonciers* dont elles jouissent, consistent principalement dans le droit de parcours : ce droit ne peut être exercé que par tous les habitants collectivement ; car il appartient à la commune entière et non spécialement à chacun de ses habitants.

Il nous reste à dire quelques mots sur les *sections de communes*.

Nous avons vu, en traitant de la division territoriale, que la *section de commune* est une partie de la commune, possédant des intérêts propres et distincts ; quels sont ces intérêts ? Si c'est une commune trop peu considérable pour se soutenir par elle-même, qui ait été réunie à une autre commune, elle conserve la jouissance exclusive *des biens communaux* qu'elle avait antérieurement ; le produit de ses *biens patrimoniaux* est versé dans la caisse municipale, puisqu'il a pour destination l'acquittement des charges communales ; la commune acquiert la propriété des édifices et autres immeubles qui servaient à un usage public.

Les mêmes règles sont applicables lorsqu'on a retranché une partie d'un territoire communale soit pour la réunir à une autre commune, soit pour former une commune séparée : dans le 1er cas, les édifices publics qui couvrent le territoire sont acquis à la commune ; dans le 2e, ils deviennent la propriété de cette fraction érigée en commune.

Des inconvénients résultent sans doute de cet état de choses ; car, d'une part, il peut arriver qu'une section de commune s'approprie ainsi des travaux faits aux dépens de la commune entière ou fasse profiter de ces travaux la nouvelle commune ; D'autre part, il peut arriver aussi qu'elle se trouve privée de travaux auxquels elle aura contribué : mais toute iniquité disparaît, au moyen des indemnités qui se payent de part et d'autre.

Les changements apportés à la division territoriale entraînent la dissolution de l'ancien corps municipal et nécessitent de nouvelles élections.

Des transports de contributions en sont également la suite : ils sont réglés, savoir : lorsqu'ils ont lieu d'une commune à une autre, par le conseil d'arrondissement ; lorsqu'ils ont lieu d'un arrondissement à l'autre, par le conseil général ; lorsqu'ils ont lieu d'un département à l'autre, par le roi.

SECTION VII.

Budget communal.

Toutes les recettes et dépenses des communes doivent être inscrites dans un budget.

Le budget est présenté par le maire, débattu et voté par le conseil municipal, savoir : dans la session du mois d'août, pour les communes justiciables de la cour des comptes ; c'est-à-dire, pour celles dont les revenus excèdent 3o,ooo fr. ; et dans la session du mois de mai, pour les autres communes. Aussitôt après la clôture de la session, le maire l'envoie au sous-préfet pour le faire régler.

Le budget est réglé, savoir : lorsque les revenus de la commune ne s'élèvent pas à 1oo fr., par le sous-préfet ; au-dessus de cette somme, par le préfet sur l'avis du sous-préfet. Enfin lorsqu'ils excèdent 1oo,ooo fr., par une ordonnance du roi.

Le règlement consiste à maintenir, à augmenter ou à réduire les crédits (1). Il doit avoir lieu autant que possible dans le cours du dernier semestre de

(1) On nomme *crédits*, les sommes allouées pour couvrir les dépenses. — L'exercice, est le temps pendant lequel le crédit est ouvert.

chaque année, de manière à pouvoir être remis au maire et aux receveurs municipaux avant l'ouverture de l'exercice. En cas de retard, les recettes et les dépenses sont faites, jusqu'à l'approbation du budget nouveau, conformément au budget de l'année précédente.

Les crédits qui seraient jugés nécessaires après le règlement du budget, devraient être votés par le conseil municipal, et autorisés savoir : par le préfet pour les communes dont il est appelé à régler le budget, et par le ministre pour les autres communes.

Le budget est voté pour un exercice : l'exercice commence le 1er janvier et finit le 31 décembre ; toutefois, afin de laisser à l'administration le temps de compléter la liquidation, une ordonnance de 1835 fixe la clôture des exercices au 30 juin, pour les communes et établissements justiciables de la cour des comptes, et au 31 mars pour les autres communes.

A partir du 15 du mois de la clôture de l'exercice, les dépenses non ordonnancées ne peuvent plus être comprises dans cet exercice ; on les reporte au budget de l'année courante.

Il est bien entendu, que les reports doivent figurer dans des chapitres distincts du budget de l'exercice courant.

Pour compléter cette matière, il importe de dire quelques mots sur la gestion des revenus communaux.

On distingue à cet égard deux sortes de responsabilité : celle du maire comme *ordonnateur* et celle du *comptable*.

Le maire, ou l'adjoint qui le remplace, peut seul ordonnancer des dépenses; c'est-à-dire, délivrer sur le comptable des mandats pour les acquitter. Ces mandats doivent porter sur un crédit régulièrement ouvert, et de plus, être accompagnés de pièces justificatives.

S'il arrivait que le maire refusât d'ordonnancer une dépense régulièrement autorisée, le préfet prendrait, en conseil de préfecture, un arrêté pour suppléer à cette autorisation.

Le maire doit, dans la session qui suit la clôture de l'exercice, *rendre compte;* c'est-à-dire, justifier que les recettes ont été régulièrement ordonnées, et que les dépenses ont été ordonnancées conformément aux crédits portés au budget ou aux allocations accordées postérieurement. — De plus, ce compte doit motiver, par un exposé succinct, les dépenses de l'exercice; il reçoit à cause de cela le nom de *compte moral.* Le conseil municipal doit *l'examiner* avant de voter le budget, afin de pouvoir s'éclairer dans ce vote par les faits passés.

Rappelons-nous que le maire ne peut présider les assemblées qui ont pour objet l'examen de ses comptes; la présidence est dévolue à un membre du conseil.

Les comptes d'administration ainsi vérifiés, sont définitivement *approuvés* par les préfets, pour les communes qui ont un revenu inférieur à 100,000 fr., et par le ministre pour les autres communes.

Passons aux comptables :

Les recettes et les dépenses communales s'effectuent par un comptable ; ce comptable (soit percepteur, soit receveur municipal) est chargé, sous sa responsabilité personnelle, de poursuivre le recouvrement des recettes.

Il doit acquitter les mandats délivrés sur lui par le maire. — Tout comptable qui aurait indûment retardé un payement régulier, serait passible de dommages-intérêts envers le porteur de ce mandat, et encourrait, suivant la gravité des cas, la perte de son emploi.

Le 31 décembre de chaque année, les registres des comptables sont clos et arrêtés en leur présence par le maire, assisté de l'un des membres du conseil municipal.

Dans le premier trimestre qui suit la clôture de l'exercice, le comptable doit remettre aux maires, pour être par eux soumis aux conseils municipaux, le compte des recettes et payements qu'il a effectués.

L'examen terminé, les maires transmettent au sous-préfet les délibérations des conseils municipaux, en y joignant les pièces à l'appui ; le sous-préfet envoie le tout au préfet, et dans les deux mois suivants, les comptes sont définitivement apurés, savoir : par ce fonctionnaire en conseil de préfecture, pour les communes dont les revenus n'excèdent pas 30,000 fr., et par la cour des comptes lorsqu'ils sont supérieurs.

La responsabilité des comptables et les formes de la comptabilité des communes sont déterminées par des règlements d'administration publique.

Les comptables qui n'ont pas présenté leurs comptes dans les délais prescrits par les règlements, peuvent être condamnés, par l'autorité chargée de les juger, à une amende ; cette amende varie pour les receveurs et trésoriers justiciables des conseils de préfecture, de 10 fr. à 100 fr. par chaque mois de retard, et pour ceux qui sont justiciables de la cour des comptes, de 50 fr. à 500 fr. également par mois de retard. — Ces amendes sont attribuées aux communes ou établissements que concernent les comptes en retard ; elles sont assimilées aux débets des comptables, et le recouvrement peut en être suivi par corps.

Le budget et les comptes des communes restent déposés à la mairie. Toute personne imposée aux rôles de la commune a le droit d'en prendre connaissance.

Ils sont rendus publics par la voie de l'impression dans les communes dont le revenu est de 10,000 fr. au plus ; et dans les autres, quand le conseil municipal a voté la dépense de l'impression.

Voyons maintenant de quoi se composent l'actif et le passif des communes.

§ Ier. *De l'actif.*

Les recettes des communes sont *ordinaires* ou *extraordinaires*.

Les recettes *ordinaires* se composent principalement :

1° Des revenus de tous les biens dont les habitants n'ont pas la jouissance en nature : c'est-à-dire des fermages des biens patrimoniaux, du produit de la vente des coupes ordinaires de bois, des arrérages de rentes sur l'État ou sur particuliers, etc.;

2° Des cotisations imposées annuellement sur les ayants droit aux fruits qui se perçoivent en nature : ainsi, on peut, pour subvenir aux frais de garde, lever des impôts proportionnels sur les ayants droit à l'affouage, au pacage ou à la glandée;

3° Du produit des centimes ordinaires affectés aux communes par les lois de finances;

4° Du produit de la portion accordée aux communes dans l'impôt des patentes;

5° Du produit des octrois municipaux (1);

6° Du produit des droits de place, perçus dans les halles, foires, marchés, abattoirs, d'après les tarifs dûment autorisés. — Ces droits sont perçus sur les marchandises;

7° Du produit des permis de stationnement et de locations sur la voie publique, sur les ports, rivières et autres lieux publics;

(1) *Voy.* le titre des *Contributions.*

8o Du produit des péages communaux, des droits de pesage, mesurage et jaugeage, des droits de voirie et autres droits légalement établis.

9° Du prix des concessions dans les cimetières ;

10° Du produit des concessions d'eau, de l'enlèvement des boues et immondices et autres concessions autorisées pour les services communaux ;

11° Du produit des expéditions des actes administratifs et des actes de l'état civil ;

12° De la portion que les lois accordent aux communes dans le produit des amendes prononcées par les tribunaux de simple police, par ceux de police correctionnelle, par les conseils de discipline de la garde nationale, et généralement du produit de toutes les taxes de ville et de police dont la perception est autorisée par la loi.

Les recettes extraordinaires se composent :

1° De l'excédant, s'il y en a, du budget de l'année courante, tel qu'il a été fixé par l'administration ;

2° Des contributions extraordinaires dûment autorisées : ces contributions sont votées par le conseil municipal ; les plus imposés sont appelés en nombre égal à celui des membres en exercice pour prendre part à la délibération.

Lorsqu'elles sont destinées à subvenir à des dépenses obligatoires, la délibération doit être rendue exécutoire, savoir : par le préfet, si la commune a moins de 100,000 fr. de revenus, et par une ordonnance du roi si les revenus sont supérieurs.

Lorsque les contributions sont destinées à subvenir à des dépenses autres que des dépenses obligatoires, elles ne peuvent être autorisées que par le roi
si la commune a moins de 100,000 fr. de revenus,
et par une loi si elle a un revenu supérieur;

3° Du prix des biens aliénés, meubles ou immeubles;

4° Des dons et legs;

5° Du remboursement des capitaux exigibles et
des rentes rachetées;

6° Du produit des coupes extraordinaires de bois;

7° Du produit des emprunts;

Les emprunts sont votés de la même manière
que les contributions extraordinaires; ils doivent être
autorisés par une ordonnance du roi, si la commune
a moins de 100,000 fr. de revenus, et par une loi,
dans le cas contraire.

Néanmoins, en cas d'urgence et dans l'intervalle
des sessions, le roi peut, par une ordonnance rendue
dans la forme des règlements d'administration publique, autoriser les communes dont le revenu est
de 100,000 fr. et au-dessus, à contracter un emprunt jusqu'à concurrence du quart de leurs revenus.

8° Enfin, il faut comprendre, parmi les recettes
extraordinaires, toutes les recettes accidentelles.

§ II. *Du passif.*

Les dépenses des communes se divisaient autrefois, de même que leurs recettes, en ordinaires et extraordinaires ; aujourd'hui, elles se divisent en *obligatoires, facultatives* et *imprévues.*

Les premières sont les dépenses qui intéressent l'État ou qui tiennent essentiellement à l'existence de la commune : on les nomme *obligatoires*, parce que l'administration, en cas de refus du conseil municipal, pourrait les imposer d'office et ordonner des contributions extraordinaires pour y subvenir. Telles sont celles qui ont pour objet l'entretien de l'hôtel-de-ville, l'abonnement au *Bulletin des Lois*, le traitement du receveur municipal, les pensions des employés municipaux et des commissaires de police, les dépenses relatives à l'instruction publique, les grosses réparations à faire aux édifices communaux, etc. —Dans cette même catégorie viennent se ranger en outre les *dettes exigibles ;* c'est-à-dire, les dettes que la commune a contractées en vertu d'autorisations régulières ; et celles qui, après contestations, ont été reconnues légitimes, soit par un arrêté du conseil de préfecture, soit par une décision judiciaire (1).

Les dépenses communales doivent être prévues

______

(1) Il n'est pas inutile de rappeler ici, qu'une loi du 24 août 1793 a déclaré nationales les dettes contractées par les communes jusques et y compris le 10 août 1793. Dès lors, toute personne porteur d'un titre antérieur à cette époque, doit être envoyée à se pourvoir contre l'État.

par un budget ; car les communes n'ont pas la libre disposition de leurs biens : aussi, le créancier ne peut-il procéder par voie de saisie ; il doit, après quelques formalités préalables, se faire colloquer par l'administration sur le prochain exercice (voyez *Tutelle des communes*).

Les dépenses *facultatives*, sont celles qui, ayant pour objet un intérêt purement local, ne pourraient être établies d'office par l'administration. Nous donnerons pour exemple, le pavage, l'éclairage, l'entretien des promenades, des musées, le supplément du traitement des curés, desservants ou pasteurs, l'établissement des bourses dans les colléges royaux, etc.

Les dépenses *imprévues*, sont celles que commande l'urgence et dont il est impossible d'évaluer à l'avance le montant : telles sont les dépenses de réparations du dommage causé par inondations, les frais divers d'impressions, etc. — Pour subvenir à ces dépenses, le conseil municipal vote un crédit ; ce crédit peut-être est réduit soit par le préfet, soit par le gouvernement (suivant l'importance du budget) s'il est jugé trop considérable.

SECTION VIII.

Tutelle des communes.

Les communes peuvent posséder, acquérir, s'obliger, ester en jugement, comme de simples particuliers ; mais elles sont soumises pour l'exercice de leurs droits, à certaines formes protectrices.

Ces formes varient suivant la nature des actes qu'il s'agit de faire.

En ce qui touche les acquisitions, on distingue : elles ont lieu à titre onéreux ou à titre gratuit.

Tout achat d'immeubles doit être précédé, entre autres formalités, d'une enquête *de commodo et incommodo*. La délibération du conseil municipal est ensuite rendue exécutoire, savoir : par le préfet en conseil de préfecture, quand le prix de la vente est moindre de 3,000 fr., si les revenus de la commune sont au-dessous de 100,000 fr.; et quand ce prix n'excède pas 20,000 fr. pour les autres communes; — par ordonnance royale, lorsque le prix est plus considérable.

Les achats *d'effets mobiliers* sont soumis à des formes plus simples : il suffit au maire de prendre l'avis du conseil municipal, si la dépense a été portée au budget. Lorsqu'il n'y a pas de crédit ouvert, cette délibération doit être approuvée par le préfet. — On a même recours à une adjudication publique sur soumission cachetée, quand l'acquisition est d'une certaine importance.

Passons aux acquisitions *à titre gratuit.*

Le conseil municipal est d'abord appelé à délibérer sur l'acceptation des dons et legs : si la libéralité a pour objet des immeubles, elle ne produit son effet qu'autant qu'elle est autorisée par une ordonnance royale. L'autorisation n'est accordée que sur la présentation d'un état des besoins et des ressources de la commune, et après une enquête sur l'existence et le degré des héritiers. — En prescrivant ces formalités, le législateur a voulu prémunir les disposants contre les caprices ou les erreurs qui pourraient les entraîner, et entraver des acquisitions qui ont en définitive pour résultat de placer des biens hors de circulation.

Si la libéralité a pour objet du mobilier, ou des sommes d'argent qui n'excèdent pas 3,000 fr., et s'il n'y a pas de réclamation de la part des prétendants droit à la succession, la délibération du conseil municipal est rendue exécutoire par le préfet : au delà de cette somme, ou lorsque des réclamations s'élèvent, il faut une ordonnance royale.

Du reste, le maire peut toujours, en vertu de la délibération du conseil municipal, accepter provisoirement : l'autorisation qui intervient ensuite remonte, quant à ses effets, au jour de cette acceptation.

Observons, que la validité de la donation ou du legs n'est pas préjugée par l'arrêté du préfet ou l'autorisation du roi ; ces actes ont pour unique objet de conférer aux communes la capacité d'accepter.

Les délibérations qui portent refus de la libéralité doivent être soumises à l'approbation du roi.

Que doit-on décider à l'égard des dons manuels ? Il résulte de plusieurs arrêtés de la cour de cassation, que ces libéralités ne sont soumises aux formes dont nous venons de parler, qu'autant qu'elles renferment des conditions onéreuses, ou qu'elles ont pour objet des droits, par exemple, des créances, etc. : comme l'exécution des conditions, le recouvrement des créances ou la reconnaissance des titres pourraient entraîner la commune dans des dépenses excessives, il importe que l'autorité supérieure intervienne pour peser les avantages et les inconvénients de l'acceptation.

Passons à l'aliénation des biens des communes.

En principe, les aliénations à titre gratuit sont interdites : cependant, une commune peut, en vertu d'une ordonnance du roi, céder un terrain à l'État pour servir à des travaux d'utilité publique.

Les ventes d'immeubles ne peuvent être autorisées qu'en cas d'urgence ou pour un avantage évident ; elles ont lieu aux enchères, à moins toutefois qu'il ne résulte des circonstances que l'aliénation de gré à gré présente plus d'avantages : par exemple, si l'acquéreur offre un prix de convenance supérieur à la valeur réelle de l'héritage, ou si l'objet est d'une faible importance.

On observe, pour les aliénations, les formes qui viennent d'être exposées pour les acquisitions.

Aux termes de l'art. 1596, les administrateurs ne peuvent, sous peine de nullité, se rendre adjudicataires, ni par eux-mêmes, ni par personnes interposées, des biens confiés à leurs soins. — Nous ne pensons pas que les membres du conseil municipal soient compris dans cette incapacité ; car leurs fonctions se bornent à prendre des délibérations, à donner des avis.

La vente des effets mobiliers a lieu aux enchères,

suivant les formes prescrites pour ces sortes d'opérations.

L'échange, participant à la fois de l'acquisition et de l'aliénation, est soumis, sauf quelques légères exceptions, aux mêmes formalités administratives que la vente.—Nous en dirons autant du partage de biens indivis.

Les baux des biens des communes sont arrêtés par le conseil municipal, et adjugés aux enchères en présence des adjoints et d'un membre du conseil municipal après des publications préalables.

Lorsqu'ils excèdent dix-huit ans, la délibération du conseil municipal doit être approuvée par le roi; lorsqu'ils ont une durée moindre, il suffit de l'approbation du préfet.

Les emprunts ne peuvent avoir lieu que pour des causes graves : s'agit-il d'une ville dont les revenus sont au-dessus de 100,000 fr., il faut une loi; au-dessous de cette somme, l'autorisation du roi est suffisante.

Dans les *procès*, la commune est représentée par le maire. — Toutefois, de simples habitants ont le droit d'exercer à leurs frais et risques les actions que le conseil municipal aurait négligé ou refusé de former; la commune doit alors être mise en cause.

Soit que la commune agisse, soit qu'un habitant forme l'action, l'autorisation préalable du conseil de préfecture est de rigueur.

Cette autorisation est spéciale; on ne peut l'étendre d'un cas à un autre : ainsi, l'autorisation que le conseil de préfecture a accordée pour procéder devant un tribunal, ne suffit pas pour agir devant un autre, ni même pour se pourvoir devant un autre degré de juridiction.

Toute décision du conseil de préfecture portant refus d'autorisation, doit être motivée.

On peut se pourvoir contre cette décision dans les trois mois, à partir de l'époque où elle a été notifiée.

Le pourvoi se porte devant le roi, en son conseil. Il est statué sur ce pourvoi dans le délai de deux mois, à partir du jour où il a été enregistré au secrétariat général du conseil d'état.

Tout ce que nous avons dit jusqu'ici se réfère au cas où la commune serait demanderesse; supposons maintenant qu'elle soit défenderesse.

Quiconque veut intenter une action contre une commune, doit, par un mémoire dont il est délivré récépissé, exposer au préfet les raisons sur lesquelles il fonde sa réclamation.

La présentation de ce mémoire interrompt la prescription et empêche toute déchéance.—Le préfet le transmet au maire, avec l'autorisation de convoquer immédiatement le conseil municipal. — Le conseil municipal délibère. — Le maire adresse ensuite la délibération au conseil de préfecture, lequel décide si la commune doit ou non être autorisée à défendre à l'action.—Cette décision doit être rendue dans le délai de deux mois, à partir de la date du récépissé dont nous avons parlé plus haut.

Quid, si le conseil de préfecture pense, contre l'avis du conseil municipal, qu'il y a lieu de défendre à la demande? Le préfet enjoindra au maire de plaider; en cas de refus du maire, il commettra un adjoint; à défaut d'adjoint, un conseiller municipal; si tous les conseillers municipaux refusent, un contribuable pourra être désigné; si nul ne veut accepter cette mission, le jugement sera prononcé par défaut.

Tout ce que nous avons dit jusqu'ici se réfère au cas où il s'agit d'une commune entière; supposons maintenant que le procès concerne des sections de commune.

Lorsqu'une section est dans le cas d'intenter ou de soutenir une action judiciaire contre la commune dont elle fait partie, il est formé pour cette section une commission syndicale de trois ou de cinq membres, que le préfet choisit parmi les électeurs municipaux, et, à leur défaut, parmi les citoyens les plus imposés.

Cette commission désigne un de ses membres pour suivre l'action.

D'un autre côté, le corps municipal est modifié de manière à ce que les membres intéressés à la jouissance des biens ou droits réclamés par la section, n'y soient pas compris; ces membres sont remplacés, dans toutes les délibérations relatives au litige, par un nombre égal d'électeurs municipaux de la commune, que le préfet choisit parmi les habitants ou propriétaires étrangers à la section.

Lorsque deux sections d'une même commune sont dans le cas de plaider l'une contre l'autre, chacune d'elles a une commission syndicale, laquelle est formée comme nous venons de le dire.

Enfin, lorsqu'une section plaide contre une commune autre que celle dont elle fait partie, ou contre un particulier, elle est représentée par le maire et par le conseil municipal. — Les conséquences du procès sont, bien entendu, supportées par la section et non par la commune entière.

Nous déciderons par les mêmes motifs, que la section qui a obtenu une condamnation contre la commune ou contre une autre section, n'est point passible des charges ou contributions qui ont pour objet de payer les frais et dommages-intérêts résultant du procès.

Dans le même cas, si un simple particulier a fait condamner une commune ou une section de commune, il doit être exempt de surcharges.

Les jugements obtenus contre les communes ne s'exécutent pas comme ceux qui sont prononcés contre des particuliers ; autrement, on pourrait désorganiser un service public. Ainsi, on ne procède point par voie de saisie ou d'opposition ; le poursuivant doit présenter un mémoire au préfet, afin que ce dernier avise au moyen de faire payer le montant de la condamnation et les dépens. — Si les revenus ne suffisent pas pour éteindre cette dette, la commune a recours, soit à un emprunt, soit à un impôt extraordinaire, soit à l'aliénation de quelques communaux.

Les communes ne peuvent *transiger* qu'en vertu d'une délibération du conseil municipal, prise sur l'avis de trois jurisconsultes désignés par le préfet. — Cette délibération doit être homologuée, savoir : par le préfet en conseil de préfecture, s'il s'agit d'une valeur moindre de 3,000 fr.; et par ordonnance royale, s'il s'agit d'une valeur supérieure.

TITRE V.

DES ÉTABLISSEMENTS PUBLICS.

Les établissements publics sont des institutions fondées dans un but d'utilité générale ou locale, constituées et personnifiées par la loi, et placées sous la direction immédiate de l'autorité publique.

Parmi les établissements publics, les uns ont en vue un intérêt moral et concernent le culte, l'instruction ou le malheur; les autres touchent aux intérêts économiques.

Les établissements qui concernent le culte sont : les fabriques, c'est-à-dire les églises paroissiales, vues sous le rapport de leurs intérêts temporels, les séminaires, certaines congrégations religieuses de femmes, les consistoires des églises protestantes, les synagogues consistoriales, etc.

Les établissements qui concernent l'instruction sont : l'université (ce corps qui dirige l'éducation publique dans tout le royaume , et qui régit toutes les écoles, depuis les écoles primaires jusqu'aux facultés de théologie , de droit et de médecine), les écoles spéciales créées par le gouvernement, l'Institut , le Collége de France , etc.

Les établissements qui concernent le malheur sont : les hôpitaux publics, les bureaux de bienfaisance , chargés de distribuer des secours à domicile aux malades , aux indigents et aux infirmes ; les dépôts de mendicité , les salles d'asile , qui offrent aux enfants pauvres hospitalité, soins, éducation première , et qui permettent aux parents de ces enfants de donner tous leurs moments à un travail lucratif ; l'hospice des Quinze-Vingts pour les aveugles , celui de Charenton pour les aliénés, celui des Enfants-Trouvés, celui des Sourds-et-Muets , les monts-de-piété , etc.

Les établissements publics qui touchent aux intérêts économiques sont , d'une part , les corporations industrielles, et, d'autre part , certaines compagnies financières , notamment la Banque de France.

Les corporations tendent à rapprocher les hommes d'une même profession , et, par exemple , les agents de change , les notaires , les boulangers d'une ville , afin d'assurer , par l'union des forces , des intérêts que serviraient mal les efforts individuels. Après avoir joué un grand rôle au moyen âge , en des temps d'anarchie où , pour se protéger , l'industrie devait s'armer elle - même , les corporations industrielles ont à peu près disparu de notre société , où elles ne serviraient plus qu'à gêner, soit l'action régulière et puissante d'un gouvernement central, soit l'essor de l'industrie qui se développe par la liberté.

Les compagnies financières qui ont le caractère d'établissement public, tendent, comme nous le verrons au titre suivant, à réunir non plus les hommes, mais le numéraire dont ceux-ci disposent, et à former ces grandes associations de capitaux qui permettent d'exploiter les immenses ressources du crédit ou de neutraliser les chances du sort.

Dans l'intérêt social et dans celui de leur propre existence, les établissements publics subissent une sorte de tutelle; ils sont, pour le mode et la forme des actes de leur administration, soumis presque aux mêmes règles que les communes, et, par exemple, ils ne peuvent acheter, recueillir par legs ou donation, vendre, échanger, emprunter, passer des baux à long terme, agir ou défendre en justice sans une autorisation supérieure qui, elle-même, ne se délivre qu'après enquête et mûr examen.

Les établissements publics ne peuvent acheter sans autorisation, car les biens acquis par eux sont comme retirés du commerce et tombés en main-morte; or, c'est là un fait grave, soit vis-à-vis de l'industrie pour laquelle ces biens sont perdus, soit vis-à-vis du trésor, qui cesse de percevoir sur eux ses droits ordinaires de mutation.

Ils ne peuvent, sans y être autorisés, recueillir à titre de legs ou de donation, par le motif que nous venons de dire, et encore parce qu'il faut veiller à ce que les parents des testateurs ne soient , par caprice , erreur ou bizarrerie, frustrés des biens dont la loi leur permet l'espérance ; à ce que les donateurs n'aient point à déplorer les effets ou d'une séduction trop habile , ou d'un élan trop généreux ; et à ce que certaines libéralités ne tournent au préjudice de la société , en dotant outre mesure , soit des corporations dont la puissance alarmerait l'ordre social , soit des établissements de charité dont la fortune et le zèle extrême aggraveraient le mal du paupérisme.

Enfin , les établissements publics ne peuvent vendre , échanger , emprunter , faire des baux à long terme, agir ou défendre en justice sans l'aveu de l'autorité supérieure. Ces établissements sont, en effet, des êtres complexes qui offrent trois intérêts opposés , savoir : l'intérêt des membres actuels , celui des membres futurs et celui des administrateurs ; n'est-il pas possible , dès lors , que les membres actuels assurent leur propre avantage avant celui des membres futurs de la communauté , et que les administrateurs , à leur tour , cherchent leur profit personnel aux dépens des uns et des autres ?

Indépendamment des règles communes dont nous venons de parler, il est des règles propres à chaque genre d'établissement public, d'après son but spécial ; observons , de plus , qu'il ne faut pas confondre avec les institutions qui nous occupent d'autres établissements dits *d'utilité publique* : ces derniers, en effet , ne sont que des établissements particuliers auxquels le gouvernement accorde une existence lé-

gale avec le droit de posséder et d'acquérir, vu leur
utilité publique constante et les ressources qui ga-
rantissent leur durée ; témoin la société pour le patronage des jeunes libérés de la Seine , et la société
philanthropique de Bordeaux.

TITRE VI.

DES SOCIÉTÉS ANONYMES ET DES COMPAGNIES FINANCIÈRES.

Les sociétés anonymes sont des sociétés de commerce dont les membres ne s'obligent que jusqu'à
concurrence de leur apport social , soit en numéraire,
soit en valeurs industrielles , et dont les administrateurs eux-mêmes ne sont responsables que de l'exécution de leur mandat.

La législation sur les sociétés anonymes fait partie
du droit commercial; nous avons ici peu de choses
à en dire.

Aux termes de l'art. 37 du Code de commerce ,
les sociétés anonymes ne peuvent exister qu'avec
l'autorisation du roi , et une approbation donnée
par lui dans la forme prescrite pour les règlements
d'administration publique.

A l'effet d'obtenir lesdites autorisation et approbation , les fondateurs d'une société anonyme adressent au préfet de leur département une pétition signée d'eux et accompagnée de l'acte social. Ce dernier
acte est rédigé en forme authentique ; il désigne
l'objet de la société, le nom qu'elle prendra , son

domicile , le temps de sa durée , le montant du capital social , le mode et le délai fixés pour la réalisation de ce capital ; il peut contenir aussi les statuts relatifs à l'administration sociale , bien que , d'ordinaire , ces statuts fassent l'objet d'un acte séparé.

L'autorisation et l'approbation dont il s'agit sont commandées par la forme même des sociétés anonymes dépourvues de raison sociale , et elles ont pour but de faire consacrer par les statuts toutes les formalités et tous les moyens de surveillance propres à garantir les actionnaires contre la négligence ou l'infidélité des administrateurs ; de constater , en faveur de ceux qui traiteront avec une société anonyme , et la réalité de l'entreprise que celle-ci se propose, et l'existence des capitaux qui motivent son crédit ; enfin de supprimer , dans l'intérêt public , toute disposition d'un acte social qui pourrait faciliter la fraude ou le dol.

Les sociétés anonymes se rapprochent des sociétés en commandite par actions, en ce qu'elles tendent vers un même résultat, qui est de faire participer les petits capitaux aux bénéfices des grandes entreprises, d'encourager le travail et l'esprit d'économie à la vue de ces bénéfices , de rallier le pauvre et le riche aux mêmes volontés de paix et d'ordre public par le sentiment des mêmes intérêts ; comme aussi d'utiliser, pour l'industrie , les plus faibles épargnes tout en mettant de vastes capitaux au service de la France dans sa lutte industrielle contre les autres nations.

Mais , il faut le dire , les sociétés en commandite

par actions ont sur les sociétés anonymes des avantages qui résultent de la liberté dont elles jouissent ;
affranchies de l'autorisation supérieure , comme of-
frant , par leur raison sociale et l'obligation indéfinie
de leurs gérants , toutes les garanties désirables , les
sociétés en commandite par actions ne soumettent
point l'industrie à des formalités longues et nombreuses , propres à décourager un entrepreneur ou à
faire échouer par le retard ses meilleurs projets ; elles
ne mettent point les fortunes privées à la merci de
fonctionnaires publics trop occupés ou trop éloignés
des faits pour donner pleines garanties de leurs lumières , et trop exposés à la séduction pour faire
croire toujours à l'impartialité de leur jugement ;
enfin , elles ne font peser sur l'administration , en
cas d'insuccès , aucune responsabilité morale , aucune
déconsidération , aucune hostilité.

Parmi les sociétés anonymes , on distingue surtout
les compagnies financières, à cause du nombre, de la
variété et de l'utilité de leurs opérations. Nous signa-
lerons comme telles les banques de dépôt, les banques à virement, les banques de circulation , les
banques d'escompte , les banques territoriales, les
tontines, les compagnies d'assurance et les caisses
d'épargne fondées par les particuliers.

Les banques de dépôt sont des établissements où
toute personne peut envoyer son argent , et se faire
ouvrir un compte au crédit duquel cet argent est
porté pour sa valeur réelle. Ces sortes de banques

permettent au négociant qui leur a remis ses fonds , de payer ensuite ses dettes en faisant, moyennant un léger droit , et par une simple délégation , passer à ses créanciers les sommes inscrites à son propre compte (1).

On a nommé *banques à virement* , tantôt les banques de dépôt elles-mêmes , comme ayant succédé aux virements primitifs et amélioré leurs résultats (2) ; tantôt les établissements qui font le commerce de banque, c'est-à-dire, qui achètent ou vendent dans un lieu des billets payables en un autre

(1) Les banques de dépôt, qui jouèrent un si grand rôle, du quinzième au dix-huitième siècle, sous les noms de *Banque de Venise* , *Banque de Gênes* , *Banque de Hambourg* , etc., eurent pour effet d'apporter une monnaie de valeur connue et inaltérable à des villes de commerce où l'affluence des étrangers faisait abonder une multitude de pièces usées ou rognées , aussi diverses par leur matière que par leur poids ; et cette monnaie de banque , à son tour, offrit un moyen sûr d'évaluation pour les échanges, les achats et les ventes, en même temps qu'elle valut un change favorable aux villes qui possédaient des banques de dépôt.

(2) Le virement est l'échange que deux personnes font, entre elles, des titres de créances qu'elles ont l'une sur l'autre, lorsque, pour éteindre leurs dettes , elles substituent la compensation au payement effectif. Les virements sont utiles aux pays où les envois d'argent se font avec peine, ainsi qu'aux personnes qui, à titre de commissionnaire, se chargent d'un grand nombre de dettes actives et passives ; aussi voit-on les virements pratiqués, soit dans les foires célèbres qui, au moyen âge, se tenaient à Lyon, et dans celles qui ont lieu aujourd'hui à Kief, Réval et autres villes de Russie ; soit, à Londres, par les soixante-dix banquiers que les gros négociants, les capitalistes et les riches propriétaires de cette ville chargent d'opérer toutes leurs recettes , tous leurs payements ; soit même , à Paris, par les agents de change , qui, aux termes de l'article 1er de leur règlement , doivent se réunir le premier jour de chaque mois pour compenser entre eux les marchés sur les cinq pour cent consolidés.

lieu, qui reçoivent les fonds d'un comméttant pour les employer selon ses ordres, ou bien qui, sans avoir rien reçu, payent les engagements du correspondant auquel ils ont ouvert un crédit.

Les *banques d'escompte* se proposent, comme but principal, d'escompter les effets de commerce aux conditions fixées par leurs statuts.

Les *banques de circulation*, parmi lesquelles il faut compter la Banque de France, sont celles qui, par divers moyens (1), mettent en circulation des billets payables en espèces, à vue et au porteur. Ces banques, bien administrées, ont de nombreux avantages qui résultent de ce que leurs billets obtiennent souvent préférence sur le numéraire, de ce que cette préférence devient permanente si les garanties offertes sont à l'abri des crises politiques et industrielles, de ce que de telles garanties appartiennent aux billets des banques qui escomptent du papier solide, à .trois mois d'échéance au plus, et s'astreignent à garder en caisse une somme égale au tiers du montant de leurs émissions : en effet, un pareil état de choses laisse à la société une économie de

(1) En général, tous les emplois qui offrent des sûretés suffisantes conviennent aux banques pour l'émission de leurs billets; ainsi, la Banque de France escompte les effets à ordre garantis par les signatures de trois personnes notoirement solvables, reçoit en compte courant les sommes qui lui sont versées, paye les mandats tirés sur elle jusqu'à concurrence de ces sommes, prête sur dépôt de lingots et monnaies étrangères d'or et d'argent, fait des avances sur les effets publics français ou étrangers, et se livre à d'autres opérations encore; la banque d'Angleterre va plus loin, elle perçoit l'impôt et acquitte les dépenses de l'État.

numéraire égale aux deux tiers des billets émis ; il livre aux banques des bénéfices considérables résultant de ce qu'elles perçoivent l'intérêt de la totalité de leurs émissions, et ne payent elles-mêmes que celui des sommes gardées en leurs caisses ; il permet à l'État de concéder, moyennant finances, le droit d'établir des banques ; enfin, il offre aux particuliers plus de latitude dans le choix du signe monétaire qui leur convient, comme aussi plus d'économie sur tous les services que les banques de circulation se sont proposé d'accomplir.

Les *banques territoriales* substituent aux titres de créances hypothécaires, un papier de banque transmissible par endossement, par transfert, ou même par simple remise ; elles ont en vue les besoins généraux de l'agriculture, l'avantage du prêteur et de l'emprunteur, ainsi que leur propre intérêt.

L'agriculture a besoin de capitaux, et les obtient chèrement, vu que ses garanties sont difficiles à apprécier, vu qu'elle soumet ses prêteurs à des informations minutieuses, à des formes légales sévères et à des chances nombreuses. Les banques territoriales, par leur zèle éclairé, pourvoient à ces informations, à ces formes légales, et, par leur propre garantie jointe à l'hypothèque, éloignent toutes chances de perte.

L'avantage du prêteur serait d'obtenir à volonté le prix de sa créance ; mais veut-il céder cette créance à un capitaliste, celui-ci doit se soumettre lui-même aux informations, aux formalités, aux chances dont nous parlions tout à l'heure, et une telle charge il la refuse ou la fait payer bien cher ; le prêteur s'adresse-t-il à la personne qui lui doit, celle-ci répond que le terme n'est point échu et repousse sa demande. Eh bien ! ce remboursement facultatif si favorable au prêteur, les banques territoriales le lui assurent en lui procurant un titre éminemment transmissible, et parce qu'il est à ordre ou au porteur, et parce que la banque qui l'a signé possède un crédit généralement reconnu.

L'avantage du propriétaire emprunteur serait de payer un faible intérêt, d'obtenir au besoin toute la somme que ses fonds peuvent garantir, et de se libérer sans trop de souffrances. Les banques réalisent encore ces trois vœux de l'emprunteur, en faisant profiter celui-ci de la baisse d'intérêt que son propre crédit lui vaut, en appliquant son expérience à bien évaluer les fonds hypothéqués, et en permettant qu'on se libère graduellement au moyen d'une annuité légère.

Enfin les banques territoriales ont des intérêts qui leur sont propres, elles doivent servir des dividendes à leurs actionnaires, et il leur faut pour cela un bénéfice. Ce bénéfice, elles le trouvent dans une commission qui se perçoit sur chaque prêt, et qui, du reste, devient légère vu l'immensité des opérations de ces banques.

Les *tontines* sont des sociétés dont les membres versent chacun une certaine somme pour former une masse qui doit être placée dans l'intérêt commun et répartie, après un temps donné, entre les sociétaires survivants : quelquefois les intérêts des fonds placés sur une tontine se distribuent annuellement, mais d'ordinaire ils sont accumulés pour être répartis avec le capital et de la même manière. Faute d'une bonne surveillance, les tontines créées en France n'ont pas eu un sort heureux, trois seulement survivent à leur institution.

Compagnies d'assurance. Pendant que les tontines prévoient la mort des hommes pour en tirer avantage, les compagnies d'assurance envisagent les accidents funestes et imprévus pour en neutraliser les suites. En effet, ces compagnies peuvent avoir en vue la mort, les incendies, les naufrages, les avaries de terre et de mer, la grêle ou autre accident, mais toujours elles se distinguent par ce trait essentiel : qu'elles se proposent de convertir en une prestation certaine et modique des pertes incertaines et considérables, et de nous faire assister, sans sentir aucun mal, à des secousses qui renverseraient notre fortune.

Caisses d'épargne. Lorsqu'elles sont fondées par des particuliers, ces caisses participent des compagnies financières et des établissements d'humanité. D'une part, elles offrent aux capitaux, si minimes qu'ils soient, un placement à rente certaine, fixe, régulière et susceptible de s'accumuler productivement ; d'autre part, elles aident les personnes laborieuses à se créer des économies pour les cas possibles de maladie, de vieillesse, de réduction de salaire ou de suspension de travail. Les caisses d'épargne, unies aux sociétés d'assurances, tendent à réaliser un système social, où tout homme, après avoir converti en dépenses régulières les pertes diverses que le sort amène, classera ces pertes parmi les charges obligées qui règlent le taux des salaires, et, ainsi, échappera au périlleux servage du paupérisme pour lutter de ses propres moyens contre les forces diverses qui le menacent.

TITRE VII.

DE LA COUR DES COMPTES.

La cour des comptes est une juridiction chargée : 1° du règlement et de l'apurement de tous les comptes qui ont rapport aux finances de l'État, des communes ou des établissements publics; 2° de quelques attributions administratives liées aux précédentes; 3° du contrôle des comptes des ministres et des actes de l'administration relatifs aux finances de l'État.

Créée par la loi du 16 septembre 1807 et le décret organique du 28 du même mois, pour remplacer les anciennes chambres des comptes, la cour des comptes garantit par sa spécialité, par son indépendance, et, en général, par le système qui lui sert de base, la bonne gestion de la fortune publique. Cette cour participe à la fois des tribunaux civils et des conseils administratifs : des premiers, en ce que

ses membres, conseillers maîtres et référendaires,
sont nommés à vie par le roi et investis d'une autorité déléguée, en ce qu'elle possède un ministère
public, en ce qu'elle est assimilée aux autres cours
du royaume et jouit des mêmes priviléges que la
cour de cassation ; elle participe des conseils administratifs en ce qu'elle entretient de fréquents rapports avec l'administration et procède par une instruction écrite.

Nous allons traiter successivement : 1º de l'organisation de la cour des comptes ; 2º de ses attributions ; 3º du jugement des comptes qui lui sont soumis et des actes qui servent à préparer ce jugement ;
4º de l'exécution de ses arrêts et des voies de recours
ouvertes contre eux.

CHAPITRE PREMIER.

De l'organisation de la cour des comptes.

La cour des comptes est composée d'un premier
président, de trois présidents, dix-huit maîtres des
comptes, dix-huit conseillers référendaires de première classe, soixante-deux conseillers référendaires
de seconde classe, un procureur général et un greffier en chef.

On ne peut appartenir à la première classe des
référendaires si l'on n'a été de la seconde pendant
deux ans ; du reste, les présidents, les conseillers
maîtres des comptes, et les conseillers référendaires
de seconde classe peuvent être choisis parmi tous
les fonctionnaires publics, à cette seule condition que

les présidents et les conseillers maîtres auront trente ans, et les conseillers référendaires vingt-cinq années révolues ; le traitement des uns et des autres est réglé par la loi du 21 avril 1832 et une ordonnance du 10 mai suivant.

La cour des comptes est divisée en trois chambres composées chacune d'un président, de six maîtres des comptes et d'un commis greffier. Ces chambres ne peuvent juger qu'à cinq membres au moins, et leurs décisions doivent être prises à la majorité des voix, sauf, en cas de partage, la prépondérance de la voix du président.

Le premier président de la cour préside l'une ou l'autre chambre toutes les fois qu'il le juge convenable. Quant aux conseillers référendaires, ils sont chargés des rapports à faire, mais ils n'ont pas voix délibérative, ils ne sont même attachés spécialement à aucune chambre.

Les fonctions du procureur général de la cour des comptes sont tracées par le décret du 28 septembre 1807 ; elles consistent principalement : à faire dresser un état général des personnes qui doivent présenter leurs comptes à la cour et à requérir contre les rétardataires l'application des peines portées par la loi ; à s'assurer, à l'égard des membres de la cour eux-mêmes, de la régularité de leurs services ; à adresser au ministre des finances les expéditions des arrêts de la cour, et à correspondre avec lui et les autres ministres, au sujet des renseignements qu'ils peuvent réclamer pour l'exécution des arrêts ;

à faire instruire et juger par la cour les demandes en révision formées contre les arrêts de celle-ci, pour cause d'erreur, omissions, faux ou doubles emplois reconnus à la charge du trésor public, des départements ou des communes ; à prendre des conclusions lorsqu'un conseiller référendaire élève contre un comptable une prévention de faux ou de concussion ; à se faire communiquer toutes les demandes en main-levée, réduction et translation d'hypothèques, formées par les comptables.

Les fonctions du greffier en chef sont de tenir la plume dans les assemblées générales; de tenir les différents registres, comme aussi de veiller à la conservation des minutes et arrêts de la cour.

CHAPITRE II.

Des attributions de la cour des comptes.

Comme nous l'avons annoncé plus haut, les attributions de la cour des comptes sont de deux sortes : elles dérivent de la juridiction que cette cour exerce en France et dans les colonies françaises, ou bien elles ont pour objet le contrôle des comptes des ministres et des actes de l'administration relatifs aux finances de l'État.

Dans l'exercice de sa juridiction, la cour des comptes règle tous les comptes relatifs aux finances de l'État, des communes et des établissements publics.

Elle examine et juge en premier et dernier ressort :

1º En vertu de la loi du 16 septembre 1807, les comptes des recettes versées à la caisse centrale du trésor royal, aux caisses des receveurs généraux de département ou à celles des diverses régies et administrations des contributions indirectes; les comptes des dépenses effectuées par le trésor, les payeurs généraux, les payeurs des armées, des divisions militaires, des arrondissements maritimes et ceux des départements; les comptes des recettes et dépenses des fonds spécialement affectés aux départements et aux communes qui ont 10,000 fr. au moins de revenu.

2º En vertu des diverses lois et ordonnances postérieures à 1807, les comptes des hospices et établissements de bienfaisance qui jouissent d'un revenu ordinaire de 10,000 fr. et au-dessus, ceux de la caisse des dépôts et consignations et de la caisse d'amortissement, ceux des colléges royaux et des colléges communaux, ceux des monnaies, ceux de la Légion-d'Honneur, ceux des écoles militaires, ceux des augmentations, diminutions, transferts et mutations qui modifient annuellement la dette inscrite, etc.

La cour des comptes connaît, en dernier ressort, des pourvois formés par devant elle contre les décisions des conseils de préfecture qui règlent les comptes des communes dont le revenu ne s'élève pas à 10,000 fr., et contre les décisions rendues par les préfets en conseil de préfecture sur les comptabilités d'hôpitaux et établissements de charité.

Dans l'exercice de sa juridiction, la cour ne se borne pas à régler les comptes qui lui sont présentés, elle prononce sur les demandes en réduction, radiation ou translation d'hypothèque formées soit par des comptables en exercice, soit par des comptables qui ont cessé leurs fonctions, mais dont les comptes ne sont pas définitivement apurés; elle évalue les preuves de fait et admet, s'il y a lieu, les excuses présentées par les comptables qui, pour se dégager de leur responsabilité au sujet des deniers publics, allèguent un enlèvement par force majeure; elle rend compte au ministre des finances des faux et concussions révélés par l'examen des comptes et dénonce ces actes au ministre de la justice qui en fait poursuivre les auteurs devant les tribunaux ordinaires.

Toutefois, la cour des comptes, comme tribunal administratif, doit respecter la juridiction des tribunaux civils et criminels; ainsi, elle est incompétente pour réprimer les faux et autres crimes qu'elle a découverts; ainsi, encore, elle ne peut connaître des questions de droit civil soulevées pendant le cours de ses opérations, et, par exemple, de la question de savoir si l'héritier d'un comptable a accepté sous bénéfice d'inventaire, et quelles sont, par suite, ses obligations.

Observons que si cette cour est un juge souverain pour apprécier, d'après les preuves qui lui sont fournies, l'exactitude d'un compte et la réalité des recettes et des payements y mentionnés, elle n'a aucune mission pour critiquer la nature des dépenses qui ont motivé ces payements et doit, au contraire, allouer à un comptable les sommes portées au compte de celui-ci, du moment où il représente, d'une part, l'ordonnance en due forme qui lui enjoint de les payer, d'autre part, les acquits des parties prenantes et autres pièces voulues par la loi; cette règle dérive du grand principe financier qui, chez nous, déclare distinctes, incompatibles, indépendantes les fonctions de comptable et celles d'ordonnateur des dépenses, soumettant les premières à une responsabilité matérielle, sous la surveillance rigoureuse de la cour des comptes, et les autres, à une simple responsabilité morale vis-à-vis de l'autorité supérieure, vis-à-vis des chambres et de la nation.

Examinons à présent la mission de contrôle qui est déférée à la cour sur les comptes des ministres et sur les actes de l'administration relatifs aux finances de l'État.

Cette mission consiste : 1° à comparer les recettes et dépenses mentionnées dans les comptes généraux de chaque ministère avec les recettes et dépenses que la cour elle-même a vérifiées et allouées lors du jugement des comptes individuels soumis à sa juridiction.

2° A constater par une délibération publique et solennelle les résultats de cette comparaison, afin de relever et mettre en évidence les inexactitudes des comptes des ministres, soit que ces comptes omettent de mentionner des recettes ou des dépenses réellement effectuées, soit qu'ils énoncent des dépenses non autorisées par des crédits réguliers, soit qu'ils imputent certaines dépenses sur les crédits alloués pour un chapitre du budget ou pour un exercice auquel ces dépenses sont étrangères, soit enfin que ces comptes renferment des erreurs de chiffres.

3° A rédiger annuellement un rapport au roi pour développer certains articles de la déclaration solennelle, pour transmettre des observations de toute nature sur les divers actes de l'administration relatifs aux finances, pour établir la comparaison des dépenses avec les crédits, pour constater les résultats de l'exécution des lois de finances, de celles-là, surtout, qui, en prescrivant de nouveaux tarifs pour la perception des impôts, élèvent ou abaissent le prix des choses, modifient la nature des objets de consommation, étendent ou restreignent les débouchés ouverts au dehors aux divers produits de l'industrie nationale, déplacent le travail, agissent d'une manière plus ou moins profonde sur l'état moral et le bien-être matériel de la société, et, souvent, font aboutir une élévation de taxe à une diminution dans les recettes effectives du trésor.

Cette déclaration solennelle et ce rapport au roi servent à transmettre aux chambres législatives des faits bien exacts, bien régulièrement constatés, des faits qu'elles n'auraient ni le temps ni les moyens de recueillir par elles-mêmes, et qui cependant leur sont nécessaires pour opérer, avec connaissance de cause, le règlement définitif de chaque budget.

Remarquons en terminant que la déclaration solennelle et le rapport au roi, présentés annuellement par la cour des comptes, ne peuvent se référer qu'aux comptes publiés par les ministres pour l'exercice de l'année pénultième ; car, pour que la cour puisse déclarer la conformité des comptes généraux avec les comptes individuels, tels qu'ils ont été réglés par ses nombreux arrêts, il faut qu'elle ait eu le temps de rendre ces derniers.

CHAPITRE III.

Du jugement des comptes et des actes qui les préparent.

Le jugement des comptes n'est autre chose que le règlement des comptes opéré par arrêt de la cour, il a pour objet : de fixer l'état de situation des divers comptables appelés devant la cour, d'établir si ces comptables sont quittes, ou en avance ou en débet, et, selon les cas, de prononcer leur décharge définitive, d'ordonner la mainlevée des oppositions et la radiation des inscriptions hypothécaires mises sur leurs biens pour sûreté de la gestion dont le compte est jugé, ou de condamner ces comptables à solder leur débet dans le délai de la loi.

Le jugement des comptes consiste souvent en une sorte d'homologation pure et simple donnée par la cour, à l'effet de reconnaître l'exactitude des comptes présentés ; mais souvent aussi il apporte des modifications dans la ligne des recettes, ou dans la ligne des dépenses de ces comptes.

Il modifie la ligne des recettes, tantôt en y ajoutant des articles pour les sommes omises par erreur, ou pour les prétendues non-valeurs dont le comptable aurait demandé la décharge, mais qui auraient été rejetées faute de justifications suffisantes; tantôt en retranchant les articles qui mentionneraient des sommes portées en recette par suite d'erreurs commises au préjudice du comptable.

Le jugement des comptes modifie la ligne des dépenses, soit en retranchant les articles qui mentionnent des dépenses rejetées comme irrégulières, soit en réformant ceux qui se réfèrent à des dépenses régulières, mais exagèrent ou diminuent celles-ci, soit enfin en ajoutant des articles pour les sommes omises par suite d'erreurs au préjudice du comptable.

Les jugements des comptes doivent être précédés de rapports faits par les conseillers référendaires : aussitôt que les divers comptes sont arrivés au greffe de la cour et enregistrés, on les représente au premier président qui les distribue aux référendaires, et désigne la chambre à laquelle aura lieu le rapport; on remet ensuite chacun de ces comptes, avec les pièces justificatives qui l'accompagnent, à la disposition du conseiller référendaire choisi pour l'examiner; celui-ci vérifie le compte, entend, s'il le juge utile, le comptable ou son fondé de pouvoirs, et vient présenter à la cour un rapport détaillé et raisonné, où il indique la composition des recettes et des dépenses, propose le forcement de telles recettes ou le rejet de telles dépenses, dit les charges qu'il estime devoir être établies contre le comptable, forme la balance des comptes, et présente le résultat final des opérations.

Le rapport du conseiller référendaire est lui-même soumis à une contre-vérification de la part d'un conseiller maître que désigne le président de la chambre. Ce conseiller maître s'assure d'abord que le référendaire a composé le rapport dont il s'agit, que ce dernier a soigneusement étudié toutes les parties du compte, que les difficultés élevées par lui sont fondées; ensuite il fait à son tour un rapport à la chambre, et c'est seulement après ces préliminaires, après cet examen contradictoire et les discussions qu'il soulève, que la cour rend son arrêt. Bien plus, cet arrêt n'est pas encore définitif, car les comptables ont deux mois pour le combattre, et même il est rare qu'après ce délai écoulé la cour use de son droit et prononce définitivement.

CHAPITRE IV.

De l'exécution des arrêts et des voies de recours ouvertes contre eux.

L'exécution des arrêts de la cour des comptes est confiée au ministre des finances, lorsque les arrêts concernent les agents du trésor; aux préfets des départements, lorsqu'ils regardent les receveurs des communes et hospices.

Cette exécution est assurée : 1° par la saisie du cautionnement en numéraire que les comptables sont tenus de verser au trésor avant leur entrée en fonctions ; 2° par la contrainte par corps dont la cour fixe la durée ; 3° par la saisie réelle et la vente des biens des comptables, suivant les formes judiciaires ; 4° enfin par l'exercice de certains priviléges et hypothèques.

Les manières d'attaquer les arrêts de la cour des comptes sont au nombre de deux, savoir : le pouvoir en cassation et le recours en révision.

Le pourvoi en cassation contre les arrêts de la cour des comptes se porte devant le conseil d'état : il est motivé par une violation de la loi ou par l'inobservation des formes prescrites ; à ce sujet, observons que le conseil d'état, après avoir annulé un arrêt de la cour des comptes, ne peut en retenir le fond pour le juger, mais doit renvoyer l'affaire devant cette cour et à l'une des chambres qui n'en ont pas connu, pour y recevoir de nouveau tous les degrés d'examen et le jugement définitif prescrits par les lois. Observons encore que les pourvois contre les arrêts de la cour des comptes, formés soit par les comptables, soit par le ministre, ne sont plus admissibles après les trois mois qui suivent la notification régulière des arrêts ; mais que rien, pas même la délivrance faite gratuitement aux comptables de l'expédition des arrêts qui les concernent, pas même l'envoi des arrêts de la cour des comptes fait au ministre des finances par le procureur général, ne peut remplacer cette notification régulière pour faire courir le délai dont il s'agit ; enfin observons que le recours au conseil d'état n'est point empêché par l'exécution des arrêts de la cour des comptes, et que cette exécution, à son tour, ne peut être arrêtée par le recours au conseil d'état.

Le recours en révision n'est admis que pour cause d'erreur matérielle, d'omission, de faux ou de double emploi ; il s'exerce devant la cour des comptes elle-même, et a lieu soit sur la demande formée par un comptable, en vertu de pièces justificatives recouvrées depuis l'arrêt, soit sur la réquisition du procureur général agissant dans l'intérêt du trésor public, et d'après des lumières apportées par la vérification d'autres comptes. A la différence du recours en cassation, le recours en révision ne se prescrit par aucun délai conformément à ce principe, que la prescription ne court pas contre ceux qui ne peuvent connaître ou exercer leurs droits.

— o —

TITRE VIII.

DU CONSEIL D'ÉTAT.

Nous allons examiner brièvement les attributions du conseil d'état, son organisation actuelle, et la procédure à suivre pour obtenir ses décisions.

Sous l'empire de la constitution de l'an VIII, le conseil d'état formait à la fois un corps politique et un des rouages de l'administration ; il était chargé, d'une part, de rédiger tous les projets de loi, tous les règlements d'administration publique, et de développer le sens des lois ; d'autre part, de résoudre les difficultés qui s'élèvent en matière d'administration publique.

Aujourd'hui, ce conseil a beaucoup perdu de sa puissance officielle ; dans ses rapports avec les pouvoirs législatif et exécutif, il n'exerce plus de concours obligé, si ce n'est pour les règlements généraux d'administration publique, et pour les actes soumis par la loi aux formes de ces règlements ; dans ses rapports avec la justice administrative, il est un simple conseil établi près du roi, sans autorité distincte, et sans autre fonction que d'examiner les affaires sur lesquelles son avis est demandé.

Toutefois, alors même qu'il se borne à seconder le roi dans l'exercice de son pouvoir réglementaire, et à préparer les décisions royales sur le contentieux administratif, le conseil d'état remplit encore une indispensable mission. Lui seul, en effet, par la réunion en un même corps de plusieurs hommes éminents, initiés aux spécialités nombreuses de l'administration, assure au gouvernement ces vues d'ensemble qui permettent de rattacher à certains principes généraux toutes les règles et décisions administratives, et d'empêcher que les actes de tel ou tel ministère, de telle ou telle direction, ne viennent gêner la marche d'un autre ministère ou d'une autre direction.

Le conseil d'état donne son avis sur les projets de loi que le ministre juge à propos de lui renvoyer, soit que ces projets émanent du roi, soit qu'ils aient été présentés par l'une ou l'autre chambre ; le renvoi

dont il s'agit est laissé à la discrétion du ministre,
parce qu'en certaines matières politiques, cette mesure offrirait les graves inconvénients d'une publicité
prématurée.

Le conseil d'état délibère sur les règlements d'administration publique, et sur les ordonnances rendues dans la forme de ces règlements, comme nous
l'avons exposé plus haut en traitant de l'autorité
royale.

En ce qui concerne la justice administrative, le
conseil d'état prépare des ordonnances qui ont le caractère de jugement en premier et dernier ressort,
d'arrêt d'appel, d'arrêt de cassation, ou même encore d'arrêt de cour de souverain, de cour de haute
juridiction administrative, de cour politique, de cour
d'équité.

Il prépare des jugements en premier et dernier
ressort, lorsqu'il est appelé à délibérer, soit sur des
affaires de haute police administrative, soit sur des
marchés passés par les ministres, par l'intendant de
la liste civile, ou au nom de ces fonctionnaires.

Il prépare des arrêts d'appel lorsqu'il prononce sur
des décisions ministérielles concernant les droits privés ; lorsqu'après le renvoi qui lui en a été fait, il révise
des ordonnances royales relatives aux mêmes droits,
et y faisant grief ; lorsqu'il statue sur les recours di-
rigés contre les arrêtés contradictoires des conseils de
préfecture, contre les décisions des commissions
spéciales créées dans l'intérêt des divers services publics, et contre celles du conseil de l'université.

Il prépare des arrêts de cassation lorsqu'il examine les pourvois formés contre les décisions des autorités administratives, soit pour cause d'incompétence ou d'excès de pouvoir, soit pour violation de la loi.

Il prononce comme cour du souverain lorsqu'il juge les conflits positifs ou négatifs élevés entre les autorités administratives et judiciaires, et maintient ainsi la division des pouvoirs.

Il prononce comme cour de haute justice administrative, lorsqu'au sein de l'administration elle-même, il balance les pouvoirs des autorités diverses, et fixe la compétence respective des préfets, des ministres, etc.

Il prononce comme cour politique lorsqu'il permet ou refuse la mise en jugement des fonctionnaires publics.

Enfin, il prononce comme cour d'équité lorsqu'il accorde la remise ou la modération d'amendes encourues.

Le conseil d'état se compose de conseillers d'état, de maîtres des requêtes et d'auditeurs nommés par le roi, et révocables à sa volonté ; les conseillers d'état doivent, aux termes de l'ordonnance du 26 août 1824, être âgés de trente ans accomplis, et porter un des titres indiqués par cette ordonnance ; ils sont essentiellement chargés de délibérer sur les affaires soumises au conseil d'état.

Les maîtres des requêtes doivent être âgés de vingt-sept ans et avoir exercé l'un des emplois énoncés en ladite ordonnance ; ils remplissent au conseil d'état les fonctions du ministère public , et sont chargés de faire les rapports des affaires administratives et contentieuses portées devant ce conseil.

Les auditeurs doivent être âgés de vingt-un ans , être licenciés en droit et justifier d'un revenu net de 6,000 francs , ils peuvent être chargés de faire des rapports concurremment avec les maîtres des requêtes , ils peuvent même partager, avec ces derniers , les fonctions du ministère public.

Les conseillers d'état et maîtres des requêtes sont en service ordinaire ou en service extraordinaire : en service ordinaire , lorsqu'ils sont employés aux travaux intérieurs et habituels du conseil d'état ; en service extraordinaire , lorsque telle est la volonté du roi , soit que les membres désignés pour ce service n'aient jamais appartenu au conseil d'état, soit qu'après avoir fait partie du service ordinaire , ils cessent d'exercer des fonctions publiques ou soient appelés à remplir de telles fonctions hors du conseil ; les membres qui composent le service extraordinaire sont quelquefois autorisés par le roi à participer aux travaux du conseil d'état, sans cependant pouvoir jamais statuer sur le contentieux administratif.

Pour satisfaire à ses nombreuses fonctions , le conseil d'état se divise en quatre comités : comité de législation administrative , comité de l'intérieur , comité des finances , comité de la guerre et de la marine ; ces comités sont chargés , chacun suivant sa spécialité, d'instruire les affaires qui doivent être délibérées en assemblée générale, et d'éclairer la religion des ministres sur les autres points que ceux-ci renvoient à leur examen, soit de leur chef, soit par obéissance à la loi.

Le comité de législation et de justice administrative, qui, avant 1830, se nommait comité du contentieux, est attaché au ministère de la justice, et chargé spécialement de l'instruction de toutes les affaires contentieuses. Le comité de l'intérieur est attaché aux ministères de l'intérieur, du commerce et de l'instruction publique, ainsi qu'à l'administration des cultes; il examine les lois, règlements, ordonnances et questions qui intéressent l'administration départementale ou communale, l'industrie et le commerce, soit pour délibérer sur les objets qui lui sont soumis, soit en vue de préparer seulement la délibération de l'assemblée générale du conseil. Le comité des finances est attaché au ministère des finances, et s'occupe des affaires qui concernent ce ministère, notamment des questions relatives au domaine, à la dette publique, aux contributions directes et indirectes. Quant au comité de la guerre et de la marine, il est spécialement chargé de liquider les pensions des armées de terre et de mer; ses attributions sont, du reste, assez limitées, vu que des conseils spéciaux sont attachés aux ministères de la guerre et de la marine, pour les assister de leur zèle et de leurs lumières.

En général, on peut recourir au conseil d'état

contre les décisions des autorités inférieures, soit que ces décisions statuent sur un objet purement administratif, soit qu'elles portent sur le contentieux ; au premier cas, toutefois, le recours n'a lieu que devant un comité, et encore faut-il que ce comité soit saisi par le ministre au département duquel il correspond ; si, au contraire, les décisions ont été rendues en matière contentieuse, et se trouvent entachées d'incompétence, d'un vice de formes ou d'une violation de la loi, le recours contre ces décisions est ouvert, pendant trois mois, devant le conseil d'état lui-même.

Le recours dont il s'agit, lorsqu'il est exercé par les parties, doit être formé par l'entremise d'un avocat aux conseils du roi, et au moyen d'une requête présentant les noms et demeures des parties, l'exposé sommaire des faits et moyens, les conclusions ainsi que l'énoncé des pièces dont le requérant veut se servir et qui restent jointes à la requête.

Cette requête, même après son dépôt au secrétariat du conseil, n'a point pour effet de suspendre l'exécution de l'acte qui motive le recours si le conseil d'état lui-même n'a prononcé une ordonnance de sursis.

Lorsque le recours au conseil d'état, en matière contentieuse, est exercé par les agents du gouvernement, il est donné avis aux parties intéressées de la remise des mémoires et pièces fournis, afin que lesdites parties puissent prendre communication de ces mémoires et pièces, et produire leurs observations s'il y a lieu.

Autrefois, pour arriver au comité du contentieux, une requête devait subir l'examen préalable d'un maître des requêtes, et être déclarée admissible sur le rapport de celui-ci ; mais aujourd'hui toutes requêtes doivent être portées à l'audience publique, et la seule différence relative à celles qui paraissent inadmissibles, c'est qu'elles ne donnent lieu à aucune communication ni instruction préalable. Une requête est inadmissible lorsque la matière qui en fait l'objet n'est pas contentieuse, lorsque le requérant est sans qualité ou sans intérêt pour l'adresser, lorsque le recours est tardif ou prématuré, lorsque la décision attaquée est passée en force de chose jugée ou a obtenu soit exécution, soit acquiescement, enfin lorsqu'il y a déchéance ou défaut de droit positif.

Le décret du 22 juillet 1806 établit que les décisions du conseil d'état ne sont mises à exécution contre une partie qu'après avoir été signifiées à son avocat ; que de plus ces décisions peuvent être attaquées de diverses manières, savoir : par la voie d'opposition, lorsqu'elles ont été prononcées par défaut ; par la voie de requête civile, lorsqu'étant contradictoires, elles ont été rendues sur pièce fausse ou faute de représenter une pièce décisive que retenait la partie adverse ; par la voie de tierce-opposition, lorsqu'il s'agit de matières contentieuses, et que les réclamants n'ont point été appelés à défendre leurs intérêts ; enfin, par la voie gracieuse, lorsque la partie qui se croit lésée dans ses droits par une décision du conseil rendue en matière non contentieuse, juge convenable de présenter requête au roi pour, après un second rapport du ministre, obtenir le renvoi de l'affaire à une section du conseil d'état ou à une commission.

Dans les instances portées devant le conseil d'état, on ne peut en général prononcer des dépens au profit ou à la charge des administrations publiques ; et c'est le requérant qui doit, alors même qu'il gagne sa cause, supporter sans répétition les frais du pourvoi, de l'instruction et de l'expédition de l'ordonnance ; cette jurisprudence, qui peut sembler étrange, a été confirmée par deux ordonnances, l'une du 19 juillet 1833, et l'autre du 10 janvier 1834.

Les délibérations du conseil d'état, en matière contentieuse, ne sont, comme nous l'avons dit plus haut, que de simples projets tant qu'elles ne sont point revêtues de la signature du roi, et du contre-seing d'un ministre ; mais, cette signature et ce contre-seing une fois obtenus, elles prennent le nom d'*ordonnances*, elles ont la même force que les jugements des tribunaux, et, comme eux, elles emportent contrainte par corps et hypothèques.

SECONDE PARTIE.

DES SERVICES PUBLICS.

TITRE PREMIER.

DE LA NATURALISATION.

La naturalisation est l'acte par lequel on confère à un étranger la qualité de citoyen, et par suite les droits attachés à cette qualité.

L'étranger naturalisé ne peut néanmoins, à la différence du Français originaire, siéger dans l'une des chambres législatives que sous certaines conditions.

En réalité, la naturalisation est un contrat politique passé entre le gouvernement et le naturalisé; or, comme tout contrat nécessite le concours de deux volontés, il faut reconnaître :

Qu'elle ne produit d'effet qu'à l'égard du naturalisé ;

Que les enfants du naturalisé restent étrangers. — Parvenus à leur majorité, s'ils veulent à leur tour devenir Français, ils devront en former la demande et remplir les formalités prescrites. Dans une matière aussi grave, le père ne peut suppléer à leur consentement.

Que la femme du naturalisé elle-même doit, pour devenir Française, en former la demande et accomplir les conditions de la naturalisation (1).

Nous verrons dans un premier chapitre comment s'opère la naturalisation, et dans un deuxième ce qui advient lorsqu'un Français se fait naturaliser à l'étranger.

CHAPITRE PREMIER.

Comment s'opère la naturalisation.

Les formes de la naturalisation varient suivant la position dans laquelle se trouve l'étranger. A cet égard, on distingue cinq cas :

1° L'étranger, après avoir obtenu du roi l'autorisation de se fixer en France, y a résidé pendant dix années consécutives. — La demande en naturalisation et les pièces à l'appui doivent être transmises par le maire du domicile du pétitionnaire, au préfet, qui adresse le tout avec son avis au ministre de la justice, sur le rapport duquel le roi statue — (*naturalisation ordinaire*).

2° Il rend ou a rendu à l'État des services importants. — Après une année de stage, il peut obtenir

(1) Si la naturalisation avait précédé le mariage ou la naissance des enfants, la femme suivrait la condition de son mari, et les enfants la condition de leur père : *la femme,* parce qu'en donnant son consentement au mariage, elle aurait manifesté tacitement l'intention de se faire naturaliser ; *les enfants*, parce qu'ils seraient issus d'un père français.

la naturalisation par une ordonnance spéciale rendue sur le rapport du ministre, *le conseil d'état entendu* — (*naturalisation extraordinaire*).

Un sénatus-consulte du 26 février 1808, relatif à cette naturalisation exceptionnelle, ajoute que l'impétrant, muni d'une expédition de l'ordonnance, doit se présenter devant la municipalité de son domicile pour y prêter serment d'obéissance au roi et à la Charte; et qu'il doit être dressé procès-verbal de cette prestation de serment.

Observons, que le conseil d'état n'est consulté que dans le cas de naturalisation *extraordinaire :* son intervention n'est pas requise pour la naturalisation *ordinaire.*

3° Il appartient à un pays conquis. — Si le pouvoir législatif prononce la réunion de ce pays à la France, tous les individus qui en dépendent sont naturalisés en masse. — Les effets de cette réunion peuvent être restreints à certains droits civils et politiques.

4° Il appartient à des provinces qui, après avoir été réunies à la France par l'effet des conquêtes, en ont été détachées par les traités de 1814 et 1815. — Les habitants de ces provinces ont cessé par cela même d'être Français. Toutefois, comme beaucoup d'entre eux avaient fixé leur domicile dans l'intérieur du royaume, y remplissaient même des fonctions publiques, on a reconnu la nécessité de tempérer la rigueur de cette règle.

En effet, suivant une loi du 14 octobre 1814, ceux

qui depuis l'âge de vingt-un ans accomplis avaient demeuré sans interruption pendant dix années consécutives sur le territoire actuel de la France, ont pu obtenir des *lettres de naturalité* et conserver, par ce moyen, les droits de citoyen, sous la seule condition de déclarer, dans les trois mois de la publication de cette loi, leur intention de se fixer en France ;

Ceux qui, à cette époque, n'avaient pas encore accompli ce stage ont pu jouir du même avantage dès qu'il a été complété ;

Enfin, le gouvernement a pu affranchir de la condition d'un séjour de dix années, ceux qui avaient rendu à l'État des services éminents.

Il résulte même des explications données à la chambre des députés, que le délai de trois mois est purement comminatoire, et que des lettres de naturalité peuvent encore être accordées aujourd'hui aux étrangers qui n'ont pas cessé d'habiter la France depuis 1814.

Quant aux individus nés et encore domiciliés dans les provinces séparées de la France, ils sont soumis aux règles de la naturalisation ordinaire.

5° Enfin, comme il importe de ne voir siéger dans les chambres législatives que des hommes dont la naissance garantisse l'affection au souverain et la soumission aux lois, on a cru convenable de refuser toute capacité à cet égard aux étrangers, sauf la faculté réservée au roi de la leur conférer, par des *lettres de grande naturalisation*, en récompense de grands et importants services.

Ces lettres doivent être *vérifiées* par les deux chambres (ordonnance du 4 juin 1814).

CHAPITRE II.

Naturalisation des Français en pays étrangers.

Entre autres circonstances qui emportent la perte de la qualité de Français, l'art. 17 du Code civil cite la naturalisation, et l'acceptation de fonctions publiques à l'étranger.

Les effets de cette naturalisation sont plus ou moins étendus, suivant qu'elle a été ou non autorisée.

Au premier cas, le naturalisé conserve en France le droit de posséder et d'acquérir même à titre gratuit. — L'autorisation est accordée par une ordonnance du roi, visée par le ministre de la justice, insérée au *Bulletin des Lois*, et enregistrée dans la cour royale du dernier domicile de celui qu'elle concerne.

Au deuxième cas, le naturalisé, aux termes d'un décret du 26 août 1811, est frappé d'une sorte de mort civile (*V.* art. 25 Code civil). — Il est déchu de tous titres institués par les lois et ordonnances; ses titres et les biens y attachés sont dévolus à la personne restée Française, appelée suivant les lois; — s'il a reçu l'un des ordres français, il est biffé des registres et états, et défense lui est faite d'en porter la décoration. — S'il est trouvé sur le territoire français, il est, pour la première fois, arrêté et reconduit au delà des frontières ; en cas de récidive, il est traduit devant les tribunaux français, et condamné à être détenu pendant un an au moins et dix ans au plus. — Il ne peut être relevé des peines et déchéances ci-dessus que par des *lettres de relief* accordées par le roi, dans la même forme que les lettres de grâce.

Ces dispositions frappent même les individus qui étaient naturalisés sans autorisation à l'époque où ce décret a paru : toutefois, un délai leur a été accordé pour se mettre en mesure de l'obtenir.

Pour savoir quand un Français est naturalisé en pays étranger, il faut considérer la législation particulière à chaque nation : point de difficultés lorsque la loi étrangère prescrit des formes ; mais lorsqu'elle n'en prescrit aucune, lorsqu'elle se borne à faire résulter la naturalisation de certains actes, tels que l'acquisition d'un immeuble, le mariage avec une femme du pays, l'établissement d'un commerce, etc., il faut alors rechercher quelle a pu être l'intention du Français : si les actes n'emportent pas, aux yeux de la loi française, abdication de la patrie, le Français conserve sa qualité ; dans le cas contraire, il en est privé. — Aucun doute ne s'élève à l'égard du Français qui accepte à l'étranger un titre héréditaire : cette acceptation emporte évidemment naturalisation (avis du conseil d'état du 21 janvier 1802).

L'acceptation non autorisée de fonctionspubliques

conférées par un gouvernement étranger, lors même qu'elle ne produit pas de naturalisation, entraîne la perte de la qualité de Français et toutes les conséquences de la naturalisation non autorisée.

Tout service militaire ou civil, soit près de la personne d'un prince étranger, soit près d'un membre de sa famille, et même tout emploi dans une administration publique est considéré comme une *fonction publique.*

Bien plus, l'affiliation à une corporation militaire étrangère est assimilée à l'acceptation du service militaire.

L'autorisation est accordée par une ordonnance du roi rendue dans la même forme que s'il s'agissait de la naturalisation. Celui qui l'a obtenu est toujours soumis à la condition tacite de revenir en France en cas de rappel, soit que ce rappel ait lieu par ordre direct ou par une disposition générale.

Les Français, même autorisés, ne peuvent prêter serment à la puissance chez laquelle ils servent que sous la réserve de ne jamais porter les armes contre la France, et de quitter le service, sans être rappelés, si cette puissance vient à être en guerre avec elle, sous les peines portées par le décret du 6 avril 1809. — Ils ne peuvent rentrer en France qu'avec une permission spéciale du roi, et même, en cas de permission, ils ne peuvent se montrer avec la cocarde et l'uniforme étrangers ; mais ils sont autorisés à porter les couleurs françaises, ainsi que les décorations des ordres étrangers quand ils les ont reçues avec l'autorisation du roi ; — ils ne peuvent être accrédités auprès du roi comme ambassadeurs, ministres ou envoyés, ni même comme chargés de missions d'apparat qui les mettrait dans le cas de paraître avec un costume étranger ; — ils ne peuvent servir comme ministres plénipotentiaires dans aucun traité où les intérêts de la France pourraient être débattus. — Les Français qui, à l'époque de la publication du décret de 1811, étaient, sans autorisation, au service d'une puissance étrangère, ont dû obtenir cette autorisation dans les mêmes délais et dans les mêmes formes que ceux qui étaient naturalisés (1).

(1) La perte de la qualité de Français emporte celle de la qualité de citoyen. — On peut être privé de cette dernière qualité sans cesser d'être Français. — Dans certains cas l'exercice des droits civiques est suspendu.

Nous n'ajouterons rien à ce que nous avons dit sur la manière dont se perd la qualité de Français.

La qualité de citoyen se perd :

Par la naturalisation acquise en pays étranger ;

Par l'acceptation de fonctions ou de pensions offertes par un gouvernement étranger ;

Par l'affiliation à une corporation étrangère qui supposerait des distinctions de naissance ;

Par la condamnation à des peines afflictives ou infamantes ;

Les femmes, les mineurs et les interdits n'ont pas de droits politiques.

L'exercice des droits politiques sans être anéanti est suspendu :

Par l'état de débiteur failli ou d'héritier immédiat détenteur à titre gratuit de la succession totale ou partielle d'un failli ;

Par l'état de domestique à gages attaché au service d'une personne.

TITRE II.

CHANGEMENTS DE NOMS.

Un nom est une propriété de famille; sa fixité importe d'ailleurs à la société entière, car elle est la sauve-garde de l'état civil. Cependant, par exception, on peut en changer, mais pour des causes graves et en observant les formes que la loi a pris soin de tracer.

La personne qui veut changer de nom doit en adresser au gouvernement la demande motivée. Si le gouvernement pense que cette demande est fondée, il prononce dans la forme prescrite pour les règlements d'administration publique; l'ordonnance est insérée au *Bulletin des Lois*, et publiée par extrait dans la partie officielle du *Moniteur*.

Toutefois, elle ne produit d'effet qu'après l'expiration d'une année à partir de l'insertion au *Bulletin des Lois*.

Durant ce temps, toute personne intéressée peut en demander la révocation. L'ordonnance, en effet, peut blesser de justes prétentions : des tiers peuvent avoir des droits au nom concédé. —Il résulte même d'une ordonnance de 1817 que les communes peuvent, si des particuliers veulent s'approprier leur nom, s'opposer au changement demandé.

L'opposition se porte devant le comité du contentieux du conseil d'état, et devient l'objet d'un débat contradictoire avec la partie demanderesse. —Si elle est admise, l'ordonnance est révoquée par une nouvelle ordonnance rendue en conseil d'état. — Si elle est rejetée, l'ordonnance produit son effet après l'expiration de l'année.

Observons que la compétence administrative est limitée aux changements de noms : lorsque la demande se rattache à une question d'état, ou lorsqu'il s'agit de rectifier des erreurs qui se sont glissées dans les actes de l'état civil, les tribunaux seuls sont compétents.

Une loi du 6 fructidor an II défend d'ajouter aucun surnom à un nom propre, à moins que ce surnom ne serve à distinguer les membres d'une même famille.

TITRE III.

DE LA VOIRIE.

On nomme *voirie*, l'ensemble des communications par terre ou par eau, consacrés à un usage public, et la collection des règles relatives à leur établissement, à leur conservation et à leur police.

On distingue deux sortes de voirie : la *grande* et la *petite*.

La *grande voirie* comprend tout ce qui est relatif aux communications d'un intérêt général.

La *petite voirie* est relative aux communications dont l'utilité est restreinte à une certaine localité.

CHAPITRE PREMIER.

De la grande voirie.

Font partie de la grande voirie :

1° Les routes royales et les routes départementales (*voy*. section 1ʳᵉ);

2° Le roulage (*voy*. section 2ᵉ);

3° Les voies publiques, qui dans les villes bourgs et villages sont le prolongement de ces routes (*voy*. section 3ᵉ);

4° Les cours d'eau navigables et flottables (*voy*. titre 4).

SECTION PREMIÈRE.

Des routes.

On distingue des *routes royales* et des *routes départementales*.

Les premières sont celles qui, établies sur des lignes d'une vaste étendue, ouvrent des communications d'un intérêt général.

Les deuxièmes sont celles qui ont pour objet de faciliter la circulation dans l'intérieur d'un département ou entre des départements voisins.

Il y a trois sortes de routes royales :

1° Celles qui conduisent de la capitale aux frontières ou aux principales villes maritimes (leur largeur est de quarante-deux pieds);

2° Celles qui conduisent de la capitale aux fron-

tières, mais qui aboutissent à des points moins importants (elles doivent avoir trente-six pieds);

3° Celles qui facilitent les communications à l'intérieur, c'est-à-dire qui ne partent pas de la capitale
pour arriver aux frontières (leur largeur est fixée à
trente pieds).

Ces dimensions n'ont rien de rigoureux : elles
peuvent être augmentées, ou restreintes suivant les
besoins des localités; mais dans aucun cas, elles ne
doivent excéder soixante pieds.—L'emplacement des
fossés et les empatements des talus ou glacis n'y sont
pas compris.

Les routes départementales ne forment qu'une
seule classe; toutes sont assimilées, sous le rapport de
la largeur, aux routes royales de troisième classe.

L'établissement d'une route royale intéressant la
société entière, nécessite une loi.—Cette règle souffre
exception, lorsqu'il s'agit de routes qui forment
embranchement avec d'autres routes, et dont l'étendue doit être moindre de 20,000 mètres : une ordonnance royale suffit pour en autoriser l'exécution;
toutefois, s'il y avait lieu à des subsides, une loi
serait indispensable pour le vote des fonds. — La loi
ou l'ordonnance qui intervient indique la classe à
laquelle la route appartiendra.

Quant aux routes départementales, elles sont autorisées par de simples ordonnances.

Les routes doivent être terminées dans leur lar-

geur par des fossés, berges, talus ou de toute autre
manière, suivant les cas et les circonstances locales.

Les routes royales appartenant à l'État, le trésor
doit supporter tous les frais de construction et d'entretien qu'elles occasionnent.

Par la même raison, les départements doivent
seuls être chargés des frais d'établissement et d'entretien des routes départementales.

L'art. 2226 du Code civil déclare les routes
royales (et nous placerons sur la même ligne
les routes départementales) inaliénables et imprescriptibles tant qu'elles sont consacrées à un usage
public.

Mais dès le moment où leur destination change,
elles peuvent devenir l'objet d'une propriété privée.
— La preuve de ce changement peut résulter soit de
la représentation de l'ordonnance royale qui sup-
prime la route ; soit des circonstances : par exemple,
s'il a été créé une route nouvelle qui rende l'ancienne
complétement inutile.

Les routes, disons-nous, sont placées hors du
commerce ; il suit de là : qu'elles ne peuvent être grevées de servitudes susceptibles d'entraver la circulation. Cependant, l'État autorise quelquefois les
riverains à faire certains actes pour faciliter l'exploitation de leurs héritages ; par exemple, à pra-
tiquer sous la chaussée un aqueduc, afin de faire
arriver du côté où ils se trouvent l'eau nécessaire à

l'irrigation : mais ce n'est là qu'une pure tolérance ; or, les actes de cette nature, ne peuvent fonder ni possession, ni prescription (2232).

Que doit-on décider à l'égard des arbres? Ceux qui sont plantés le long des routes, sur le terrain des propriétés communales ou particulières appartiennent aux communes ou aux particuliers. — Ceux qui sont plantés sur le sol de la route, en exécution de la loi du 9 ventôse an XIII, appartiennent aux riverains. — Mais la question de propriété des arbres plus anciens a été l'objet de quelques règlements contradictoires et de longues discussions que la loi de 1825 a taries : cette loi, tout en réservant la présomption de propriété à l'État, admet les particuliers ou les communes à prouver qu'ils ont acquis les arbres à titre onéreux, ou qu'ils les ont plantés à leurs frais.

Appliquez aux routes départementales ce que nous disons pour les plantations faites sur les routes royales.

§ II. *Charges des propriétés riveraines.*

Les riverains sont tenus, 1° de souffrir l'expropriation de la partie de leur terrain nécessaire au percement ou au redressement des routes ; ce qui ne peut avoir lieu qu'en observant, à défaut d'arrangement amiable, les règles de l'expropriation pour cause d'utilité publique (1).

2° De tolérer les fouilles de leurs terrains pour

(1) *Voyez* Voirie urbaine, page 244.

l'extraction des matériaux nécessaires : mais ces fouilles ne peuvent s'opérer que sous les conditions suivantes : il faut, 1° que l'entrepreneur avertisse au préalable le propriétaire ; 2° que le terrain ne soit pas clos : les riverains pourraient donc s'affranchir de la servitude, en entourant leur terrain d'une clôture ; 3 que les terrains aient été désignés dans le devis de l'entreprise ou indiqués par un arrêté spécial du préfet ; 4° enfin que les propriétaires soient pleinement indemnisés du dommage que l'extraction des matériaux leur cause. — En cas de refus du propriétaire, l'entrepreneur peut requérir l'assistance d'un ingénieur, du maire ou de tout autre agent de l'autorité administrative investi du pouvoir de verbaliser, et porteur de l'arrêté du préfet ; s'il persiste dans sa résistance, il encourt les peines portées par l'art. 471 du Code pénal.

3° De souffrir l'occupation temporaire d'une partie de leur terrain pour le dépôt des matériaux nécessaires à la confection des travaux, sauf indemnité, laquelle est réglée conformément au décret du 16 septembre 1807. — Si les entrepreneurs ne peuvent s'arranger à l'amiable avec les riverains sur la fixation de cette indemnité, le préfet autorise l'occupation provisoire du terrain ; mais il faut pour cela qu'il y ait urgence : en l'absence d'une nécessité absolue, l'administration n'a aucun privilége à exercer ; elle rentre sous l'empire de la loi commune : ainsi donc, s'il s'agit de loger des machines, l'entrepreneur est tenu de se procurer, au moyen d'un bail dont les conditions sont réglées à l'amiable, les bâtiments dont il a besoin.

4° D'essarter et couper les bois, épines et broussailles qui bordent les routes (1) traversant les forêts, afin de rendre le passage plus libre et plus sûr.

Mais peuvent-ils se faire indemniser du tort que leur cause l'essartement ? On pense généralement qu'ils n'ont droit à aucune indemnité : « Car, dit-on, » l'obligation de couper les bois et broussailles sur » les bords des routes constitue une servitude légale, » servitude assez largement compensée par les avan- » tages que les propriétaires retirent du voisinage » des routes, pour l'exploitation de leurs fonds ; mais » l'État est tenu de leur rembourser les frais d'essar- » tement. »

Les points soumis à l'essartement sont déterminés par un arrêté du préfet : faute par les propriétaires de s'y soumettre, l'essartement a lieu d'office ; mais les frais restent à la charge de l'État.

Observons, que l'essartement n'est prescrit que pour les routes : il ne peut être exigé dans l'intérêt des chemins vicinaux.

5° Les propriétaires riverains doivent planter des arbres le long des routes, dans la traversée de leurs propriétés respectives, à la distance d'un mètre au moins du bord extérieur des fossés. — La nature des arbres, leur alignement et le délai dans lequel la plantation doit avoir lieu sont déterminés par un arrêté du préfet.

(1) Ordonnance de 1669 sur les eaux et forêts.

Après l'expiration du délai fixé, le préfet rend un nouvel arrêté, par lequel il ordonne l'adjudication des plantations non effectuées ou mal exécutées, et rend exécutoires contre les retardataires les états de frais de ces plantations ; ces frais sont recouvrés par les agents de l'enregistrement et des domaines.

Dans les trois derniers mois de chaque année, les riverains doivent remplacer, sur la simple réquisition de l'ingénieur en chef, les arbres morts ou manquants ; sinon, les travaux sont exécutés à leurs frais, comme nous venons de le dire pour les plantations.

6° Ils ne peuvent, sous peine d'une amende égale au triple de la valeur de l'arbre détruit, abattre ou arracher des arbres sans l'autorisation du préfet, laquelle n'est accordée que lorsqu'il y a dépérissement constaté par les ingénieurs, ou lorsque les arbres ont atteint leur dernier degré de croissance.

L'abattage n'est autorisé que sous la condition de remplacement immédiat, à la distance prescrite par la loi.

L'élagage ne peut avoir lieu qu'aux époques et suivant les indications prescrites par le préfet, sous peine de poursuites, comme pour dommages causés aux plantations des routes.

7° Enfin, les riverains doivent, lorsqu'ils veulent construire, prendre l'alignement.

On nomme *alignement*, tantôt la limite fixée entre la voie publique et les propriétés privées, tantôt l'action d'établir cette limite.

L'alignement est à la fois un moyen d'embellissement, de sûreté et de salubrité.

D'*embellissement* : par la régularité des lignes ; — de *sûreté* et de *salubrité*, en empêchant des enfoncements qui serviraient de refuge aux malfaiteurs, ou de lieux de dépôt pour les immondices.

L'alignement est donné par le préfet (1), d'après les plans généraux arrêtés par ordonnance du roi.

Deux voies sont ouvertes à l'administration pour faire exécuter ces plans : la *voie d'expropriation*, la *voie d'alignement*.

La première, entraînant des formalités nombreuses, et donnant lieu à des dépenses presque immédiates, n'est employée que rarement.

L'administration procède par voie d'*alignement*, lorsqu'elle attend, pour contraindre le riverain à prendre la ligne, qu'il fasse volontairement démolir la maison ou qu'elle soit sur le point de tomber de vétusté : celui-ci est alors tenu, suivant qu'il doit reculer ou avancer, ou de céder une partie de son terrain, moyennant *indemnité*, laquelle est réglée par experts ; ou d'acquérir une partie du sol : s'il ne veut faire cette acquisition, l'administration est autorisée à le déposséder de l'ensemble de sa propriété, ce qui ne peut avoir lieu que par voie d'expropriation, et nécessite le payement préalable de l'indemnité.

____

(1) Toutefois, la juridiction du préfet ne comprend pas les portions de routes qui traversent les places publiques, car elles sont soumises à la voirie urbaine ; c'est aux maires à donner l'alignement.

Afin que les propriétaires ne puissent indéfiniment retarder l'application des mesures administratives, la loi leur défend de réparer leurs maisons sans en avoir obtenu l'autorisation.

Bien plus, comme il pourrait arriver que, sous prétexte de faire des embellissements, ils exécutassent des ouvrages confortatifs, elle exige qu'ils aient obtenu la permission de l'autorité locale, pour établir le long des routes des échoppes ou autres choses saillantes.

L'application des règles que nous venons d'exposer est bornée au cas où il s'agit des portions de routes qui traversent les villes, bourgs et villages : hors des lieux habités, on ne dresse pas de plans généraux d'alignement ; le préfet se borne à déterminer, d'après les circonstances locales et les usages du pays, la ligne sur laquelle chacun pourra construire.

A quelle distance du bord de la route les riverains sont-ils dispensés de l'alignement? Il résulte implicitement d'un avis du conseil d'État, que cette distance est celle qui est prescrite pour les plantations.

L'administration doit non-seulement procurer aux citoyens un passage commode et facile, mais encore les préserver des accidents que pourrait entraîner la chute des bâtiments qui bordent la route : de là, le droit accordé aux préfets, d'enjoindre aux propriétaires, soit de réparer ceux qui menacent ruine ; soit de les démolir immédiatement ; et faute par eux de se conformer à cette injonction, de faire exécuter son arrêté, en cas d'urgence, par des ouvriers commis à cet effet, aux frais du propriétaire. — Dans la pratique, on se borne à traduire les riverains devant le conseil de préfecture, pour voir prononcer l'amende et la démolition des bâtiments.

§ III. *Police et répression des contraventions en matière de grande voirie.*

Les contraventions en matière de grande voirie sont constatées par les maires, les adjoints, les ingénieurs et conducteurs des ponts et chaussées, les commissaires de police, les gendarmes, les préposés chargés du recouvrement des contributions indirectes et des octrois, enfin, par les gardes champêtres.

Ces divers agents sont tenus d'affirmer leurs procès-verbaux dans les trois jours, soit devant le juge de paix, soit devant le maire ou l'adjoint du chef-lieu.

Les procès-verbaux peuvent être combattus par des preuves contraires, soit écrites, soit testimoniales.

Ils doivent être transmis au préfet par l'intermédiaire du sous-préfet; ce fonctionnaire les soumet ensuite au conseil de préfecture, et veille à ce qu'il y soit donné suite.

La loi n'exige pas qu'ils soient notifiés aux contrevenants.

En attendant que le conseil de préfecture prononce, le sous-préfet peut, aux termes d'un dé-

cret de 1811, « *ordonner provisoirement* la répa-
» ration du délit par le délinquant, s'il s'agit *de*
» *dégradations*, *dépôts de fumier, immondices*
» *ou autres substances.* » — Hors les cas spéci-
fiés par ce décret, les sous-préfets ne sont plus
compétents; c'est aux préfets à prescrire les mesures
provisoires que réclament la sûreté, la liberté de la
circulation ou de la conservation des routes.

On peut attaquer par voie d'opposition ces mesures provisoires.

L'opposition se porte devant le conseil de préfecture; toutefois, lorsqu'on se pourvoit contre un arrêté rendu par le sous-préfet, comme ce fonctionnaire n'a pas de juridiction qui lui soit propre, il
faut au préalable déférer l'arrêté au préfet, par la
voie du recours.

L'opposition, et même le recours devant le préfet,
sont suspensifs; cependant, en cas de péril immi-
nent, la mesure provisoire est exécutée.

Au surplus, l'arrêté qui prescrit cette mesure ne
préjuge pas le fond; la question reste entière; le
conseil de préfecture seul peut ou condamner à l'a-
mende et à la réparation du dommage causé, ou
prononcer l'annulation du procès-verbal.—S'il reconnaît en définitive que, loin d'avoir commis un délit, le prévenu a usé d'un droit légitime, il peut
même condamner l'administration à lui payer une
indemnité.

Le montant des amendes est fixé par d'anciens

règlements et édits, lesquels, aux termes de l'article 484 du Code pénal, sont encore en vigueur.

Dans aucun cas, le conseil de préfecture ne peut prononcer de peines corporelles : si des vols ou des violences ont été commis, il statue sur les questions qui sont de sa compétence, et renvoie le prévenu devant le tribunal correctionnel pour l'application de la peine.

La partie condamnée par le conseil de préfecture peut se pourvoir devant le conseil d'état ; mais l'arrêté n'est pas moins exécutoire par provision : toutefois, le préfet surseoit ordinairement aux poursuites, jusqu'à ce qu'il ait été statué sur le pourvoi.

Les moyens de contrainte sont, indépendamment de la saisie, l'envoi de garnisaires.

L'exécution des arrêtés du conseil de préfecture est confiée aux préfets ; elle doit être précédée d'une signification par huissier.

Ne perdons pas de vue, surtout, que les conseils de préfecture ne sont que des tribunaux d'exception : leur compétence est limitée dès lors aux cas prévus : or, aux termes de la loi du 29 floréal an X, « ils ne peuvent connaître que des contraventions » en matière de grande voirie, telles qu'anticipa-» tion, dépôts de fumier ou détériorations com-» mises sur les grandes routes, sur les arbres qui les » bordent, sur les fossés, sur les ouvrages d'art, sur » les matériaux destinés à leur entretien, sur les ca-» naux, fleuves et rivières navigables, sur les che-» mins de halage. » Si le fait ne constitue ni contravention ni délit, ou s'il n'est pas formellement prohibé par un règlement spécial touchant la grande voirie, l'affaire doit être portée devant les tribunaux ordinaires.

De ce que la loi de floréal an X garde le silence sur les contraventions aux alignements, ne concluons pas que les conseils de préfecture ne puissent en connaître; il faut compléter cette loi par celle de pluviôse an VIII, laquelle leur donne formellement ce pouvoir.

Il nous reste à faire observer, que les contraventions commises dans les rues qui forment le prolongement des grandes routes peuvent être portées soit devant les conseils de préfecture, soit devant les tribunaux de police. Ces contraventions, en effet, lèsent deux intérêts : l'intérêt général de transit et l'intérêt local : les deux juridictions s'exercent concurremment, ce qu'il faut entendre, non en ce sens que deux condamnations peuvent intervenir; mais en ce sens que l'une ou l'autre juridiction peut se saisir de l'affaire.

Que les peines, en matière de grande voirie, se prescrivent par le temps fixé dans les articles 636-640 du Code d'instruction criminelle.

Enfin, que si la contravention avait consisté dans l'usurpation d'une partie du sol, ou si le fait commis subsistait encore malgré la défense après l'expiration du délai déterminé par le Code d'instruction criminelle, rien ne s'opposerait à ce que l'administration, après avoir fait constater de nouveau la contravention , ne recommençât les poursuites ; car le sol des routes est imprescriptible.

SECTION II..

Du roulage.

Les règlements relatifs au roulage ont pour but la conservation des routes , la sûreté des voyageurs et la fidélité des transports.

Le poids du chargement des voitures pendant les différentes saisons, ainsi que la largeur des bandes des roues sont fixées par la loi de floréal an X, par un décret du 23 juin 1806 et par diverses ordonnances.

Les voitures du service militaire sont seules exceptées de ces règles.

Lorsque des voituriers craignent de se trouver en contravention ils ont la faculté de se présenter aux ponts à bascule avant de se mettre en voyage, pour connaître le poids de leur chargement.

Tout propriétaire de voiture de roulage servant au transport des marchandises, est tenu de faire peindre en caractère apparent, sur une plaque de métal clouée en avant de la roue et au côté gauche de la voiture, son nom et son domicile. ,

Quant aux messageries et autres voitures destinées aux voyageurs, elles doivent porter à l'intérieur le nom du propriétaire ou de l'entrepreneur, ainsi que l'estampille délivrée par l'administration des contributions indirectes.—De plus, le nombre de places, et le numéro de chacune d'elles, doivent y être indiqués.

Les propriétaires ou entrepreneurs de voitures publiques sont tenus d'enregistrer les noms des voyageurs, ainsi que les ballots, malles, etc., dont le transport leur est confié.

Copie de cet enregistrement est remise aux conducteurs. Ils doivent mentionner sur ces feuilles les noms des voyageurs et les paquets qu'ils prennent en route.

La manière de conduire les voitures publiques et la police des relais sont réglées par une ordonnance royale, en date du 16 juin 1828.

Les contraventions en matière de police du roulage sont constatées de la même manière que celles qui concernent la grande voirie et par les mêmes autorités. Il y a seulement cela de particulier, que les contrevenants peuvent être conduits devant le maire, pour voir dire qu'ils seront tenus de déposer une somme destinée à assurer le payement de l'amende que le conseil de préfecture pourra prononcer contre eux. Du reste, cette dérogation à la règle ne reçoit son application que dans le cas où le maire juge qu'il sera difficile de retrouver les auteurs des contraventions.

SECTION III.

Voirie urbaine qui se rattache à la grande voirie.

Les voies publiques, qui, dans les terrains des villes, bourgs et villages, font partie de la grande voirie, sont celles qui forment le prolongement des routes.

Toutefois, les places publiques, bien que traversées par les routes, ne cessent pas d'appartenir à la commune; mais l'État (ou le département) est tenu d'entretenir le pavé sur une largeur égale à celle des chaussées qui sont à sa charge dans les rues adjacentes. Il ne serait pas juste, en effet, de charger les localités de ces frais.

CHAPITRE II.

Petite voirie ou *voirie vicinale*.

La voirie vicinale (ou petite voirie) comprend l'ensemble des règles relatives à la confection, l'entretien et la police des chemins vicinaux et des rues des communes.

Elle se divise en *voirie rurale* et *voirie urbaine*.

La voirie *rurale*, concerne les chemins *vicinaux*;

La voirie *urbaine*, concerne les voies publiques dans les villes, bourgs et villages, autres que celles qui font partie des routes royales et départementales.

SECTION Ire.

Des chemins vicinaux.

On distingue deux sortes de chemins vicinaux : les chemins vicinaux *ordinaires* et les chemins vicinaux de *grande communication.*

§ Ier. *Chemins vicinaux ordinaires.*

On nomme chemins vicinaux *ordinaires* ou plus simplement *chemins vicinaux*, les chemins qui ont été légalement reconnus nécessaires aux communications d'une seule commune ou tout au plus de quelques communes-voisines.

Tous les passages, sentiers ou chemins d'exploitation établis dans les campagnes sur des propriétés particulières ne sont pas des chemins vicinaux : il faut pour cela qu'ils aient été *classés*.

Le *classement* est une opération qui imprime aux communications le caractère de vicinalité et qui détermine leur largeur, leur direction et leurs limites.

Nous considérerons la vicinalité sous deux rapports : 1° en temps qu'elle existe, et n'a plus besoin que d'être recherchée et reconnue; 2° en tant qu'elle n'existe pas encore et doit être établie.

Reconnaissance des chemins vicinaux. — Les lois anciennes avaient prescrit la reconnaissance et le classement des chemins qui servaient aux communications des communes; mais cette opération n'ayant point été exécutée ou ne l'ayant été que d'une manière imparfaite dans certaines parties de la France, le ministre de l'intérieur, par une circulaire en date du 24 juin 1836, a cru devoir tracer les règles à suivre pour atteindre ce but. Voici les principales :

Le maire, sur l'ordre du préfet, dresse un état des chemins qu'il juge nécessaires aux communications. — Cet état reste déposé à la mairie pendant un mois, afin que les habitants puissent présenter leurs observations. — Le tout est soumis au conseil municipal. — La délibération de ce conseil est ensuite transmise avec toutes les pièces à l'appui au sous-préfet, qui l'adresse au préfet, avec son avis motivé; enfin le préfet, sur l'examen de ces divers documents, déclare, par un arrêté, que tels chemins de telle largeur feront désormais partie des chemins vicinaux de telle commune.

La largeur doit, autant que possible, être fixée sur les anciennes limites; mais dans aucun cas, elle ne peut excéder 6 mètres (18 pieds, non compris les fossés).

Du droit conféré au préfet d'étendre jusqu'à 6 mètres la largeur des chemins, résulte la faculté d'ordonner la cession de terrain nécessaire pour compléter cette largeur, sauf indemnité pour les riverains, laquelle est réglée par experts. — Mais à la différence du cas d'expropriation, ceux - ci ne peuvent prétendre au payement préalable de cette indemnité; car l'arrêté du préfet attribue définitivement au chemin le sol compris dans les limites déterminées; l'incorporation s'opère de droit.

Établissement d'un chemin nouveau. — Quand il s'agit non de reconnaître un état de choses existant, mais d'en établir un nouveau, ou de redresser un ancien chemin, si les propriétaires ne consentent pas à une cession amiable, on procède par voie d'expropriation pour cause d'utilité publique.

Toutes les règles prescrites pour ce mode d'ex-

(1) *Voyez* voirie urbaine, page 244.

propriation doivent être observées, à moins qu'il n'y ait été formellement dérogé : or, il résulte de la loi du 21 mai 1836, que l'arrêté du préfet remplace en cette matière la loi ou l'ordonnance requises par la loi du 7 juillet 1833 ; que le jury spécial chargé de prononcer sur l'indemnité, n'est composé que de quatre jurés titulaires et trois supplémentaires choisis par le tribunal de première instance sur la liste générale dressée conformément à la disposition de l'art. 29 de cette dernière loi ; enfin, que le jury est présidé soit par un des membres du tribunal, soit par le juge de paix du canton : la voix de ce magistrat est prépondérante en cas de partage.

Le même pouvoir qui opère le *classement* des chemins, a le droit de faire le *déclassement ;* c'est-à-dire, de déclarer que le chemin a perdu son caractère de vicinalité. L'arrêté qui intervient à cet effet, doit être précédé de formalités semblables à celles que la loi prescrit pour le classement.

De plus, aux termes d'une instruction ministérielle en date du 24 juin 1836, si les communes, consultées sur l'opportunité du déclassement, ne sont pas unanimes, il faut ouvrir une enquête. L'enquête est à la fois un moyen d'éclairer l'administration et de permettre aux particuliers de faire valoir leurs droits.

Le déclassement une fois prononcé, le conseil municipal statue sur l'emploi du chemin. Il peut décider, par exemple, qu'il sera conservé comme chemin rural ou d'exploitation, ou qu'il sera rendu à l'agriculture : si le conseil municipal opte pour ce dernier parti, le préfet autorise la vente du terrain. — Les riverains jouissent du privilége de pouvoir s'en rendre acquéreurs de préférence à tous autres.

Propriété des chemins vicinaux.

Les chemins *vicinaux* appartiennent aux communes ; ils sont inaliénables, et comme tels, imprescriptibles.

La propriété des chemins emporte celle des arbres qui se trouvent sur le sol. — Toutefois, une loi du 28 août 1792 déclare les riverains, propriétaires des plantations qui existaient à l'époque de sa publication, sauf aux communes à justifier de leurs droits par titres ou par prescription.

Lorsque les communes sont propriétaires, elles doivent supporter les dépenses d'ouverture et d'entretien.

Si les chemins intéresssent plusieurs communes, le préfet répartit entre elles, eu égard à l'avantage qu'elles en retirent ou doivent en retirer, le montant des frais.

Les particuliers contribuent dans deux cas à ces dépenses, savoir : 1° lorsque l'usage extraordinaire qu'ils font du chemin occasionne des dégradations ; 2° lorsque ce chemin procure à leurs propriétés une augmentation notable de valeur. Le conseil de préfecture règle annuellement, sur la demande des communes, et après expertise contradictoire, la quotité des subventions. — Ces subventions sont, au choix des subventionnaires, acquittées en argent ou en nature. — Elles peuvent être converties en abonnement.

L'État et la couronne eux-mêmes contribuent, dans la même proportion que les particuliers et de la même manière, aux frais d'ouverture et d'entretien, à raison de leurs propriétés riveraines, quand ces propriétés produisent des revenus; car ils font alors usage des chemins vicinaux.

Pour subvenir à ces dépenses, les communes ont les ressources suivantes :

1° Leurs revenus ordinaires (*voy.* le titre *des Communes*);

2° Des prestations *en nature :* ce mode de contribution a été introduit principalement eu égard à la rareté du numéraire dans les campagnes. On a considéré, que les habitants aiment souvent mieux donner leur travail que de l'argent.

Au reste, la loi ne leur interdit pas la faculté de se libérer en argent; elle impose même au conseil général le devoir de déterminer annuellement, pour chaque commune, sur la proposition des conseils d'arrondissement, la valeur de chaque journée, d'après un état-matrice dressé par les commissaires répartiteurs. — Bien plus, les contribuables qui n'optent pas dans le délai d'un mois, à partir de la publication des rôles, doivent fournir en argent cette prestation. Elle est recouvrée de la même manière que les contributions directes, et par douzièmes.

Les prestations non rachetées peuvent être converties en tâches. L'importance des tâches est basée sur l'évaluation faite des journées; par exemple : l'habitant imposé pour 3 journées de travail à 3 fr., sera chargé d'un travail estimé 3 fr. : peu importe qu'il le termine ensuite en un ou plusieurs jours.

Le maximum des prestations en nature est fixé à deux journées de travail par an. — Ces prestations ne peuvent se reporter d'un exercice sur l'autre; si on ne les a pas demandées dans l'exercice auquel elles s'appliquent, elles cessent d'être exigibles.

Quelques personnes craignaient que la contribution en travail ne fournît une occasion de faire renaître les anciennes corvées; mais cette appréhension était sans fondement : en effet, les corvées ne portaient que sur la partie la plus malheureuse de la population ; elles étaient imposées sans limites, et souvent pour des travaux étrangers à l'utilité générale. — Les prestations en nature, au contraire, pèsent sans distinction sur tous les habitants; elles n'ont lieu que pour des travaux qui intéressent la commune; elles ne peuvent excéder un certain nombre de journées.

3° Des *centimes spéciaux* : les communes peuvent à leur choix voter ces centimes ou des prestations en nature, et même l'une et l'autre ressource à la fois. — Les plus hauts imposés ne prennent point part à la délibération comme cela se pratique pour les centimes extraordinaires.

Faute par les communes de voter ces centimes ou de faire emploi, dans les délais prescrits, de ceux qui ont été votés, le préfet, sur les plaintes à lui adressées, et après avoir fait constater le mauvais état des chemins, rend, s'il y a lieu, un arrêté spécial, pour inviter le conseil municipal à voter les ressources et à faire les réparations nécessaires. — En cas de refus ou d'inaction, il peut imposer d'office la commune.

4° *Des subventions sur les fonds départementaux* : les communes ne peuvent prétendre à ces ressources que pour des travaux extraordinaires, tels que la reconstruction d'un pont, et seulement, en justifiant que leurs revenus, les prestations en nature et les centimes spéciaux qu'elles ont votés ne suffisent pas : elles sont accordées par le préfet sur l'approbation formelle du ministre.

5° Enfin, si la commune n'obtient pas de subvention sur les fonds départementaux, elle peut, par une délibération à laquelle doivent être appelés les plus hauts imposés, voter un *impôt extraordinaire*. Cette délibération doit être revêtue de l'approbation royale.

Charges des propriétés riveraines.

Lès propriétés riveraines des chemins vicinaux sont soumises aux mêmes charges que celles qui avoisinent les grandes routes, sauf les différences suivantes :

Les particuliers ne peuvent être tenus de faire des plantations sur leur propre terrain le long de la voie publique.

Les alignements sont donnés par les maires.

Les riverains peuvent construire sur l'extrême limite de leurs propriétés.

Enfin, le conseil d'état a décidé, par un avis du 9 mars 1837, que les préfets n'ont pas le droit de régler la police du roulage *sur la petite voirie*, la loi de 1836 étant muette à cet égard.

Police des chemins vicinaux.

La police des chemins vicinaux a pour objet les contraventions aux règlements du préfet relatifs à la largeur, à la direction de la voie publique et aux plantations, ainsi que les usurpations commises sur les chemins.

Elle appartient au maire, à ses adjoints, aux commissaires de police, aux gardes champêtres, enfin à des fonctionnaires que nomme le préfet, et que l'on désigne sous le nom *d'agents voyers.*

Les délits et les contraventions sont portés, suivant les cas, devant les conseils de préfecture, devant les tribunaux de simple police ou devant les tribunaux correctionnels.

La compétence des conseils de préfecture est limitée à la répression des usurpations commises sur les chemins vicinaux, aux discussions que peut faire naître l'exécution des règlements des préfets sur la largeur des chemins, sur leur direction et sur la plantation des arbres qui le bordent. Bien plus, le conseil de préfecture doit se borner à faire cesser le délit, c'est-à-dire à ordonner que les lieux seront rétablis dans leur premier état ; son pouvoir ne va pas, comme en matière de grande voirie, jusqu'à la condamnation aux amendes. Il suit de là : que toute contestation donnera lieu à deux procès, l'un devant le conseil de préfecture pour la répression de la contravention, l'autre devant les tribunaux ordinaires pour l'application de la peine.

Les tribunaux de simple police connaissent des faits qui tendent à détériorer les chemins, à nuire à la circulation, à la salubrité, à la propr été ou à la commodité du passage, tels que dépôts, encombrements, excavations momentanées, et prononcent des peines qui n'excèdent pas 15 fr. d'amende ou cinq jours de prison.

Les faits qui sont de nature à emporter une peine plus forte doivent être portés devant les tribunaux correctionnels.

La poursuite des délits et contraventions sur les chemins vicinaux est attribuée au maire ; la jurisprudence a même étendu ce pouvoir à tout habitant.

§ II. *Chemins vicinaux de grande communication.*

Les chemins vicinaux de *grande communication* sont ceux qui, par l'importance des communications qu'ils ouvrent, intéressent un grand nombre de communes.

La direction et l'établissement de ces chemins sont déterminés par le conseil général, sur la proposition du préfet et sur les avis des conseils d'arrondissements et des conseils municipaux.

Une fois classés, les chemins vicinaux de grande communication passent sous l'autorité du préfet ; c'est lui qui fixe leur largeur (elle ne peut excéder 18 pieds), leurs limites, qui donne les alignements, qui règle les détails d'exécution ; c'est lui enfin qui détermine annuellement la contribution de chaque commune à l'entretien de la ligne vicinale, et qui statue sur les offres faites par les particuliers, associations de particuliers ou de communes.

Du reste, nonobstant l'addition de ces mots de *grande communication*, les chemins dont il s'agit continuent d'être vicinaux, et par suite tout ce que nous avons dit sur les ressources affectées à l'entretien des chemins vicinaux, sur leur police, sur leur ouverture et sur les charges auxquelles sont soumises les propriétés riveraines reçoit ici son application, sauf les modifications suivantes :

Les ressources en argent au lieu d'être employées individuellement par chaque commune, sont centralisées dans la caisse du receveur général du département, et portées au crédit de chaque ligne vicinale pour être mises à la disposition du préfet au fur et à mesure de l'avancement des travaux. — Quant aux prestations en nature, on les emploie autant que possible dans des lieux rapprochés de la commune qui les fournit. — Les subventions sur les fonds départementaux qui, pour les chemins vicinaux, ne peuvent être obtenues que dans des cas extraordinaires et sur l'approbation formelle du ministre, sont accordées ici par le préfet, sans autorisation préalable, par cela seul que les communes justifient de l'insuffisance de leurs ressources.

La loi détermine bien les règles à suivre pour opérer le classement, mais elle garde le silence sur le déclassement. Quelles formes doit-on observer? Celles qui sont prescrites pour le classement : le conseil général prononce ensuite, sur la proposition du préfet.

SECTION II.

Voirie urbaine.

La voirie urbaine comprend les règles propres à l'établissement, à la conservation, à l'entretien et à la police des voies publiques dans l'enceinte des villes, bourgs et villages.

Il n'est pas inutile de rappeler, que la voirie urbaine peut se référer à la grande ou à la petite voirie; à *la grande voirie*, pour les voies publiques qui forment les traverses des routes ; *à la petite voirie*, pour toutes les autres.

Nous verrons, que la voirie urbaine est soumise à certaines règles spéciales ; notamment, quant à l'ouverture, à l'alignement des rues, à la répression des contraventions.

Propriété.

De même que les routes royales appartiennent à l'État et les routes départementales aux départe-

ments ; de même, les rues, quais, places, promenades, impasses, qui dépendent de la petite voirie,
appartiennent aux communes.

Il en est ainsi, même pour les voies publiques qui
forment les traverses des routes; elles ne cessent pas
d'être la propriété des communes ; seulement, elles
sont grevées d'une servitude de passage.

Les voies publiques sont inaliénables et par suite
imprescriptibles. Toutefois, si les faits possessoires
sont tels qu'ils aient fait perdre à la voie publique son
caractère ; par exemple, si un particulier a occupé
toute la largeur de la rue pendant trente ans, la prescription est acquise : mais un simple empiétement
sur la largeur ne saurait produire de prescription ,
puisqu'il ne changerait pas la première destination
du sol.

Aux termes de l'art. 552 du Code civil, la propriété du sol emporte la propriété du dessus et du
dessous ; il suit de là :

1° Qu'aucune entreprise ne peut être faite sur la
voie publique sans l'autorisation expresse de l'autorité compétente; on considérerait les travaux faits
en conséquence de cette autorisation, comme pré-
caires et de pure tolérance.

2° Que les communes sont réputées propriétaires
des arbres plantés sur la voie publique, sauf la
preuve contraire. Toutefois, la loi du 28 août 1792
établit en faveur des riverains une présomption de

propriété à l'égard des plantations qui existaient dans les rues lors de sa promulgation.

3° Qu'elles sont tenues des frais d'entretien : ce qui comprend *le pavage* (bien entendu pour les parties des rues qui ne font point partie de la grande voirie; autrement, ces frais concerneraient exclusivement l'administration).— En cas d'insuffisance des revenus ordinaires de la commune, les riverains peuvent être chargés, par un arrêté du préfet, de faire les dépenses d'établissement, de réparation et d'entretien du pavé, si cet usage existait anciennement dans la localité. — *L'éclairage :* les propriétaires sont toutefois tenus de souffrir les travaux nécessaires pour l'établissement des réverbères. — *Le balayage :* mais les maires peuvent, par des arrêtés, imposer cette charge aux propriétaires. — *L'enlèvement des immondices* : l'autorité peut enjoindre aux riverains, de les transporter dans un lieu déterminé, ou du moins à certaine distance des habitations. — *Le numérotage des maisons* : le numérotage est établi par une suite de numéros pour la même rue. La série des numéros est formée de nombres pairs, pour le côté droit de la rue, et de nombres impairs pour le côté gauche, pour la première fois, il est exécuté à l'huile par la commune; les frais d'entretien sont à la charge des propriétaires.

Les plantations des rues et places, l'espacement des arbres et la distance qui doit les séparer des murs, sont abandonnés à l'appréciation de l'autorité municipale , sauf réformation par l'autorité supérieure.

Charges des propriétés riveraines.

L'utilité publique impose aux riverains des sacrifices plus ou moins étendus, suivant les circonstances.

Lorsque l'exécution des travaux publics le réclame, ils doivent supporter l'occupation temporaire de leur terrain, ainsi que les fouilles et extractions de matériaux. Tout ce que nous avons exposé à cet égard, en traitant de la grande voirie, reçoit ici son application, sauf les différences suivantes : 1° les attributions au lieu d'être exercées par les préfets appartiennent aux maires; 2° le règlement et le payement de l'indemnité doit avoir lieu avant le commencement des travaux : à défaut d'arrangement amiable, cette indemnité est réglée par experts, lesquels sont nommés l'un par le propriétaire, l'autre par le maire; en cas de désaccord la nomination du tiers-expert appartient au préfet.

La dépréciation de valeur, la privation temporaire de jouissance, et même la destruction accidentelle ou la dégradation d'une clôture ne donnent lieu, en faveur des riverains, à aucune indemnité; jouissant des avantages que procure le voisinage de la voie publique, ils doivent supporter les charges et sujétions qui en sont la conséquence. Pour qu'ils pussent prétendre à une indemnité, il faudrait que l'exécution de travaux eût causé un préjudice matériel à leurs propriétés ; les tribunaux seraient alors appréciateurs des circonstances.

Ces observations s'appliquent au *nivellement* ; car cette opération tient à la sûreté des communications et à la salubrité publique.

Les riverains ne doivent point donner à leurs maisons une élévation qui en compromette la solidité ou qui soit hors de proportion avec la largeur de la voie publique. — L'administration peut exiger la réparation ou même la démolition des bâtiments qui menacent ruine.

Pour construire ou réparer ils doivent demander *l'alignement*.

Dans les bourgs et villages, l'alignement est donné définitivement par le maire; mais, en cas d'erreur, le préfet a le droit de réformation, et, en cas d'omission, le droit d'intervention directe.

Pour les villes qui renferment une population agglomérée de deux mille âmes ou au-dessus, une loi du 16 octobre 1807 veut que l'alignement soit arrêté en conseil d'État.

Toutefois, comme ces plans ne sont pas encore dressés pour toutes les villes, un avis du conseil d'État, en vue de satisfaire aux exigences du moment, autorise les maires de ces localités à donner des alignements partiels et provisoires. Cet avis est corroboré par plusieurs arrêts de cassation.

Les plans généraux, dressés et arrêtés dans la forme voulue, servent de règle invariable à l'autorité municipale ; ils sont exécutés, savoir : pour les rues qui forment les traverses des routes, par les soins et sous les ordres des préfets ; pour celles qui dépendent de la petite voirie, par les soins et sous les ordres des maires.

L'exécution de ces plans a lieu de deux manières : par voie d'*alignement*, par voie d'*expropriation*.

Le premier mode, comme nous l'avons déjà dit en nous occupant des routes et des chemins, étant celui qu'on emploie ordinairement comme le moins dispendieux, fixera principalement notre attention ; or l'alignement impose l'obligation de reculer ou confère la faculté d'avancer.

Le riverain qui se trouve obligé de *reculer*, et par suite d'abandonner une partie de son terrain à la voie publique, reçoit une indemnité ; mais cette indemnité doit-elle être préalable ? Non : autre chose est de recourir à l'expropriation, autre chose est de procéder par voie d'alignement : à partir de l'ordonnance approbative du plan général dressé conformément à la loi de 1807, tous les terrains compris dans l'alignement sont frappés d'une sorte de servitude, ou plutôt, se trouvent réunis de droit à la voie publique. Comment appliquer dès lors le principe de l'indemnité préalable, puisque le propriétaire ne pourra prétendre à cette indemnité qu'au moment où ses constructions périront ?

Si le riverain se trouve en arrière de l'alignement, on distingue : l'avancement doit avoir lieu sur un terrain qui lui est propre ou sur un terrain qui dépend de la voie publique.

Au premier cas, il ne peut construire ni réparer sans avoir obtenu l'autorisation de l'autorité municipale, autorisation qu'il n'obtiendra qu'à charge ou de prendre l'alignement ou d'établir sur la ligne une clôture, sauf ensuite à faire derrière cette clôture tels travaux que bon lui semblera.

Au deuxième cas, il jouit de *la faculté* d'acquérir le terrain communal qui le sépare de la ligne. — Cette faculté se change en *obligation* au moment où le riverain veut construire ou réparer; c'est alors seulement qu'il est tenu de prendre l'alignement.

Toutefois, si la sûreté ou la salubrité publique exigeaient qu'on établît une clôture, l'administration ne serait pas tenue d'attendre le bon plaisir du riverain; elle pourrait le déposséder de l'ensemble de sa propriété; mais alors, ce ne serait plus la voie *d'alignement* qu'elle emploierait, mais la voie d'expropriation pour cause d'utilité publique.

Ne perdons pas de vue surtout, que les propriétaires ne sont tenus de reculer ou d'avancer qu'à l'époque où la vétusté des constructions nécessite leur démolition : si l'administration veut jouir plus promptement de l'alignement dressé conformément à la loi de 1807, elle doit ou traiter à l'amiable avec les propriétaires, ou recourir contre eux à l'expropriation pour cause d'utilité publique; ce qui nécessite, dans l'un et dans l'autre cas, une ordonnance royale.

L'autorisation de vendre ou d'acheter n'est accordée, comme de raison, qu'aux villes dont les plans ont été arrêtés en conseil d'État : on ne saurait autoriser des opérations de cette importance, pour des alignements provisoires ou partiels donnés par le maire.

Ouverture d'une rue nouvelle. — Quand il s'agit non d'élargir ou de redresser une ancienne rue, mais de percer une *rue nouvelle*, on ne procède point par voie d'alignement, mais par voie d'expropriation pour cause d'utilité publique (1).

(1) L'expropriation pour cause d'utilité publique s'opère par autorité de justice ;

Les tribunaux ne peuvent prononcer l'expropriation qu'autant que l'utilité en a été constatée et déclarée dans les formes prescrites.

Ces formes consistent, 1° dans la loi ou l'ordonnance royale qui reconnaît l'utilité publique du projet.

2° Dans l'acte du préfet qui désigne les localités ou territoires sur lesquels les travaux doivent avoir lieu, lorsque cette désignation ne résulte pas de la loi ou de l'ordonnance royale.

3° Dans l'arrêté ultérieur par lequel le préfet détermine les propriétés particulières auxquelles l'expropriation est applicable.

Le même jugement qui prononce l'expropriation commet *un des membres du tribunal* pour remplir les fonctions de magistrat *directeur du jury* chargé de fixer l'indemnité.

Ce jugement est, par extrait, publié, affiché, inséré dans les journaux, et notifié aux propriétaires.

Dans la huitaine qui suit cette notification, le propriétaire est tenu d'appeler et de faire connaître au magistrat directeur du jury les locataires, fermiers, etc. ; sinon il reste chargé envers eux des indemnités que ces derniers pourront réclamer.

L'administration ou la compagnie concessionnaire notifie aux propriétaires les sommes qu'elle offre pour indemnités.

Dans la quinzaine suivante les propriétaires sont tenus de déclarer leur acceptation, ou, s'ils n'acceptent pas les offres qui leur sont faites, d'indiquer le montant de leurs prétentions. Tout indemnitaire qui refuse de déclarer son acceptation ou d'indi-

Il en serait ainsi, quand même les rues se trouveraient indiquées dans un plan général dressé conformément à la loi de 1807 : cette indication n'aurait que l'effet d'un simple renseignement ; elle ne produirait pas de servitude.

Dans tous les cas où des propriétaires, forcés de céder une partie de leur terrain, soit pour le percement, soit pour le redressement d'une rue, d'une place, etc., peuvent prétendre à une indemnité, ils doivent tenir compte de la plus value pour les avantages que leurs propriétés restantes acquièrent. Cette plus value est estimée par le jury.

Les particuliers ne peuvent, sans une autorisation spéciale, ouvrir sur leur terrain aucune rue nouvelle, passage ou autre voie publique. — Quand il s'agit de percevoir un péage, une loi est nécessaire.

Suppression des rues. La suppression des rues ou autres voies de communication établies dans les villes donne lieu à l'emploi des formes prescrites pour l'ouverture d'une rue nouvelle. — A l'égard de celles qui se trouvent dans les bourgs et villages, on applique les règles déterminées pour la suppression des chemins vicinaux.

---

quer le montant de ses prétentions, est condamné aux dépens.

Si les offres ne sont pas acceptées il est procédé au règlement de l'indemnité par le jury.

Les indemnités fixées par la *décision du jury* sont, préalablement à la prise de possession, acquittées entre les mains des ayants droit.

S'ils se refusent à les recevoir, la prise de possession a lieu après offres réelles et consignation.

Le terrain des rues supprimées est vendu par la voie des enchères, si les riverains ne veulent acquérir ce terrain à l'amiable.

Les particuliers auxquels cette suppression cause un préjudice réel ont droit à une indemnité (arg. des art. 537, 538 et 545 C. civ.).

Police des rues et places.

Le droit de faire des règlements de police pour la commodité et la sûreté du passage dans les rues, quais, places et autres voies publiques appartient aux maires.

Les préfets partagent cette autorité avec les maires, à l'égard des traverses des routes.

Les contraventions sont constatées par des procès-verbaux dressés par des officiers de police compétents. — Ces procès-verbaux sont envoyés par eux, savoir : au procureur du roi, lorsque le fait est de la compétence des tribunaux correctionnels; — au commissaire de police désigné par le procureur général pour remplir les fonctions du ministère public, et s'il n'y en a pas, au maire ou à ses adjoints, lorsque le fait ressortit des tribunaux de simple police (*voyez* 137 et suiv.; Instruct. crim. 464 et suiv.; Code pénal).

L'action publique et l'action civile pour une contravention de simple police se prescrivent par un an; ce délai court du jour où elle a été commise (640, Instruct. crimin.).

La prescription accomplie, si la contravention

continue, l'autorité municipale a le droit de poursuivre le contrevenant devant les tribunaux civils.

Elle peut même lui enjoindre, par un arrêté spécial, de se conformer aux règlements ; ou, s'il s'agit d'un empiétement, d'abandonner le terrain usurpé. La désobéissance à cet arrêté constitue alors une nouvelle contravention, contre laquelle la prescription ne court que du jour de la notification de l'arrêté municipal, ou si cet arrêté fixe un délai, du jour de l'expiration de ce délai.

TITRE IV.

DES EAUX COURANTES.

Les cours d'eau sont *naturels* ou *artificiels*.

Les cours d'eau *naturels* sont les fleuves, les rivières, les torrents, les ruisseaux.

Les principaux cours d'eau *artificiels* sont les canaux.

Ce titre renferme trois chapitres : le premier est relatif aux cours d'eau naturels ; le deuxième aux canaux ; le troisième aux usines.

CHAPITRE PREMIER.

Cours d'eau naturels.

Nous diviserons ce chapitre en deux sections :

Dans la première nous parlerons des fleuves et rivières ;

Dans la deuxième des cours d'eau d'un ordre inférieur.

SECTION I.

Des fleuves et rivières.

Parmi les cours d'eau connus sous le nom de
fleuves et rivières, les uns sont *navigables* ou *flottables*, les autres ne sont ni *navigables* ni *flottables* :
— il y a, entre les premiers et les seconds, une différence analogue à celle qui existe entre la grande et
la petite voirie ; mais on a dû parler séparément
des cours d'eau, parce que cette matière est compliquée d'intérêts publics d'un ordre spécial.

§ Ier. *Cours d'eau navigables ou flottables.*

Cours d'eau navigables.

Les cours d'eau navigables sont ceux qui portent
bateaux pour le service public.

On reconnaît qu'un cours d'eau est navigable,
lorsque, de temps immémorial, il sert à la navigation. — Si la question est douteuse, c'est au roi à la
résoudre ; le préfet ne pourrait faire qu'une détermination provisoire.

C'est également au roi qu'il appartient de fixer le
point où un cours d'eau deviendra navigable.

La même autorité qui peut imprimer à un cours
d'eau le caractère de navigabilité doit avoir le droit de
le lui enlever ; les riverains sont alors replacés dans
la position où ils étaient auparavant, et recouvrent
les avantages attachés au voisinage des cours d'eau
non navigables.

Propriété des fleuves et rivières navigables.—
La propriété des fleuves et rivières navigables appartient à l'état.

Cette propriété embrasse : 1° le lit des cours d'eau et par suite leurs bords : les bords s'étendent jusqu'au point où les eaux parviennent dans leur plus grande élévation, sans débordement accidentel : au delà de ces limites, commence le chemin de halage, servitude imposée à la propriété privée ;

2° Le cours d'eau, c'est-à-dire ce volume continu d'eau, toujours identique qui forme constamment l'accessoire du lit (1).

Les bras qui forment les accessoires des fleuves et rivières navigables, font également partie du domaine public, bien qu'ils ne puissent porter bateaux.

Du principe que les fleuves et rivières navigables font partie du domaine public, il résulte :

1° Qu'on ne peut se servir de leurs eaux sans une concession faite par l'autorité royale, et que cette concession peut être retirée dès que l'intérêt de la navigation l'exige, sauf indemnité pour le concessionnaire ;

2° Que l'état est propriétaire du droit de pêche ;

3° Que toutes les productions du rivage, telles

(1) Il est évident que cette propriété ne peut porter sur l'eau envisagée comme substance fluide ; car sa constante mobilité se refuse à toute occupation exclusive, tant qu'aucune partie n'en a été détachée et mise à part : en ce sens, l'art. 714 Code civil est pleinement applicable.

que les arbres, les arbrisseaux, etc., lui appartiennent;

4° Que le curage et l'entretien des ouvrages qui facilitent la navigation sont à sa charge.

Servitudes imposées aux riverains. — Les besoins de la navigation veulent, non-seulement que le courant des fleuves et rivières ne soit pas entravé; mais encore, qu'il soit établi sur le rivage, des chemins de halage, des marche-pieds et des ports.

On appelle *halage*, l'action de tirer des bateaux, soit à bras d'homme, soit à l'aide de chevaux.

On nomme *chemin de halage*, l'espace qu'on doit laisser sur le bord des cours d'eau, pour opérer le tirage.

La largeur de ce chemin, est fixée par une ordonnance de 1669 encore en vigueur, a vingt-quatre pieds du côté où les bateaux sont halés, et à dix pieds de l'autre côté. Le terrain, laissé de ce dernier côté, prend le nom de *marche-pied.* — L'administration peut, lorsque le service n'en souffre pas, restreindre cette largeur.

Il est interdit aux propriétaires d'établir, du côté du halage, des clôtures, constructions, ou plantations, à une distance moindre de trente pieds de la ligne du rivage.

Bien que les *chemins* et *marche-pieds* soient des accessoires des fleuves et rivières navigables, ils ne font point partie du domaine public : pris sur le terrain des riverains, ils ne cessent pas de leur appartenir ; leur établissement ne constitue que des servitudes imposées par la loi dans l'intérêt de la navigation.

Du principe que le chemin est établi dans l'intérêt de la navigation , il résulte :

Que si les eaux enlèvent une partie du littoral, le riverain doit, au moyen d'une concession nouvelle , maintenir la largeur ;

Que si le chemin a été rendu impraticable par suite d'une crue d'eau extraordinaire, il doit fournir un autre chemin également sur son terrain ;

Que si la rivière vient à changer de lit , la servitude est éteinte ;

Que les riverains ne sont pas tenus de souffrir l'établissement de servitudes qui auraient pour objet des convenances particulières, tels que la construction d'un aqueduc, un lavoir, un port fixe d'abordage, etc. ;

Que les bateliers seuls ont le droit de passer et de conduire avec eux des bêtes de somme ;

Enfin que l'État supporte les frais de réparation des chemins ; car une servitude ne peut consister qu'à souffrir , jamais à faire.

L'établissement d'un *chemin de halage* ou *marche-pied* donne lieu, en faveur des riverains, à une indemnité proportionnée au dommage qu'ils éprouvent.

Cette indemnité est réglée par le conseil de préfecture (loi du 16 septembre 1807), et non par le jury d'expropriation. En effet, il ne s'agit pas d'une expropriation, mais de l'établissement d'une servitude.

Il faut bien observer, que l'indemnité n'est due qu'autant qu'il s'agit d'établir un chemin nouveau ; le riverain ne pourrait y prétendre, si la navigabilité était ancienne, c'est-à-dire, si elle remontait à une époque antérieure à l'ordonnance de 1669 (conseil d'État, 3 août 1829).

Il est de jurisprudence, que les îles qui se trouvent dans les rivières navigables sont assujetties à la servitude de halage, bien que la loi garde le silence à leur égard.

Lorsque des difficultés s'élèvent sur l'exercice ou l'établissement de la servitude de halage, c'est au préfet à statuer ; sauf aux parties qui se croient lésées par ses décisions, à en demander la réformation au ministre de l'intérieur.

Les *ports*, sont des lieux destinés à l'embarquement, au débarquement, et au dépôt des marchandises ; ils font partie 'du domaine public, et sont régis par les lois de la grande voirie.

L'établissement des ports nécessite l'emploi des formes prescrites par la loi du 7 juillet 1833, sur l'expropriation pour cause d'utilité publique.

Police de la navigation. — On observe encore aujourd'hui les anciens règlements sur la police des fleuves et rivières.

Les cours d'eau navigables font partie du domaine public ; ils sont soumis, quant à leur police, aux règles de la grande voirie : en conséquence, les contraventions sont réprimées par le conseil de préfecture, après avoir été constatées par les maires, les ingénieurs des ponts et chaussées, les agents de la navigation, les commissaires de police, la gendarmerie, les employés des droits réunis et de l'octroi, et les gardes champêtres.

Les procès-verbaux doivent, à peine de nullité, être affirmés devant le juge de paix ou devant le maire ; ils sont adressés au sous-préfet, lequel enjoint aux délinquants de réparer sur-le-champ le dommage, et rend compte du délit au préfet. — Le préfet en réfère au conseil de préfecture ; et ce conseil statue définitivement.

Ne perdons pas de vue, que les conseils de préfecture ne statuent que sur les contestations, qui ont pour objet la police ou l'utilité générale ; lorsqu'elles sont bornées à l'intérêt privé, par exemple, lorsqu'il s'agit d'une indemnité à raison de la destruction d'un édifice, de revendication des épaves des rivières, de la propriété des chemins de halage, c'est aux tribunaux à statuer.

Remarquons en outre, que leur compétence est bornée aux contraventions et à l'application des peines pécuniaires ; si les faits donnent lieu à des peines correctionnelles, c'est aux tribunaux correctionnels à les prononcer.

Cours d'eau flottables.

Les rivières sont *flottables*, lorsqu'elles ont assez d'eau pour que l'on puisse confier des morceaux de bois à leur courant.

Le flottage s'opère de deux manières : par *trains* ou *radeaux*, ou à *bûches perdues* (1). De là, deux sortes de rivières flottables.

Les rivières flottables par *trains* ou *radeaux*, appartiennent, comme les rivières navigables, au domaine public ; tout ce que nous avons dit à l'égard de ces derniers cours d'eau leur est applicable.

Toutefois, dans l'usage, quand le halage ne se fait pas à l'aide de chevaux, on restreint à 10 pieds le chemin de *halage*, sur le bord de ces rivières.

Les rivières navigables sont *à fortiori* flottables.

Les rivières flottables à *bûches perdues*, rentrent dans la propriété privée, et sont soumises comme telles aux règles qui concernent les rivières non navigables ni flottables.

Le préfet détermine, dans l'intérêt des propriétés qui avoisinent ces rivières, la longueur que doivent avoir les bûches, l'époque de la flottaison, etc. ; et prescrit les mesures qui tendent à favoriser le flottage.

---

(1) Les *trains* ou radeaux se composent de morceaux de bois assujettis ensemble, de manière à ne former qu'un seul corps.

Le *flottage* à bûches perdues, consiste à lancer le bois bûche à bûche dans la rivière, et à le faire surveiller par quelques hommes qui empêchent que les bûches ne s'accumulent, et par suite ne suspendent le cours de l'eau.

Les propriétés riveraines des cours d'eau flottables à bûches perdues sont soumises à une servitude de passage : le chemin doit avoir 4 pieds de
largeur ; aucune indemnité n'est due aux riverains,
lorsque la servitude remonte à une époque antérieure à l'ordonnance de 1669. Les demandes en
indemnité sont de la compétence des tribunaux ordinaires.

§ II. *Des cours d'eau non navigables ni flottables.*

On comprend dans la catégorie des cours d'eau
non navigables ni flottables, les petites rivières qui
n'ont pas été déclarées propres à la navigation ou
au flottage, et la partie supérieure des fleuves et
grandes rivières depuis leur source, jusqu'au point où
la navigabilité a été déclarée et reconnue.

La propriété du lit appartient aux riverains, par
moitié, suivant une ligne qu'on suppose tracée au
milieu de la rivière (561, Code civ.).

Mais rappelons-nous, que les cours d'eau dépendent essentiellement du domaine public ; que la
loi se borne à conférer aux propriétaires riverains,
dans certaines limites, la jouissance des eaux ; encore
charge-t-elle l'autorité administrative d'en régler le
mode, et cela par trois motifs : 1° pour préserver les
riverains de l'inondation ; 2° pour prévenir l'insalu-
brité qui résulterait de l'accumulation des eaux dans
les terres ; 3° dans l'intérêt même de la navigation ;
car les rivières ne deviennent navigables ou flottables

dans leur partie basse, que par les eaux qu'elles reçoivent de la partie supérieure.

Toujours par suite du principe que les riverains n'ont sur les cours d'eau qu'une jouissance précaire, il faut reconnaître qu'ils peuvent en être privés par une déclaration de navigabilité, sans pouvoir prétendre à aucune indemnité.

Quoi qu'il en soit, cette jouissance constitue à leur profit un droit dont chacun d'eux peut se prévaloir devant les tribunaux : mais les tribunaux, tout en prononçant, doivent respecter les règlements administratifs (645, Code civ.).

Des difficultés s'élèvent quelquefois sur la compétence de l'autorité qui peut connaître des contestations; voici les règles à observer :

Si la demande est formée dans un intérêt individuel; par exemple, si un ou plusieurs propriétaires réclament la jouissance de l'eau, en se fondant sur des titres, sur un ancien usage ou sur un règlement administratif, c'est aux tribunaux à statuer (645 Code civ.).

Mais si cette demande est fondée sur l'intérêt collectif des riverains ou sur l'intérêt général; par exemple, si des réclamations s'élèvent contre des entreprises qui peuvent occasionner un préjudice commun, tels que l'inondation des prairies, la corruption des eaux, etc.; l'administration seule est compétente.

Ainsi, les tribunaux statuent en vue de l'intérêt privé; l'administration en vue de l'intérêt général.

— Les décisions des tribunaux n'ont d'effet qu'entre les parties; celles qui émanent de l'administration sont obligatoires pour tout le monde, même pour l'autorité judiciaire. — L'autorité judiciaire ne peut prononcer qu'autant qu'elle est saisie par une demande; l'autorité administrative peut agir d'office.

Charges imposées aux riverains. Les riverains doivent supporter en commun, chacun en proportion de son intérêt personnel, les frais d'entretien des cours d'eau : par exemple, ils doivent entretenir les berges en bon état; empêcher les filtrations qui pourraient diminuer le volume des eaux.

Police des cours d'eau. Le droit de faire des règlements sur la police des eaux non navigables appartient aux préfets. Ces règlements doivent toujours avoir pour objet l'intérêt général.

Les contraventions aux mesures de police et aux règlements administratifs sont assimilés aux contraventions en matière de petite voirie, et portées, suivant les cas, soit devant les tribunaux de simple police, soit devant les tribunaux correctionnels.

SECTION II.

Cours d'eau d'un ordre inférieur.

Dans cette catégorie viennent se ranger :

1º *Les ruisseaux.* On désigne ainsi les cours d'eau d'une faible importance. Pour distinguer une rivière d'un ruisseau, il faut avoir égard au nom donné au cours d'eau dans le pays et dans les anciens titres, au volume des eaux et à l'usage auquel on peut les employer.

Tout ce que nous avons dit, sur la jouissance accordée aux riverains des fleuves et rivières non navigables ni flottables, s'applique aux ruisseaux.

2° *Les torrents.* Les torrents sont des cours d'eau intermittents qui ne sont alimentés que par les pluies ou les fontes de neige : leur lit appartient, comme celui des ruisseaux, aux riverains ; toutefois, si le sol était dégradé à un tel point que depuis longues années il n'eût pu être employé à aucun usage, on le rangerait dans la classe des biens vacants et sans maître.

3° *Les sources.* On appelle *source*, l'eau qui sort du sein de la terre ; la place d'où elle sort. Celui qui a une source dans son fonds peut en user librement, sauf le droit que les propriétaires inférieurs y ont acquis par titre ou par prescription (*voyez* 641-643 et 552 Code civ.).

CHAPITRE II.

Des canaux.

On appel *canal*, tout cours d'eau pratiqué de main d'homme.

Les canaux sont navigables ou flottables, ou non navigables ni flottables.

Les canaux *navigables*, sont ceux qui ont pour objet le transport des bateaux.

Les canaux *flottables*, sont ceux qui ont pour objet le transport des bois par trains ou à bûches perdues.

Les canaux navigables ou flottables font partie de

l'ensemble des communications d'intérêt général, et sont, comme tels, assimilés aux grandes routes quant à leur construction, leur entretien et leur police. — Comme ils ne peuvent devenir utiles qu'autant que les eaux ont acquis une certaine hauteur, l'État peut prescrire des mesures pour s'assurer la jouissance des sources et autres cours d'eau, et cela, sans que les riverains puissent réclamer aucune indemnité ; car ils n'ont sur les eaux, comme nous l'avons déjà dit plusieurs fois, qu'un droit d'usage précaire subordonné à l'intérêt public.

Ces canaux donnent lieu à la perception d'un droit de *péage* : ce droit est établi, soit en vertu de la loi qui autorise l'établissement du canal, soit par la loi de concession, lorsque les travaux sont faits par des concessionnaires. Le gouvernement peut, en effet, confier à des capitalistes les travaux du canal, en leur concédant la perception du péage pendant un temps déterminé. Les concessionnaires sont alors subrogés aux droits de l'administration : mais il faut bien remarquer, qu'ils ne deviennent pas propriétaires du canal, qu'ils ne peuvent même en changer la destination ni en modifier le tarif : ils ne jouissent que de la manière et dans les limites déterminées par l'acte de concession.—Dans tous les cas, le canal fait partie de la voie publique ; par suite, l'administration conserve le droit de faire des règlements pour le maintien de l'ordre, dans les ports, dans les gares, etc.

Un chemin de halage doit exister près des canaux, comme près des rivières navigables ou flottables ;

seulement, au lieu d'appartenir aux riverains, ce chemin appartient au domaine public : d'où il résulte, que l'État doit acquérir, soit à l'amiable, soit par voie d'expropriation, le sol nécessaire pour l'établir.

Canaux non navigables ni flottables : — On en distingue trois sortes, savoir : les canaux d'irrigation, les canaux de dérivation, les canaux de desséchement.

Les premiers sont ceux qui ont pour objet d'amener de l'eau pour la répandre sur des terres arides.

Ces canaux ne peuvent être construits sans l'autorisation de l'autorité administrative. Les contestations qui s'élèvent au sujet de la répartition des eaux, sont jugées par le conseil de préfecture.

Les propriétaires supportent les frais d'entretien du canal, lors même qu'il a été construit par l'État; car il est établi dans leur intérêt.

L'administration est chargée de la police des canaux d'irrigation ; elle peut prescrire toutes mesures réglementaires, notamment celles qui concernent le curage.

Les canaux de *dérivation*, sont ceux qui ont pour objet de conduire les eaux d'un point sur un autre. Ces canaux peuvent être employés dans divers buts ; leur établissement est soumis aux mêmes mesures administratives et de police que les eaux dont ils ont pour objet d'augmenter le volume. — Il faut observer, que l'eau qui remplit le canal appartient au propriétaire du canal ; les propriétaires dont elle traverse l'héritage ne peuvent s'en emparer.

Les canaux de *desséchement*, sont ceux qui ont pour but de procurer l'écoulement des eaux qui inondent des marais. — En cette matière, la réparation du dommage causé est poursuivie devant le conseil de préfecture comme lorsqu'il s'agit de grande voirie. — Les délits sont poursuivis devant les tribunaux ordinaires.

CHAPITRE III.

Des usines, etc.

On ne peut, sans autorisation, établir des usines, batardeaux, écluses, gords, pertuis, etc., sur des cours d'eau même non navigables ni flottables. Cette autorisation est accordée par une ordonnance royale rendue sur le rapport du ministre de l'intérieur, et sur l'avis du préfet, après l'observation de certaines formes, parmi lesquelles on remarque une enquête *de commodo aut incommodo*.

L'ordonnance d'autorisation énumère les conditions imposées aux constructeurs.

Lorsque l'usine occasionne des dommages considérables, soit aux voisins, soit à l'industrie locale, le roi peut, après l'accomplissement de formalités semblables à celles qui sont prescrites pour obtenir l'autorisation, ou modifier les conditions sous lesquelles elle a été accordée, ou la révoquer.

Aucune indemnité n'est due, dans ce cas, au propriétaire de l'usine ; car nul ne peut faire de sa chose un usage contraire à la sûreté publique. — Il en serait autrement, si l'usine était supprimée pour une cause d'utilité publique, telle que l'ouverture d'une nouvelle navigation, la construction d'un pont, etc. : comme il s'agirait alors d'une véritable expropriation, l'indemnité serait réglée par le jury.

Les propriétaires d'usines doivent entretenir en bon état les digues, chaussées, épanchoirs ou pertuis qui servent au passage des bateaux ou radeaux, et préposer des hommes pour déboucher les pertuis toutes les fois que les besoins de la navigation l'exigent.—Ils sont responsables de tous dommages-intérêts envers les marchands et propriétaires de bateaux en cas de naufrage, ou même de simples retards, si ces faits peuvent être imputés à leur négligence.

Les préfets, sur l'avis des maires et des sous-préfets, ont le droit de faire démolir les usines non autorisées, ou qui ne sont pas construites conformément aux prescriptions de l'ordonnance d'autorisation ; sans préjudice de tous dommages-intérêts envers les tiers : ces dommages-intérêts sont prononcés par les tribunaux ordinaires.

Ces règles sont communes aux usines établies sur les cours d'eaux navigables et flottables, et sur les cours d'eau non navigables ni flottables ; mais il faut observer :

1° Que, dans le premier cas, l'autorisation royale est nécessaire, parce qu'il s'agit d'une concession du domaine public ; tandis que, dans le second, elle n'a que l'effet d'une simple permission de police ;

2° Que les contraventions, en matière d'usines

établies sur les cours d'eau ~~non~~ navigables ~~ni~~ flottables, sont de la compétence des conseils de préfecture, puisqu'elles sont relatives à la grande voirie ;
tandis que celles relatives aux usines construites sur
les cours d'eau non navigables ni flottables rentrent,
suivant les cas, dans les attributions des tribunaux
de simple police ou de police correctionnelle.

TITRE V.

DU RÉGIME FORESTIER.

Les bois et forêts doivent toujours contenir des
approvisionnements suffisants pour satisfaire aux
besoins du chauffage, aux constructions de tous
genres, et notamment aux demandes de la marine ;
car ces approvisionnements intéressent la société
tout entière. Il importe d'autant plus à celle-ci de
veiller à leur conservation, que de nombreuses années sont quelquefois insuffisantes pour réparer la
perte de la richesse forestière.

De là, les mesures qui ont été prises sur le régime
forestier ; de là aussi, le motif qui fait maintenir
dans les mains de l'État une masse considérable de
forêts.

Sont soumis au régime forestier, et administrés
conformément aux dispositions du Code forestier :

1° Les bois et forêts qui font partie du domaine
de l'État ;

2° Ceux qui font partie du domaine de la couronne ;

3° Ceux qui sont possédés à titre d'apanage ou de majorats, et, comme tels, reversibles à l'État ;

4° Les bois et forêts des communes et des sections de communes ;

5° Ceux des établissements publics ;

6° Les bois et forêts dans lesquels l'État, la couronne, les communes et les établissements publics ont des droits de propriété indivis avec des particuliers.

Quant aux bois des particuliers, ils comportent tous les droits résultants de la propriété, sauf certaines restrictions spécifiées dans le Code forestier.

TITRE VI.

DES BREVETS D'INVENTION.

On nomme *invention* toute découverte qui permet de créer un objet industriel nouveau, soit par un nouveau procédé, soit par l'application nouvelle d'un procédé ancien.

On nomme *concession de brevet* un contrat tacite intervenu entre le gouvernement et l'auteur ou l'importateur d'une invention, contrat par lequel l'Etat s'engage envers l'inventeur à le faire jouir exclusivement du débit de l'objet inventé, à la charge : 1° de donner à la société connaissance complète, et de cet objet en lui-même, et des moyens qui le produisent ; 2° de consentir à ce qu'après un certain nombre d'années, son invention puisse être exploitée par toute personne indistinctement; 3° de payer à l'Etat une somme déterminée; 4° de défendre, à ses risques et périls, son invention contre toute demande tendant à prouver qu'elle n'est point brevetable; 5° de satisfaire et de se soumettre à toutes les conditions prescrites par la loi.

Enfin, on nomme *brevet d'invention*, dans le sens le plus général, un titre qui est accordé à l'auteur ou à l'importateur d'une invention, pour constater, envers et contre tous, la concession de brevet à lui faite, et poursuivre au besoin les contrefacteurs.

Il existe trois sortes de brevets d'inventions : les brevets d'invention proprement dits, les brevets de perfectionnement et les brevets d'importation ; nous allons les examiner tour à tour, en rattachant aux brevets d'invention proprement dits, certaines données communes aux diverses sortes de brevets, et en réservant pour des sections spéciales, les modifications propres aux brevets de perfectionnement et aux brevets d'importation.

SECTION I.

Des brevets d'invention proprement dits.

Nous parlerons successivement des caractères généraux des brevets d'invention, des formalités qui précèdent la délivrance de ces brevets, des personnes brevetables, des effets des brevets d'invention, des causes de déchéance de ces brevets, de leur prorogation, et des actions auxquelles ils donnent lieu.

§ 1er. *Caractères généraux des brevets d'invention.*

Les brevets d'invention proprement dits, sont accordés pour un objet industriel licite, nouveau et principal.

Par *objet industriel*, il faut entendre un objet qui tient aux arts mécaniques, aux procédés de fabrication et non aux sciences, aux arts libéraux, aux établissements de finance, aux productions de l'esprit.

L'on ne peut donc obtenir de brevets valables pour des idées abstraites, ne s'associant à rien de corporel; pour des procédés théoriques sans indication de moyens matériels qui en permettent l'usage, et, par exemple, pour l'emploi de la force de la vapeur, si l'on ne décrit des machines propres à l'application de cette force, ou, pour l'art de faciliter l'enseignement, si la nouvelle méthode n'exige quelque procédé mécanique.

Par *objet licite*, il faut entendre un objet que les tribunaux n'ont point jugé contraire aux lois du royaume, à la sûreté publique et aux règlements de police. Toutefois, si une invention avait en vue, soit un objet dont l'État s'est réservé le monopole, comme la poudre à canon, le tabac, etc., soit un objet qui, comme l'imprimerie ou la confection des fusils de calibre, ne peut être exploité sans l'autorisation du gouvernement, l'inventeur ne recevrait un brevet qu'à condition d'user de sa découverte conformément aux lois et règlements spéciaux, et, par exemple, l'inventeur d'une presse d'imprimerie ne pourrait l'employer lui-même, il devrait la vendre ou la louer à des imprimeurs en titre.

Par *objet nouveau*, il faut entendre un objet qui, avant la prise du brevet, n'était point connu du public, et qui est communiqué pour la première fois par le bréveté lui-même. Si, déjà, la chose brevetée avait été fabriquée ouvertement ; si elle avait motivé la concession d'un brevet antérieur, même tombé en désuétude ou non exploité ; si elle avait été décrite d'une manière suffisante, dans des leçons publiques ou dans des ouvrages imprimés et publiés ; si, enfin, ladite chose et les procédés qui la concernent étaient parvenus à la connaissance du public, soit par la vue, l'étude ou l'analyse du produit, soit par le fait de l'inventeur ou de tout autre, il n'y aurait point objet nouveau, et le possesseur du brevet encourrait la déchéance, car tout brevet d'invention est le prix d'un secret livré au public, et le public n'a plus à recevoir ni à payer ce qu'il possède, ce qui lui appartient.

Ajoutons que ces mots *objets nouveaux* désignent, à la fois, les produits d'un nouveau procédé et les résultats de l'application nouvelle d'un procédé connu ; mais lorsqu'un procédé connu a motivé des brevets antérieurs, il faut, pour que les résultats de son application nouvelle puissent être qualifiés objets nouveaux, que cette application nouvelle n'ait été ni prévue ni indiquée, même en termes généraux, dans la description des précédents brevets, soit que ceux-ci se rapportent au procédé lui-même, soit qu'ils aient déjà en vue certaines applications.

Par *objet principal*, il faut entendre un objet qui ne peut être considéré comme l'accessoire, le complément ou le perfectionnement d'un autre objet; et qui, au contraire, amène toujours une branche d'industrie nouvelle. Si une découverte ne faisait qu'ajouter à quelque fabrication une plus grande facilité de travail ou une extension d'utilité, il n'y aurait point lieu à accorder un brevet d'invention proprement dit, il ne serait délivré qu'un brevet de perfectionnement.

Du reste, la futilité, le peu de valeur et d'apparence d'une chose ne l'empêchent point d'être brevetable, la loi ne refuse point ses faveurs aux pauvres industries; loin de là, elle prévoit le cas où une invention serait trop chétive pour justifier les frais qu'entraîne la prise d'un brevet, ou trop facilement imitable pour qu'un brevet lui fût utile, et, en ce cas, comme en tous ceux où l'inventeur peut juger convenable de livrer au domaine public sa découverte plutôt que d'en faire l'objet d'un monopole individuel, elle permet de s'adresser au gouvernement pour traiter avec lui.

En permettant de bréveter et en protégeant toute invention qui porte sur un objet industriel, licite et nouveau, quelle que soit l'importance ou l'efficacité de cette invention, la loi agit sagement selon nous, puisqu'au moment ou apparaît une découverte, il n'est pas toujours facile à l'administrateur, même le plus éclairé et le plus bienveillant, d'en saisir toute l'utilité, d'en prévoir tout l'avenir ; puisqu'il est telle découverte qui, vicieuse à sa naissance, peut devenir, par des essais et des modifications ultérieures, le germe, le principe d'un progrès industriel considérable ; puisque , si une invention est illusoire ou infructueuse , tout le dommage doit en retomber sur le breveté qui, outre ses frais de mise en œuvre, aura supporté la perte du droit payé à l'État ; puisqu'enfin, s'il appartenait aux tribunaux de prononcer la déchéance des brevets d'invention pour défaut d'utilité suffisante, il en résulterait, sous la législation actuelle, de graves dangers, car les tribunaux se tromperaient souvent dans l'exercice d'un aussi large pouvoir, et le droit qu'ils ont d'ordonner l'exécution provisoire et par corps des jugements rendus en cette matière , tendrait alors à compromettre la fortune et l'existence des familles.

§ II. *Des formalités qui précèdent la délivrance des brevets.*

Les formalités qui précèdent la délivrance des brevets consistent, soit dans diverses conditions imposées aux inventeurs , soit dans certaines mesures que l'administration doit accomplir.

Les conditions imposées aux inventeurs sont :

De verser au trésor, à Paris ou, à la caisse du receveur général, en province : 1° moitié du droit à payer pour l'obtention du privilége, c'est-à-dire 150 fr. si le privilége est de cinq ans, 400 fr. s'il est de dix ans, et 750 fr. s'il est de quinze ans ; 2° un billet payable à six mois pour l'autre moitié du droit; 3° une somme de 12 fr. pour le procès-verbal du dépôt de la demande; 4° 50 fr. pour l'expédition du brevet ;

De déposer au secrétariat de la préfecture du département et en un paquet cacheté : 1° la demande du brevet adressée au ministère de l'intérieur; 2° un mémoire descriptif et détaillé des principes, moyens et procédés relatifs à l'invention; 3° des modèles ou dessins faits doubles et propres à préciser et compléter les indications du mémoire descriptif; 4° un état fait double et signé de toutes les pièces contenues dans le paquet.

Les mesures prescrites à l'administration consistent :

A faire dresser au secrétariat de la préfecture, au moment du dépôt du paquet, et, sur l'enveloppe même des pièces, un procès-verbal contenant l'heure de la remise et destiné à établir la priorité de privilége entre deux ou plusieurs personnes brévetées pour le même objet ;

A adresser le paquet au ministère de l'intérieur, et ce, dans la huitaine de sa remise au secrétariat, à ouvrir ledit paquet lors de son arrivée, et à soumettre les pièces y contenues au comité consultatif des arts et manufactures, pour qu'il donne son avis sur l'accomplissement des formalités prescrites ;

A demander à l'inventeur de nouveaux renseignements, si le comité consultatif estime que les dessins ne sont pas assez précis, les descriptions pas assez claires, et, en général, que toutes les conditions exigées de l'inventeur n'ont pas été régulièrement remplies ;

A envoyer à la préfecture, pour être remis au pétitionnaire : 1° le brevet d'invention, titre qui contient la demande du titulaire, et ses descriptions et analyses avec un certificat provisoire du ministère, à l'effet d'attester la date de la demande et l'accomplissement de toutes les formalités légales ; 2° la quittance de la somme versée entre les mains du receveur général ; 3° un double des dessins et de l'état mentionnés plus haut ;

A conserver l'autre double des dessins dans les bureaux du ministère, jusqu'à l'expiration du brevet, époque à laquelle ce double sera adressé au directeur du Conservatoire des arts et métiers, pour être publié avec les autres découvertes par la voie de l'impression et de la gravure ;

Enfin, à déclarer l'inventeur définitivement breveté, et ce, au moyen d'une ordonnance royale rendue pendant le trimestre qui suit la date du certificat de demande, et insérée au Bulletin des Lois.

§ III. *Des personnes qui sont brevetables.*

D'après l'article 1er de la loi du 25 mai 1791, des brevets d'invention devront être délivrés à tous ceux qui voudront exécuter ou faire exécuter, dans le royaume, des objets d'industrie jusqu'alors inconnus.

Malgré la généralité de ces expressions, des doutes

s'élèvent touchant la capacité de certaines personnes,
et surtout à l'égard des interdits et des morts civilement ; nous pensons toutefois que les interdits peuvent être brevetés, car, en vain on prétendrait que le
bon ordre ou la richesse nationale peuvent être com-
promis par la délivrance d'un brevet à une personne
que des actes de folie ont fait interdire ! —D'une part,
ne voit-on point des aliénés avoir des intervalles
lucides et des conceptions de la plus haute portée ;
d'autre part, la présence obligée d'un tuteur à tous
les actes de la vie civile de l'interdit n'est-elle point
une garantie suffisante contre les entreprises témérai-
res de son imagination désordonnée ; et, d'après cela,
la société a-t-elle à craindre de bréveter ce dernier,
doit-elle sacrifier les chances de progrès industriel
qu'il lui offre, doit-elle surtout priver un malheureux
de sa conquête légitime et des moyens d'existence,
de succès, de guérison peut être, que cette conquête
lui promet ?

Quant aux *morts civilement*, il est certain qu'ils
peuvent être brévetés, puisque la concession de brevet est, comme la vente, l'échange, un acte du droit
des gens, et qu'on ne saurait, dès lors, refuser cette
concession à une personne, sous le prétexte qu'elle
ne jouit point des droits civils.

§ IV. Effets des brevets d'invention.

Les brevets d'invention n'ont point pour effet
d'attester le succès des inventions, ou leur utilité, ou
leur nouveauté ; c'est aux consommateurs à se diriger

par leurs propres lumières dans l'emploi de leurs capitaux et de leurs revenus, comme c'est à l'inventeur à se défendre contre les attaques tendant à établir que sa découverte ne mérite point un brevet ou qu'il n'a point, lui-même, satisfait aux devoirs prescrits par la loi.

Les brevets d'invention servent à constater les demandes et autres formalités légales accomplies par les titulaires, ils constituent en faveur de ceux-ci un titre de nature spéciale (1), qui leur permet de garder pour eux ou de transmettre à autrui : 1° la jouissance exclusive du débit de l'objet inventé; 2° le droit d'arrêter à l'instant même le trouble apporté à cette jouissance, en faisant saisir les objets contrefaits et tout ce qui a servi à la contrefaçon; 3° enfin, la faculté de poursuivre en justice le contrefacteur, et si l'invention est réellement brevetable, si d'ailleurs la déchéance n'a point été encourue, de le faire condamner à la réparation du préjudice causé, d'obtenir même la mise en possession de tous les objets saisis.

Nous disons qu'il est permis à l'inventeur de transmettre à autrui tous les avantages résultant de son brevet; ce principe, en effet, ne saurait souffrir de difficultés, puisque, d'une part, la loi du 16 janvier 1791 permet formellement la transmission des brevets par voie de transport et que, d'autre part, la

(1) *Voyez*, au titre de la propriété littéraire, ce que nous disons touchant la nature des droits accordés aux auteurs de livres et aux inventeurs.

jurisprudence et l'usage ont admis que les brevets d'invention peuvent passer aux héritiers des inventeurs, que même les brevets concédés à un failli, soit avant, soit après sa faillite, peuvent être exploités ou vendus au profit de la masse de ses créanciers.

Toutefois, si les brevets d'invention confèrent aux inventeurs un privilége exclusif, ils ont aussi deux graves résultats : le bréveté n'a souvent pas eu le temps de s'indemniser des frais, avances et pertes de toutes sortes nécessitées par l'établissement de son industrie nouvelle, que déjà la durée de son privilége expire, et qu'il se voit combattu, renversé peut-être, par la concurrence.

En second lieu, pendant la durée même de son privilége, le bréveté peut avoir à craindre les contrefacteurs bien plus que s'il n'avait point de brevet, puisque, d'une part, dès le moment où il obtient ce titre, il est tenu de rendre publics toute son invention, tous ses procédés, et il s'interdit, sous peine de déchéance, le pouvoir d'employer des moyens que son brevet n'indiquerait point; puisque, d'autre part, si l'inventeur, après avoir communiqué ses secrets aux contrefacteurs, exerce contre eux des poursuites judiciaires, ceux-ci mettent en question la légitimité de son titre, et souvent avec avantage, en profitant de la difficulté d'établir la réalité de certaines inventions, en invoquant soit le texte d'un livre auquel on prête un sens trop large, soit des témoignages peu consciencieux, soit l'avis d'experts peu habiles ou peu désintéressés, enfin, en faisant appel à toutes les ruses qui tendent à fausser l'exercice de la justice.

§ V. *Causes de déchéance.*

La déchéance des brevets a pour effet la publication des découvertes qui les ont motivés, et le libre usage, dans tout le royaume, des moyens relatifs à ces découvertes.

Les causes pour lesquelles la déchéance des brevets est encourue sont au nombre de six, savoir : le recel des moyens, la description dans des ouvrages imprimés, la non exploitation dans les deux années, le défaut de payement du billet à six mois souscrit pour le montant de la seconde moitié de la taxe, la prise de brevet en pays étranger pour un objet que l'on a déjà fait breveter en France, enfin l'illégalité de l'objet du brevet. De ces diverses causes, les trois premières seulement réclament des explications.

Recel des moyens.

Aux termes de l'art. 16 de la loi du 7 janvier 1791, « tout inventeur, convaincu de s'être servi, dans ses fabrications, de moyens secrets qui n'auraient point été détaillés dans la description, ou dont il n'aurait point donné sa déclaration pour les faire ajouter à ceux énoncés dans sa description, sera déchu de sa patente. »

La défense de recéler les moyens propres à une invention a pour objet : de faire que chacun puisse prendre connaissance de ces moyens, et les employer après l'expiration du brevet; comme aussi de permettre à tout citoyen, soit de juger si les procédés ou les applications dont il se croit l'auteur n'ont point déjà été découverts et brevetés, soit de connaître toutes les données, toutes les conditions qui ont produit un premier résultat, et d'arriver à un perfectionnement brevetable par l'amélioration de ces données, de ces conditions diverses.

Il résulte en effet des lois des 7 janvier et 25 mai 1791, non seulement que la description de chaque invention doit être rendue publique à l'expiration de la patente ou lors de la déchéance prononcée, mais encore qu'il est permis à tout citoyen domicilié d'aller consulter, soit, au secrétariat de son département, le catalogue des inventions nouvelles, soit, au dépôt général établi à cet effet, les descriptions des diverses patentes actuellement en exercice.

Au surplus, les inventeurs eux-mêmes ont intérêt à livrer à la publicité la description complète de leur invention, car, sans cela, les personnes qui auraient conçu des procédés semblables à ceux tenus secrets, ou qui par des moyens quelconques seraient parvenus à connaître ces procédés, pourraient s'en assurer le monopole par des brevets d'invention, et s'approprier ainsi les avantages promis aux vrais inventeurs.

Disons encore que le recel de moyens n'est une cause de déchéance qu'autant qu'il émane de la mauvaise foi, et non d'un vice de rédaction ou d'une erreur involontaire dans la demande de brevet.

Description dans des ouvrages imprimés.

Pour constituer une invention brévetable, il faut, comme nous l'avons vu, l'invention d'une chose inconnue au public; de là, la déchéance prononcée par l'art. 16 de la loi du 7 janvier 1791, contre tout inventeur ou se disant tel, qui sera convaincu d'avoir obtenu un brevet pour des découvertes déja consignées et décrites dans des ouvrages imprimés et publiés.

Ces mots *consignées et décrites* expriment, non une simple indication, mais une description et une explication telle qu'il n'y ait point de méprise possible et que, le livre à la main, on puisse exécuter l'objet de l'invention brévetée.

Les mots *ouvrages imprimés et publiés* désignent à leur tour les ouvrages étrangers aussi bien que les ouvrages nationaux, car, d'un côté, les termes de la loi sont généraux et formels, et, d'un autre côté, le législateur en créant la déchéance qui nous occupe, a eu surtout en vue de maintenir l'industrie nationale à la hauteur de l'industrie étrangère et d'empêcher que la première ne demeurât stationnaire par l'effet du monopole, alors que la seconde progresserait par les efforts réitérés de la concurrence. Évidemment, le but du législateur serait manqué si l'on pouvait se faire bréveter en France pour une découverte qui, déjà publiée à l'étranger, y serait devenue l'objet d'une propriété commune.

Non exploitation dans les deux années.

« Tout inventeur qui, dans l'espace de deux ans, à compter de la date de sa patente, n'aura point mis sa découverte en activité, et qui n'aura point justifié son inaction, sera déchu de sa patente. »

Cette disposition de l'art. 16 précité se fonde : 1° sur ce que l'obtenteur d'un brevet s'étant, par le contrat de concession, obligé à exploiter l'industrie qui le motive, il doit être puni de l'inexécution de son engagement ; 2° sur ce que l'inventeur qui est resté deux ans sans exploiter son brevet est censé y avoir renoncé ; 3° enfin, sur ce que le maintien du brevet paralyserait les moyens de ceux qui, après avoir eux-mêmes conçu l'exécution de la chose brevetée, en eussent fait jouir le public sans l'existence de ce brevet abusif ; et les moyens non moins précieux de ces hommes qui, à la vue d'un objet nouveau, savent puiser dans leurs connaissances et leur génie le principe de perfectionnements utiles.

Néanmoins la loi a sagement agi en relevant de la déchéance le breveté qui justifie des causes de son inaction, car il n'eût point été équitable de punir une personne pour un fait indépendant de sa volonté.

Observons encore que si l'autorité administrative a le droit d'apprécier les causes d'inaction pour accorder ou refuser ensuite la prorogation du délai de deux ans, ce droit d'appréciation appartient aussi, et surtout, à l'autorité judiciaire appelée à statuer sur les demandes en déchéance.

§ VI. *Prorogation des brevets.*

La prorogation des brevets d'invention a pour objet, soit d'étendre à quinze ans un brevet de cinq ou de dix années, soit de prolonger au delà de quinze ans un brevet accordé pour ce dernier terme. Au premier cas, la prorogation est accordée par le roi et souffre rarement des difficultés; en effet, à moins de circonstances particulières, la société ne doit pas se plaindre de la durée plus grande donnée postérieurement à un brevet, quand cette même durée pouvait être obtenue dès le principe au gré du breveté; et le gouvernement, à son tour, n'a pas de motif pour refuser la prorogation, puisqu'il perçoit, pour celle-ci, un droit égal au supplément qui eût été payé, dans l'origine, pour un brevet de quinze ans.

Au deuxième cas, la prorogation ne peut être consentie que par le corps législatif et pour des raisons majeures; nous disons *par le corps législatif,* car il n'appartient qu'au législateur de modifier les dispositions de la loi en étendant pour un cas spécial les limites fixées par elles; nous disons *pour des raisons majeures,* car, en général, il importe au progrès de l'industrie nationale, comme aux intérêts des capitalistes, des travailleurs et des consommateurs, que les monopoles soient de courte durée.

Ainsi, la prorogation, dans les deux cas où elle a lieu, s'obtient, non point comme le brevet lui-

même, sur la simple preuve que les conditions de la
loi ont été remplies, mais après un examen sérieux
des circonstances.

Ajoutons que, pour éclairer cet examen, les tiers
lésés par la prorogation, ainsi que les parties intéressées à l'obtenir, doivent être admis à présenter
leurs moyens dans des pétitions adressées soit au
corps législatif, soit à l'administration.

§ VII. *Actions qui naissent des brevets d'invention.*

Les actions qui naissent des brevets d'invention
sont l'action en contrefaçon, et l'action principale en
nullité ou en déchéance.

L'action en contrefaçon permet au propriétaire d'un
brevet, de traduire les contrefacteurs devant les tribunaux et s'il y a preuve suffisante, de les faire condamner:
1° à lui payer des dommages-intérêts proportionnés
à l'importance de la contrefaçon ; 2° à verser dans la
caisse des pauvres de l'arrondissement une amende
qui est fixée, pour la première fois, au quart du montant desdits dommages-intérêts, et, en cas de récidive, au double de cette somme. Aux termes de
l'art. 12 de la loi du 7 janvier 1791, le breveté
pouvait encore, en donnant bonne et suffisante caution, requérir la saisie provisoire des objets contrefaits ; mais la jurisprudence, en interprétant la loi du
25 mai 1791 et le décret qui y est joint, ne maintient cette saisie que lorsqu'elle a été autorisée par le
juge, comme moyen nécessaire de constatation. L'action en contrefaçon peut être repoussée : 1° par des

exceptions et défenses tirées du droit commun ;
2° par la preuve d'une différence marquée entre les
produits du prétendu contrefacteur et ceux du bréveté, 3° par des moyens qui établissent soit que le
défendeur a été breveté pour le même objet que le
demandeur, soit que le procédé qui fait l'objet du
brevet délivré à celui-ci était appliqué par le défendeur antérieurement à l'obtention dudit brevet;
4° enfin, par l'existence justifiée de l'une des six
causes de déchéances dont il est parlé plus haut.

Si la demande en contrefaçon est rejetée, le poursuivant encourt, lui-même, la condamnation qui eût
été prononcée contre le contrefacteur, en cas d'ad-
mission de cette demande.

L'action principale en nullité ou en déchéance
est fondée, soit sur ce que la chose qui a motivé le brevet n'est point nouvelle, soit sur l'un des cas de déchéance fixés par la loi ; parmi ces cas de déchéance,
le non payement de la taxe et l'illégalité de l'objet
du brevet touchent au seul intérêt public, et ne peuvent être opposés que par l'administration ou le ministère public ; les autres concernent à la fois l'intérêt
privé et l'intérêt public, et peuvent être invoqués
par chaque partie intéressée comme par l'autorité
elle-même.

Naguère encore, les actions en contrefaçon et les
exceptions opposées à cette demande, alors même
qu'elles étaient fondées sur des cas de déchéance,
rentraient dans la compétence des juges de paix,
tandis que les seules actions principales en nullité

ou en déchéance appartenaient aux tribunaux civils de première instance; mais l'expérience a fait reconnaître que les affaires relatives aux brevets d'invention sont trop graves et difficiles pour ne point excéder les bornes ordinaires de la compétence des juges de paix, et il a été déclaré, par la nouvelle loi sur les justices de paix, que les actions concernant les brevets d'invention seront portées, s'il s'agit de nullité ou de déchéance des brevets, devant les tribunaux civils de première instance, et, s'il s'agit de contrefaçon, devant les tribunaux correctionnels; en conséquence, désormais, toutes les règles observées devant ces juridictions seront appliquées en matière de brevet.

SECTION II.

Des brevets de perfectionnement.

Les brevets de perfectionnement sont accordés pour la découverte d'un objet industriel, licite, nouveau et lié à une chose dejà existante.

Les brevets de perfectionnement supposent la découverte d'un objet industriel, licite et nouveau; il résulte en effet des circonstances qui ont précédé la rédaction définitive de l'art. 2 de la loi du 7 janvier 1791, que, pour créer un perfectionnement brevetable, il ne suffit point d'ajouter à une industrie un nouveau degré de perfection, c'est-à-dire d'améliorer les produits d'une industrie, par le choix de la matière, par le perfectionnement du travail manuel, par la grâce, l'accord et le fini des diverses parties,

par des agréments et embellissements quelconques,
enfin, par tout ce qui, sans amener aucun changement de procédés, tient exclusivement aux soins du
maître, au goût de l'artiste et à l'adresse de l'ouvrier;
mais qu'il faut au contraire un nouveau genre de
perfection, c'est-à-dire une addition à des principes,
à des machines, à des procédés déjà connus, et, selon les expressions de M. de Boufflers rapporteur
de la loi du 7 janvier, une pensée nouvelle que les
autres agents de l'industrie n'avaient point conçue ;
à quel titre, d'ailleurs, les brevets de perfectionnement seraient-ils favorisés des avantages propres aux
brevets d'invention, si, comme eux, ils ne reposaient
sur la découverte d'une chose à la fois industrielle,
licite et nouvelle? .

Les brevets de perfectionnement supposent la découverte d'un objet lié à une chose déjà existante,
puisque si l'objet inventé était indépendant, il y
aurait lieu à la délivrance d'un brevet d'invention
proprement dit.

Au reste, il importe peu que l'objet accessoire dont
il s'agit soit un procédé nouveau ou l'application
nouvelle d'un procédé connu, qu'il procure un travail plus facile ou une utilité plus étendue, enfin,
qu'il présente une industrie susceptible d'exploitation séparée, ou une industrie nécessairement con-
fondue avec la production de l'objet principal.

Si, maintenant, nous recherchons les droits et les
devoirs relatifs aux brevets de perfectionnements,
nous sommes conduits à poser des règles différentes

selon que le perfectionnement s'applique à un objet
déjà breveté au profit de l'auteur même de ce perfectionnement, ou à un objet bréveté au profit d'une
autre personne, ou à une chose tombée dans le domaine public.

Au premier cas, l'auteur du perfectionnement
doit déclarer les changements qu'il veut introduire
dans les procédés qui font l'objet de son brevet primitif, et déposer la description de ses nouveaux
moyens au secrétariat du département; alors, en
retour de cette confiance, la loi lui offre le choix,
ou d'obtenir la jouissance privative de ses nouveaux
moyens pendant la durée de son brevet primitif, à
la charge seulement d'un léger droit, ou bien de
s'approprier ses nouveaux moyens à l'instar des inventions principales en se les faisant garantir par
un ou plusieurs brevets spéciaux de cinq, dix ou
quinze ans, et susceptibles de se prolonger au delà
du terme du premier brevet.

C'est avec raison, et, dans l'intérêt même de l'inventeur, que la loi impose à celui-ci la déclaration
des moyens nouveaux qu'il veut appliquer; car, sans
cette déclaration, non-seulement la société cesserait
d'avoir la connaissance complète des moyens découverts, mais encore l'inventeur lui-même serait exposé soit à voir dire que les perfectionnements qu'il
présente comme nouveaux lui étaient connus lors de
la demande de son premier brevet, et à entendre prononcer la déchéance de son privilége pour n'avoir
point alors décrit tous ses procédés, soit à voir des

tiers qui auraient surpris ses idées, obtenir en leur propre nom un brevet de perfectionnement, et exploiter eux-mêmes sa découverte.

Lorsque le perfectionnement s'applique à un objet breveté au profit d'une autre personne, son auteur obtient, s'il le demande, un brevet pour l'exercice privatif de sa découverte, mais il ne doit, sous aucun prétexte, exécuter ou faire exécuter l'invention principale, et, à son tour, l'inventeur principal ne peut faire exécuter le nouveau moyen de perfection ; en sorte que l'auteur du perfectionnement et l'inventeur se voient désormais forcés de travailler l'un pour l'autre.

Lorsque le perfectionnement s'applique à une industrie tombée dans le domaine public, son auteur, en obtenant un brevet, acquiert privilége exclusif, non pour l'exploitation de l'industrie principale, mais seulement pour l'usage des moyens qu'il a découverts ; toutefois, la cour de cassation a décidé que si l'objet principal auquel le perfectionnement se lie est confondu avec celui-ci au point qu'on ne puisse l'en détacher, le bréveté de perfectionnement a droit de faire saisir le tout entre les mains des contrefacteurs.

SECTION III.

Des brevets d'importation.

Les brevets d'importation sont accordés aux personnes qui, les premières, introduisent en France une découverte étrangère ; ils offrent à ceux qui les obtiennent les mêmes avantages que les brevets d'invention.

Ce double principe, consacré par la loi du 7 janvier 1791, étonne au premier abord; on se demande comment la loi peut favoriser des mêmes avantages et l'inventeur qui puise dans son génie l'idée et la réalisation matérielle d'un objet nouveau, et l'importateur qui ne fait que visiter à l'étranger une industrie brevetée, et rapporter dans son pays les procédés de cette industrie. Mais, bientôt, on reconnaît, d'une part, que les brevets d'invention et d'importation ne sont point une récompense décernée au mérite, qu'ils sont seulement un moyen d'exciter l'industrie nationale à rivaliser avec les industries étrangères, et que, sous ce point de vue, les arts importés sont d'ordinaire préférables aux arts nouveaux, comme ayant déjà le suffrage de l'expérience. On reconnaît, d'autre part, que le privilége de l'importateur est atteint de deux inconvénients qui réduisent de beaucoup ses apparents avantages; en effet: 1° les brevets d'importation cessent d'être valables lorsque, par l'échéance du terme fixé ou par toute autre cause, les industries qui font l'objet de ces brevets sont tombées dans le domaine public aux lieux où elles ont pris naissance; 2° le brevet d'importation ne consacre point au profit de l'importateur un privilége absolu puisque celui-ci ne peut, même en France, et pour la vente des produits pour lesquels ce brevet fut délivré, se soustraire à la concurrence des producteurs étrangers lorsque ceux-ci prouvent qu'avant l'obtention dudit brevet, il a été introduit en France des marchandises de pareille nature.

Mais, dira-t-on, est-il permis de prendre un brevet d'importation pour une découverte dont les produits sont déjà importés et débités en France; un tel brevet peut-il être valable? Oui, sans doute! car ce qui constitue une découverte brévetable, c'est non point un nouvel objet industriel, mais bien la connaissance du secret qui a présidé à sa production, et, dès lors, en nombre de cas, on peut importer une découverte et obtenir pour cela un brevet quand même, aux lieux de l'importation, les produits de cette découverte sont connus dès longtemps; d'ailleurs, n'est-il pas vrai que le brevet d'invention lui-même s'obtient utilement pour un procédé déjà mis en exercice, si le public n'a pu connaître ce procédé ni par l'examen et l'analyse des produits, ni par les communications volontaires du bréveté, ni par suite de vol, abus de confiance ou tout autre événement.

TITRE VII.

DE LA PROPRIÉTÉ LITTÉRAIRE.

On nomme propriété littéraire un droit de nature spéciale, accordé par la loi à toute personne qui publie ou fait publier en France ses écrits.

Si un auteur ne devait tirer aucun profit de ses ouvrages, souvent il négligerait de les publier, souvent même il ne les créerait pas , et , alors , tout ce que ces ouvrages promettaient d'enseignements utiles serait perdu pour la société ; on verrait se produire dans le monde littéraire ce qui se passait dans le monde agricole avant l'appropriation des terres, c'est-à-dire que l'auteur laisserait souvent ses moyens incultes plutôt que de se fatiguer et de se sacrifier lui-même , au profit du premier venu. Dans la prévision d'un tel dommage , la société s'adresse aux écrivains, et , soit pour les exciter à livrer au public les secrets de leurs portefeuilles, soit pour les encourager à mûrir et à rédiger leurs pensées , elle leur promet certains avantages analogues à ceux des brevets d'invention , et connus sous le nom de *propriété littéraire*.

Ainsi donc la propriété littéraire est l'effet d'un pacte tacite intervenu entre la société et chaque auteur , pacte d'après lequel l'une assure à l'autre certain privilége pour l'exciter au travail. En cela , cette propriété imite la propriété ordinaire, mais, sous d'autres rapports , elle en diffère essentiellement, car la nature des choses rend celle-ci inapplicable aux œuvres écrites , comme on va s'en convaincre.

La propriété ordinaire est le *jus utendi et abutendi*, c'est-à-dire le droit exclusif de posséder et d'user , d'aliéner et de détruire.

Or si , avant la publication, l'auteur d'un écrit peut avoir un pareil droit , il n'en est plus de même lorsque le livre a paru : dès ce moment la possession et la jouissance exclusives de son œuvre cessent de lui appartenir, chacun peut connaître ses idées, chacun peut en tirer profit, instruction ou délassement, en un mot, les pensées de l'auteur sont devenues *choses communes*. Dès le jour de la publication, l'auteur perd également le droit d'anéantir son œuvre ou de l'aliéner ;.... comment ravir une idée à la mémoire du lecteur, un volume aux mains de son maître et effacer partout les traces d'une publication? Comment encore vendre ou donner à autrui ce que chacun possède à son gré par l'achat, la location ou l'emprunt d'un simple livre?

Évidemment, il n'y a pas application possible des droits qui constituent la propriété aux compositions de l'écrivain, et nous avons raison de dire que la propriété littéraire, bien que liée, par un but commun, à la vraie propriété, ne saurait se confondre avec elle.

Ce fait explique et justifie bien certaines limites apportées aux droits des auteurs ; toutefois, on aurait tort d'en conclure qu'il faut restreindre ces droits, car, si les œuvres littéraires sont aussi utiles ou agréables que les produits industriels, on ne voit pas pourquoi, lorsqu'on favorise ceux-ci du droit de propriété, on délaisserait en quelque sorte celles-là; les œuvres littéraires ne proviennent-elles pas aussi d'agents naturels et de capitaux accumulés? la culture de l'intelligence ne sera-t-elle pas, elle-même, excitée par l'appropriation de ses produits?

D'après la loi du 19 juillet 1793, et le décret du 5 février 1810, les auteurs d'écrits en tous genres et leurs successeurs possèdent le droit exclusif de reproduire, vendre, faire vendre ou distribuer leurs ouvrages dans tout le royaume, savoir : les auteurs, pendant leur vie entière ; les enfants d'un auteur, pendant vingt années après la mort de celui-ci ; les héritiers autres que les enfants, pendant dix années après la même époque ; la veuve, pendant sa vie, si ses conventions matrimoniales lui en donnent le droit, si, par exemple, elle est mariée sous le régime de la communauté. Lorsque la propriété littéraire a été cédée, elle se prolonge en faveur du cessionnaire et de ses ayants droit pendant tout le temps qu'elle eût duré au défaut de cession.

Quant aux propriétaires d'œuvres posthumes, quelle que soit l'origine de leurs titres, ils ont les mêmes droits que les auteurs, à la charge, toutefois, d'imprimer séparément ces œuvres, sans les joindre à un ouvrage déjà publié et devenu propriété publique ; tel est le sens du décret du 1" germinal an XIII, qui se référait alors à la loi du 19 juillet 1793 ; comme l'intention évidente de cette loi a été et a dû être d'assurer au propriétaire d'une œuvre posthume les mêmes avantages qu'à l'auteur lui-même, nous croyons que le décret de 1810, qui étend la durée de la propriété littéraire au profit de la veuve et des enfants d'un auteur, doit s'appliquer aussi à la veuve et aux enfants du propriétaire, encore bien qu'il ne soit fait aucune mention à cet égard.

La loi, en accordant aux auteurs un privilége pour l'impression et la vente de leurs ouvrages, devait leur assurer ce privilége ; elle l'a fait en permettant de saisir les exemplaires contrefaits, de traduire en justice les contrefacteurs et de faire prononcer contre eux une peine et des dommages-intérêts.

La saisie des exemplaires contrefaits a pour but de constater le délit de contrefaçon, elle a lieu à la requête de l'auteur ou de ses ayants droit, et s'exécute par le ministère des commissaires de police, ou, à leur défaut, par celui des juges de paix ; la poursuite en contrefaçon est portée devant le tribunal de police correctionnelle ; enfin les peines à prononcer contre les contrefacteurs sont indiquées dans les articles 425 à 429 du Code pénal.

Toutefois, ces garanties ne sont données aux auteurs que sous la condition de faire déposer par l'imprimeur, à la préfecture de son département, deux exemplaires de l'ouvrage imprimé, dont un est réservé à la Bibliothèque royale.

Les livres d'église ne peuvent être imprimés ou réimprimés qu'en vertu d'une permission délivrée par les évêques diocésains et rapportée textuellement en tête de chaque exemplaire ; cette règle, établie par le décret du 7 germinal an XIII, fit, pendant longtemps, attribuer aux évêques la propriété desdits ouvrages ; mais la cour de cassation vient de statuer que le décret précité a eu pour objet, non de conférer aux évêques la propriété des livres d'église, mais seulement de maintenir par la censure épiscopale l'unité des doctrines religieuses.

Observons, en terminant, que les œuvres dramatiques transmettent, outre la propriété littéraire, un droit de représentation en vertu duquel ces ouvrages ne peuvent être représentés dans l'étendue de la France, et sans le consentement de leurs auteurs, sous peine de confiscation, au profit de ces derniers, du produit total de la représentation. Ce droit est accordé non-seulement aux auteurs, pendant leur vie, mais encore aux héritiers et cessionnaires, pendant cinq années après la mort des auteurs.

TITRE VIII.

DU DOMAINE PUBLIC.

On nomme domaine public l'ensemble des biens qui appartiennent à la nation considérée comme corps politique, en d'autres termes, l'ensemble des propriétés de la nation, moins les choses qui appartiennent aux départements, aux communes, aux établissements publics et aux particuliers.

Le domaine public se divise en domaine public proprement dit et en domaine de l'Etat.

Le domaine public proprement dit est l'ensemble des biens qui, par leur destination, ne sont point susceptibles d'une propriété privée, il embrasse : 1° les choses qui sont vouées à un usage commun, et dont les étrangers eux-mêmes jouissent par tolérance, telles que les chemins et les rues à la charge de l'Etat, les rivières navigables ou flottables, les les rades, ports et les rivages de la mer ; 2° les choses

qui sont affectées aux divers services publics, telles
que le matériel de l'armée, les terrains militaires et
les édifices publics servant aux tribunaux, aux administrations, etc. Les biens qui composent le domaine public ne sont point dans le commerce, ils
ne peuvent être, dès lors, ni aliénés, ni prescrits.

Le domaine de l'État est cette partie du domaine
public qui est susceptible d'une propriété privée;
il comprend, d'une part, le domaine de l'État proprement dit dont les revenus sont affectés aux divers services publics, et, d'autre part, le domaine
de la couronne dont les revenus sont à la libre disposition du roi, et servent à pourvoir à ses dépenses
particulières.

Le domaine de l'État s'est formé et s'est grossi
par la conquête; par la confiscation; par la deshé-
rence qui permet à l'État de succéder aux personnes
mortes sans héritiers légitimes, sans légataires,
sans enfants naturels et sans conjoint; par les droits
de l'État sur les biens des personnes condamnées à
la mort civile; par le droit d'aubaine qui livrait
au gouvernement les biens des étrangers morts en
France, alors même que ceux-ci laissaient des parents ou des légataires;

Par les droits de l'État sur les biens sans maître
ou abandonnés, sur les épaves, c'est-à-dire, sur les
choses trouvées dans la mer et sur son rivage, dans
les rivières navigables ou flottables et sur leurs bords;

Par le droit d'accession sur les îles, îlots et atterrissements, formés dans le lit des fleuves et des ri-

vières navigables ou flottables; par la réunion au domaine de l'État des biens du prince à l'instant où il montait sur le trône, et des propriétés particulières du roi au moment de sa mort; par les acquisitions de l'État faites à titre onéreux ou résultant de legs, de donations; par des lois politiques, notamment par celles des 4 et 27 novembre 1789, qui donnèrent à l'État tous les biens ecclésiastiques du clergé et des diverses corporations religieuses, et par la loi du 15 mai 1818, qui réunit au domaine de l'État les restes du domaine extraordinaire; enfin, par la perception des droits et impôts divers.

Observons toutefois que, parmi ces sources nombreuses d'où est sorti le domaine de l'État, plusieurs sont à peu près taries : la confiscation, si usitée sous l'ancienne monarchie, a été supprimée par la Charte de 1814, du moins en tant qu'elle frappait sur la totalité des biens d'une personne; le droit d'aubaine a été définitivement aboli par la loi du 14 juillet 1819; et la réunion au domaine de l'État des biens particuliers du prince qui monte sur le trône ou qui décède, a cessé également d'avoir lieu, aux termes de la loi du 7 mars 1832.

Les actions du domaine sont intentées au nom du préfet et dispensées du préliminaire de conciliation; mais aucune poursuite ne peut être exercée pour biens prétendus domaniaux qu'en vertu de titres constatant la domanialité de ces biens, et conformes aux prescriptions du décret du 8 mai 1812.

Les particuliers qui intentent des actions judiciaires contre l'État, doivent, à leur tour, les diriger contre le préfet; mais il faut qu'au préalable, et, à peine de nullité, ils se pourvoient par simples mémoires devant ce magistrat pour obtenir sa décision. Le préfet est, en pareil cas, tenu de se prononcer dans le mois de la remise dudit mémoire et des pièces justificatives; de plus la remise dont il s'agit, justifiée par le récépissé du préfet, interrompt la prescription.

Dans toutes les affaires portées devant les tribunaux et dans lesquelles l'État est intéressé, le préfet est tenu d'adresser au ministère public, près le tribunal, des mémoires contenant les moyens de défense de l'État.

Les concessions des lais et relais de la mer, des accrues, atterrissements et alluvions des fleuves, rivières et torrents qui dépendent du domaine public, ne peuvent avoir lieu sans les formalités prescrites par l'ordonnance royale du 23 septembre 1825.

Le domaine de l'État et les droits qui en dépendent, tels que les droits de bac et de passage d'eau, de péage sur les ponts, de pêche dans les rivières navigables et flottables, avaient été déclarés inaliénables par une ordonnance de 1566; mais, la loi du 22 novembre 1790 a fait cesser cet ordre de choses, et, maintenant, tous les biens de l'État, à l'exception des droits utiles et honorifiques, peuvent être aliénés à titre perpétuel et incontestable en vertu d'un acte législatif.

Le domaine de la couronne ne cessa d'être confondu avec le domaine de l'État que sous l'assemblée constituante; il se compose aujourd'hui de palais, de musées, de manufactures, confiés à la munificence royale, et de domaines et forêts, dont les revenus, conjointement avec une dotation annuelle de douze millions, forment la liste civile du roi.

La régie du domaine de la couronne est remise à l'intendant de la liste civile; les biens qui le composent sont inaliénables et imprescriptibles, sauf dans les deux cas prévus par l'article 13 de la loi du 2 mars 1832; de plus, ils ne peuvent être ni engagés, ni grevés d'hypothèques, ni chargés des dettes des rois ou des pensions accordées par eux, ni donnés à baux à longs termes, ni imposés, si ce n'est pour les charges communales et départementales; quant aux actions relatives à ces biens, elles doivent être dirigées pour ou contre l'intendant de la liste civile, et non plus contre le procureur du roi comme le voulait l'article 27 du Code de procédure civile.

Concluons de là que le domaine de la couronne n'est, à vrai dire, qu'un simple usufruit accordé au roi; en effet, le législateur n'a point voulu créer ici un démembrement perpétuel, irrévocable des biens de l'État. « La liste civile, dit l'article 19 de la Charte, est fixée, *pour toute la durée d'un règne*, par la première législature assemblée depuis l'avènement du roi. »

TITRE IX.

DES CONTRIBUTIONS PUBLIQUES.

On nomme *contributions publiques* ou *impôts*, les valeurs de toutes sortes que le gouvernement lève sur les particuliers, afin de pourvoir aux services publics.

On nomme *services publics*, les services, les opérations, les travaux divers auxquels les membres d'une même nation sont convenus de pourvoir à frais communs, et par les soins d'un gouvernement, dans le but de s'assurer certains avantages, par exemple : la sécurité de leurs personnes et de leurs biens.

Que les services publics soient tels, non par leur propre nature, mais, d'après la volonté nationale qui les met à la charge de l'État, c'est ce que l'usage nous confirme quand, d'une part, il refuse en certains pays le nom de services publics aux canaux, aux routes, aux hôpitaux, à l'instruction primaire, aux cultes, etc., par cela seul que l'État n'en fait pas les frais; tandis qu'en d'autres pays, et, par la raison contraire, il nomme services publics tous les objets ci-mentionnés.

Que les contributions publiques, à leur tour, désignent les valeurs levées sur les particuliers, afin de pourvoir aux services publics, c'est ce dont on ne peut douter; comment, en effet, oserait-on de bonne foi réclamer, sous le nom d'impôt, des valeurs

non destinées à des services d'intérêt commun mis à
la charge de l'État (1)?

Avant l'année 1789, le système des contributions
publiques se trouvait, en France, atteint de plusieurs vices capitaux : 1° leur établissement était arbitraire ; en effet, si, à diverses époques de notre
histoire, le roi de France à convoqué les états généraux pour voter des subsides, on ne doit voir là que
des exceptions forcées et l'on ne peut en induire,
pour les imposables, aucun droit de contrôle sur
l'impôt ; 2° leur répartition se faisait sous l'empire
du privilége, on sait quelles furent, à cet égard
les exemptions de la noblesse et du clergé ; 3° leur
mode de perfection était la violence ; 4° enfin,
l'emploi même des impôts était en butte à des dilapidations sans frein.

Pour prévenir le retour d'aussi déplorables abus,

____

(1) Toutefois l'usage ne s'est point borné à ce sens naturel et
vrai, il a prêté encore au mot *impôt* d'autres significations plus
ou moins inexactes.

Tantôt, le mot impôt a désigné les valeurs qui se lèvent au
profit de l'État, sous la forme de numéraire, à l'exclusion des
services fournis en nature, tels que le service dans l'armée, dans
la garde nationale, le service du jury, ou encore, le service des
transports et subsistances militaires requis en certains cas.

Tantôt, il a compris les sommes légalement perçues, soit pour
les services d'utilité publique, soit pour ceux d'utilité départementale et communale, alors même que ces sommes ne sont point
centralisées au trésor public.

Tantôt, encore, par suite d'une confusion abusive entre les
impôts et les charges publiques, le premier de ces noms a embrassé
et les sommes réellement fournies par l'État et la valeur des
pertes infructueuses causées aux citoyens par la perception de ces
mêmes sommes.

on a posé en principe que tous les Français sont égaux devant la loi, et contribuent indistinctement aux charges de l'État (1); qu'aucun impôt ne peut être établi ni perçu s'il n'a été consenti par les deux chambres et sanctionné par le roi; que toute loi qui règle l'impôt doit être votée d'abord par la chambre des députés; que les contributions indirectes peuvent, seules, être consenties pour plusieurs années. De plus, des lois diverses ont garanti le bon emploi des impôts par l'adoption d'une comptabilité sévère qui repose principalement sur l'établissement préalable d'un budget des recettes et d'un budget des dépenses, votés chaque année par les chambres.

Les contributions publiques sont directes ou indirectes.

On nomme *contributions directes* celles qui frappent nominativement les personnes à raison de leurs revenus fonciers, de leurs moyens d'existence

(1) La Charte de 1830, art. 2, ajoute ces mots, *en proportion de leur fortune*; mais il y aurait grande erreur à penser qu'elle donne à ces expressions un sens rigoureux; en effet, premièrement, il est impossible d'évaluer les ressources individuelles des citoyens; secondement, ces ressources étant même évaluées, l'impôt que l'on voudrait asseoir sur elles, serait toujours, pour une part plus ou moins forte, rejeté sur les consommateurs comme l'économie politique le démontre; enfin, la place même que l'art. 2 occupe dans notre Charte, démontre que cet article n'est que le développement de l'art. 1er, qui consacre l'égalité devant la loi; il pouvait, en effet, paraître nécessaire de rassurer les citoyens sur l'application de l'art. 1er aux matières d'impôt, application importante qui, en 1814, éveillait surtout la sollicitude de la nation.

ou d'une circonstance actuelle relative à leur fortune ou à leur état dans la société.

On nomme *contributions indirectes* celles qui frappent les personnes, non au moyen de rôles nominatifs, mais en vertu de tarifs, et à mesure que les faits qui donnent lieu à l'application de ces tarifs se manifestent.

CHAPITRE PREMIER.

Des contributions directes.

Les contributions directes sont au nombre de cinq, savoir :

La contribution foncière,

La contribution personnelle et mobilière,

La contribution des portes et fenêtres,

La contribution des patentes,

Les redevances sur les mines (1).

Les trois premières de ces contributions forment l'impôt de répartition, la quatrième et la cinquième forment l'impôt de quotité.

(1) On objectera, peut-être, que la loi annuelle des finances ne mentionne pas les redevances sur les mines au tableau des contributions directes, et décide même que ces redevances continueront d'être perçues conformément aux lois existantes, ce qui, d'après l'art. 41 de la Charte, ne peut avoir lieu que pour les contributions indirectes. Nous répondrons que les redevances sur les mines, du moins en ce qui touche le droit proportionnel, sont, comme toutes les contributions directes, basées sur des circonstances actuelles, tenant à la fortune des contribuables, qu'elles sont perçues en vertu de rôles nominatifs, et, enfin, que l'art. 37 de la loi du 21 avril 1810, déclare formellement que la redevance proportionnelle sur les mines, sera imposée et perçue comme la contribution foncière.

L'impôt de répartition est celui dont la somme totale doit être fixée par la loi et ensuite répartie entre les divers contribuables; de telle sorte que la cote de chacun d'eux dépende de la somme totale de l'impôt, et reste ignorée jusqu'après la répartition de cette somme.

L'impôt de quotité est celui dont le montant indéterminé, d'abord, se forme plus tard par la réunion des cotes individuelles, en sorte que la somme totale de l'impôt dépend de la taxe des divers contribuables, et reste inconnue alors que déjà cette taxe est réglée par la loi elle-même.

Aux termes de l'art. 41 de la Charte, les contributions directes ne sont consenties que pour un an; toutefois, lorsque le temps manque aux chambres pour discuter le budget, celles-ci peuvent voter des douzièmes provisoires, c'est-à-dire ordonner par une loi que, pendant un certain nombre de mois, les contributions directes continueront à être payées sur le pied de l'année précédente.

Nous allons, dans une série de sections, passer en revue chacune des cinq contributions directes, puis examiner à quels dégrèvements, à quelles poursuites elles peuvent donner lieu, quelle est, à leur égard, la compétence respective des autorités administratives et judiciaires, enfin comment ces contributions sont perçues et administrées.

SECTION PREMIÈRE.

De la contribution foncière.

La contribution foncière est celle qui frappe les biens-fonds à raison de leur revenu net et proportionnellement à ce revenu ; nous avons à examiner quelle est la base de l'impôt foncier, et suivant quel mode cet impôt se répartit.

§ Ier. *Base de la contribution foncière.*

La contribution foncière, avons-nous dit, frappe les biens en raison de leur revenu net ; le *revenu net*, voilà donc la base réelle de la contribution foncière, et l'objet qu'il importe de voir sous toutes ses formes.

On nomme en général *revenu net* ce qu'un bien rapporte à son maître, déduction faite des frais de production et d'entretien ; mais, en matière administrative, les expressions *revenu net* ou *revenu net imposable*, reçoivent de la loi des sens divers, fictifs et plus ou moins étendus (1).

(1) Pour les terres labourables, les prairies naturelles ou les vignes, la loi veut qu'on estime le produit brut ou total de ces fonds, année moyenne, en les supposant cultivés suivant la coutume du pays ; que, de la valeur de ce produit total, on déduise les frais de culture, semence, récolte, entretien, exploitation ; et que la somme qui reste après cette déduction soit seule considérée comme revenu net. (L'année moyenne, pour ce cas et ceux qui suivent, se règle sur les quinze années précédentes, moins les deux plus fortes et les deux plus faibles.)

Pour les prairies artificielles, le revenu net est réputé égal à celui des terres labourables de même qualité.

Pour les jardins potagers, le revenu net s'évalue d'après le

La contribution foncière affecte le revenu net des biens-fonds, sans regarder s'ils appartiennent à l'État, aux communes ou à de simples particuliers ; toutefois elle n'atteint point :

1º Les domaines de l'État, non productifs ;

produit que l'on eût pu tirer de leur location, année moyenne.

Pour les avenues, parterres, pièces d'eau et autres terrains enlevés à la culture en vue d'un pur agrément, le revenu net est porté au taux du revenu des meilleures terres labourables de la commune.

Pour les terrains enclos, le revenu net se calcule comme si les clôtures n'existaient pas, c'est-à-dire sans aucun égard à l'augmentation de produit qui résulte des clôtures, non plus qu'aux dépenses causées par celles-ci.

Pour les salins, marais salants et salines, le revenu net est fixé d'après celui des meilleures terres labourables d'égale superficie.

Pour les étangs permanents, le revenu net s'établit d'après le produit de la pêche, année moyenne, sous la déduction des frais d'entretien, de pêche et de repeuplement, frais d'entretien de vannes et de chaussées.

Pour les bois, il faut savoir s'ils sont ou ne sont point mis en coupe réglée ; au premier cas, leur revenu net est censé égal au prix moyen de leurs coupes annuelles, déduction faite des frais de garde, d'entretien et de repeuplement ; au deuxième cas, on distingue entre les bois taillis et les bois de futaie, c'est-à-dire entre les bois qui ont moins de trente ans, et ceux qui ont cet âge : le revenu net des premiers s'évalue, par comparaison avec les autres bois taillis de la commune ou du canton, s'il en existe qui aient été mis en coupe réglée, et, au cas contraire, d'après la quantité de bois que chaque arpent peut produire, vu la nature du sol et la qualité des arbres ; le revenu net des seconds est fixé à 2 et demi pour 100 de leur valeur au temps de l'estimation.

Observons que les arbres forestiers qui peuvent se trouver épars ou en bordure sur les terres labourables, prés, vignes, etc., ne modifient en rien l'évaluation du revenu net de ces terrains,

2° Les forêts et bois de l'État, encore bien qu'ils soient productifs ;

3° Les biens dont l'usage est commun à tous, tels que les rues, places publiques, rivières, grandes routes et chemins vicinaux ;

quel que soit l'accroissement ou la diminution de valeur que ces arbres occasionnent.

Pour les terres vaines et vagues, landes, bruyères et les terrains habituellement inondés ou dévastés par les eaux, le revenu net s'estime d'après le produit moyen, sans pouvoir jamais être au-dessous de 5o cent. par arpent métrique.

Pour les canaux, le revenu net se calcule d'après celui des terres de première qualité, et en raison du terrain qu'ils occupent, y compris leurs francs-bords.

Pour les maisons d'habitation, en quelque lieu qu'elles existent, soit que le propriétaire les occupe lui-même, soit qu'il les fasse occuper par d'autres, le revenu net est fixé d'après le prix moyen de location pendant dix années, sous la déduction d'un quart de ce prix. Cependant, le revenu net d'une maison habitée ne peut être estimé à moins de trois fois la valeur locative de la superficie, si cette maison n'a qu'un rez-de-chaussée; à moins de quatre fois cette valeur, si elle a un rez-de-chaussée et un étage au-dessus, enfin, à moins de cinq fois la même valeur, si elle a plusieurs étages.

Pour les bâtiments servant à l'exploitation rurale, tels que granges, écuries, greniers, caves, pressoirs, cours et basses-cours des fermes et métairies, le revenu net est réglé, eu égard seulement à la place occupée par ces constructions, et d'après le produit des meilleures terres labourables.

Enfin, quant au revenu net des fabriques, manufactures, forges, moulins et autres usines, il est déterminé par le taux moyen de leur location pendant dix années, déduction faite d'un tiers de cette valeur pour dépérissement, frais d'entretien et de réparations.

Lorsque les lois disent qu'une propriété est imposée sur le pied des meilleurs terres labourables, il faut entendre par là les terres labourables de première classe, situées dans la commune même ou dans celle des communes voisines dont le territoire a le plus de contiguité et d'analogie avec le fonds imposé.

4° Les immeubles consacrés à un objet d'utilité publique, notamment : les arsenaux, casernes et fortifications ; les hospices, séminaires, évêchés, presbytères et jardins y attenants ; les églises et temples consacrés à un culte public ; les hôtels des ministres, hôtels de préfecture, prisons, colléges, musées et bibliothèques publiques ; les bâtiments occupés par les cours et tribunaux ; les maisons communales et maisons d'école appartenant aux communes ; les manufactures exploitées au compte du gouvernement ;

5° Les biens de la dotation de la couronne, qu'il ne faut pas confondre avec le domaine privé du roi ;

6° Les bâtiments, lorsqu'ils sont en démolition, et devenus impropres au service ;

7° Les biens achetés à l'État par des particuliers, sous la réserve expresse qu'ils seront dispensés de l'impôt durant un certain temps.

La contribution foncière frappe selon des règles spéciales et plus favorables :

1° Les maisons, manufactures, usines et autres bâtiments nouvellement construits ou reconstruits ; le terrain que ces constructions enlèvent à la culture continue, pendant deux années, d'être cotisé comme auparavant ;

2° Les maisons qui ont été inhabitées pendant toute l'année, à partir du 1er janvier ; ces maisons ne sont cotisées qu'à raison du terrain qu'elles enlèvent à la culture, évalué sur le pied des meilleures terres labourables de la commune ;

3° Les terres vaines et vagues, les terres en friche, et même, les terres en valeur, lorsqu'elles sont converties en bois, ou lorsqu'elles viennent à être plantées en vignes, mûriers et autres arbres fruitiers; le revenu net imposable de ces fonds est évalué, durant quelques années, d'après certaines bases et à certaines conditions tracées dans les articles 113 à 118 de la loi du 3 frimaire an VII.

De ce que la contribution foncière a pour base le revenu net des biens-fonds, il résulte :

Premièrement, que les charges ou droits réels qui grèvent un immeuble ne sauraient faire réduire sa cotisation, puisqu'elles n'altèrent point son revenu net.

Secondement, que les immeubles doivent être souvent déchargés de tout ou partie de l'impôt foncier, à cause des souffrances qu'éprouve leur revenu net; ce principe justifie les cotisations particulières qui ont lieu dans les trois circonstances rapportées plus haut; il motive encore les dégrèvements permis en faveur des contribuables qui ont essuyé des pertes par suite d'incendies, inondations et autres causes.

Troisièmement, que l'impôt foncier est une charge de la propriété et non du propriétaire; que celui-ci acquitte cet impôt à raison seulement de la jouissance dont il profite; et qu'ainsi, le propriétaire, consent-il une vente définitive ou à réméré, une dation à titre d'antichrèse, une translation d'usufruit ou tout autre acte qui transmette le domaine utile, il cesse dès lors d'être passible de l'impôt; qu'ainsi, encore, le propriétaire, veut-il se décharger d'une certaine portion de l'impôt foncier, il n'a qu'à délaisser l'immeuble qui en est grevé, et, à partir de ce délaissement fait par écrit au secrétariat de la mairie, la cotisation qui l'atteignait lui devient étrangère.

§ II. *De la répartition de l'impôt foncier.*

Après avoir vu que l'impôt foncier a pour base le revenu net des immeubles, examinons comment s'opère la répartition proportionnelle de cet impôt.

Une telle répartition résultera de l'évaluation du revenu imposable de chaque pièce de terre, et de la fixation du contingent à fournir par celle-ci d'après ce revenu ; elle sera régulière si elle a lieu d'après des données précises sur chaque fonds, et des vues d'ensemble qui permettent de comparer, entre elles, ces données.

Pour atteindre ce but, le législateur a imaginé quatre opérations successives qui répartissent :

1º La totalité de l'impôt foncier entre les départements de la France ;

2º Le contingent de chaque département entre les arrondissements qui le forment ;

3º La cotisation de chaque arrondissement entre les communes de son ressort ;

4º Enfin l'impôt communal entre les possesseurs du territoire communal.

Ces quatre opérations vont être l'objet des deux numéros suivants :

N° 1. *De la répartition de l'impôt foncier entre les départements,
les arrondissements et les communes.*

La répartition de l'impôt foncier entre les départements est réservée au pouvoir législatif; afin d'y procéder, ce pouvoir évalue le revenu imposable de chaque département, au moyen des notions qu'il recueille, soit par la comparaison des baux et des ventes faites dans les diverses localités, soit par d'autres voies, parmi lesquelles on doit compter le cadastre, en observant que ses résultats sont ici regardés comme simples renseignements. Cela fait, pour régler le contingent des divers départements, on divise la somme de l'impôt en parties proportionnelles à leurs revenus respectifs, ce qui s'opère à l'aide d'un calcul facile; et le résultat de cette dernière opération est constaté annuellement par la loi du budget, qui fixe dans un tableau spécial, annexé à ses dispositions, le contingent de chaque département pour l'impôt foncier, la contribution personnelle et mobilière, et la taxe des portes et fenêtres.

Quant aux répartitions ultérieures à faire entre les arrondissements et entre les communes, elles sont confiées, la première, aux conseils généraux de département, la seconde, aux conseils d'arrondissement; ces conseils ne peuvent, sous aucun prétexte, se dispenser d'accomplir, dans les délais de la loi, le travail dont il s'agit; mais, afin de les seconder dans ce travail, la loi du 31 juillet 1821 a voulu que les

documents prescrits pour parvenir à l'évaluation des
revenus imposables des départements, fussent ap-
pliqués aux arrondissements et aux communes par
une commission spéciale.

No II. *De la répartition du contingent communal entre les particuliers*
et du cadastre.

La répartition du contingent communal entre
les possesseurs du territoire communal, s'opère par
le concours des ingénieurs du cadastre, des propriétaires de la commune et des employés des contributions directes.

Elle résulte de quatre séries d'opérations qui se
rapportent : la première, à l'arpentage et à la levée
du plan de chaque fonds ; la seconde, à l'expertise,
c'est-à-dire à l'estimation du produit net imposable ;
la troisième, à la fixation du contingent de chaque
contribuable, d'après le revenu net dont il jouit ; la
quatrième, à la communication aux parties intéressées
et au jugement de leurs réclamations.

Les deux premières de ces séries d'opérations sont
comprises sous la dénomination de *cadastre parcel-*
laire (1); la troisième se nomme *allivrement ca-*
dastral.

(1) Le cadastre parcellaire est ainsi nommé par opposition au
cadastre par masses de culture, lequel consiste à mesurer et évaluer, non chaque parcelle ou pièce de terre séparément, mais
chaque genre de culture pris en masse, et, par exemple, tous les
champs, tous les prés ou tous les bois d'une même commune ; le
cadastre parcellaire est seul appliqué en France depuis 1808.

De l'arpentage.

L'arpentage ou la levée matérielle des plans se compose de travaux d'ensemble et de travaux de détail :

Les travaux d'ensemble sont la délimitation de chaque commune et sa division en sections.

La délimitation d'une commune a pour objet de déterminer la circonscription territoriale sur laquelle doit se répartir l'impôt réclamé à une commune.

S'il naît des contestations au sujet des limites des communes d'un même département, c'est au préfet de statuer; mais, si les débats sont relatifs aux limites des communes de divers départements, on doit s'adresser au gouvernement lui-même.

La division en sections, ou la triangulation d'une commune a pour objet de fixer, sur le plan d'une commune, la position respective de plusieurs points remarquables, afin d'assurer l'accord parfait de l'ensemble et des détails de ce plan.

Les travaux de détail ou travaux du parcellaire ont en vue de diviser le plan d'une commune en une multitude d'autres plans, et de représenter par des lignes particulières, chaque parcelle, c'est-à-dire chaque pièce de terre ayant un propriétaire ou un genre de culture distinct; en sorte que, pour connaître la mesure exacte des diverses propriétés, il suffise d'appliquer une échelle proportionnelle sur la partie du plan qui les décrit.

Si les travaux de détail font naître des débats entre deux propriétaires, touchant les limites de leurs héritages respectifs, ces débats doivent être jugés par les tribunaux civils ; ici, toutefois, les géomètres ont mission de concilier les parties contestantes et de constater leurs concessions respectives au moyen d'un procès-verbal qui a force d'acte authentique.

Les travaux de l'arpentage, quel que soit leur objet, sont confiés à un géomètre en chef nommé par le ministre, et seul responsable envers l'administration ; celui-ci se fait aider : 1° par d'autres géomètres qu'il choisit, avec l'agrément du préfet, au nombre de quatre au moins et de douze au plus ; 2° par un bureau composé de calculateurs, dessinateurs et expéditionnaires qu'il paye sur le produit de sa rétribution ; 3° par un certain nombre de porte-chaines et d'indicateurs de travaux ; 4° enfin, par le maire qui est tenu de fournir tous les renseignements possibles.

Les travaux de l'arpentage, une fois accomplis par le géomètre en chef, sont vérifiés sur les lieux par un ingénieur en chef qui remet lui-même les pièces au directeur des contributions.

Ce n'est pas tout encore : les particuliers peuvent avoir à faire, sur le plan cadastral, de justes critiques ou des observations utiles ; de plus, il importe de concilier au cadastre la faveur publique en appelant, en écoutant toutes les réclamations, dussent-elles être erronées ou frivoles ; et, de là, de nouvelles dispositions de loi qui exigent : que tout propriétaire ou fermier soit prévenu à l'avance des opérations d'arpentage et puisse y assister ; que, l'arpentage terminé, on dresse un tableau indicatif renfermant les noms des propriétaires, la situation, la nature et la contenance de chaque parcelle ; que l'on rédige, pour chaque propriétaire, un bulletin particulier rapportant tous les articles du tableau indicatif qui le concernent, qu'un calque du plan parcellaire soit adressé au maire, et que les propriétaires soient invités à venir à la mairie en prendre communication ; que cette communication puisse être demandée pendant un mois et que, durant ce temps, l'ingénieur vérificateur soit tenu de résider dans la commune pour recevoir les réclamations, faciliter sur le terrain l'examen des articles sujets à difficultés et procéder au besoin à un réarpentage.

De l'expertise.

L'expertise, ou estimation du produit imposable des diverses parcelles désignées par le plan cadastral, a lieu aussitôt après les opérations de l'arpentage ; elle est confiée aux employés des contributions directes et à cinq *commissaires vérificateurs* que le conseil municipal, réuni aux plus forts imposés de la commune, choisit parmi les propriétaires des différentes natures de biens.

L'expertise ne consiste point dans l'estimation particulière et séparée du produit net de chaque pièce de terre ; une opération de ce genre, par sa marche embarrassée, lente, fatigante, capricieuse et presque inaccessible au contrôle, eût laissé beaucoup trop de prise aux manœuvres individuelles tendant à tromper les évaluateurs ou à les séduire.

L'expertise, au contraire, se compose d'opérations basées sur des calculs généraux et des procédés uniformes qui, par leur simplicité, par leur évidence, excluent toute faveur volontaire ou involontaire.

Ces opérations sont : la classification, le classement et l'évaluation.

La *classification* consiste, d'une part, à déterminer en combien de classes chaque nature de propriété doit être divisée, à raison des divers degrés de fertilité du terrain, en ayant égard seulement aux terres de la commune ; d'autre part, à choisir et désigner nominativement un fonds qui serve de type à chacune de ces classes.

Afin d'assurer les avantages d'une bonne classification, les commissaires vérificateurs et l'inspecteur des contributions doivent faire la visite générale du territoire, et prendre une connaissance suffisante de la nature du sol et des productions qui lui sont propres d'après ses différentes qualités.

Le nombre des classes ne peut jamais excéder celui de cinq pour les terres en cultures, mais il peut s'élever jusqu'à dix pour les maisons situées dans les communes rurales.

Quant aux maisons situées dans les villes, bourgs et communes très-peuplées ; quant aux usines, fabriques et manufactures, il serait, à cause de leur variété ou à cause de leur petit nombre, dangereux ou inutile de les faire entrer dans telle ou telle classe, et de les soumettre au niveau d'un tarif d'évaluation ; aussi le règlement général du cadastre déclare-t-il que les propriétés de ce genre doivent être évaluées séparément.

La classification une fois arrêtée, il y a lieu de procéder au classement.

Le *classement* consiste à répartir le territoire de la commune entre les diverses classes établies, et à déterminer exactement à laquelle de ces classes appartient chaque parcelle de terre, ou même chaque portion de parcelle.

Pour garantir un classement impartial et éclairé, l'ordonnance royale du 3 octobre 1821 et le règlement général rendu le 10 du même mois, ont permis ou imposé plusieurs mesures : ainsi, d'après ces actes, il est libre au conseil municipal de proposer un expert pour aider les commissaires vérificateurs dans l'opération du classement.

Les commissaires vérificateurs sont autorisés à s'adjoindre, dans le même but, des indicateurs en état de leur fournir des renseignements utiles.

Les propriétaires, de leur côté, peuvent, soit par eux-mêmes, soit par leurs fermiers ou régisseurs, assister au classement, si bon leur semble, et présenter leurs observations; ils sont prévenus de ce classement par un avis spécial affiché dans la commune.

Les commissaires vérificateurs opèrent successivement dans chaque section, sur le vu du tableau indicatif dressé après l'arpentage, et portent dans une colonne particulière de ce tableau la classe assignée à chaque parcelle ; s'il s'agit d'une usine ou d'une maison non classée, le contrôleur indique l'évaluation donnée sur les lieux mêmes à chacune de ces propriétés.

Tout cela, sans doute, ne donne pas encore le revenu net imposable des pièces de terre comprises dans les diverses classes, puisque la connaissance de ce revenu ne peut résulter que d'une évaluation ; mais combien cette dernière tâche se trouve facilitée !

Les parcelles étant bien classées, *l'évaluation* n'est plus qu'une simple opération qui consiste, pour les premières classes des diverses natures de fonds, à évaluer, quant au revenu, leurs types respectifs, et, pour chacune des classes subséquentes, à fixer la valeur du type qui la représente comparativement à la valeur déjà établie pour la première classe de la même nature de fonds. Et, en effet, chaque type, une fois évalué, va devenir, à son tour, la mesure commune de tous les fonds compris dans la même classe.

On objectera peut-être que ce mode d'évaluation, au lieu d'offrir la valeur réelle des revenus, ne donne que leur valeur relative ; à ce sujet, il faut observer que l'évaluation ayant ici pour seul but de faciliter une répartition proportionnelle entre des biens divers, c'est surtout la valeur relative qu'il importe de connaître. Mais, dira-t-on, la valeur réelle des revenus, si elle était connue, permettrait de communiquer les avantages du cadastre aux répartitions supérieures faites entre les départements, les arrondissements et les communes ! Pour lever cette objection, il suffit de faire observer, d'une part, qu'une évaluation absolue destinée à déterminer le contingent d'une commune dans l'impôt foncier ne pourrait être, sans de graves dangers, laissée aux délégués de cette même commune ; et, d'autre part, que si le soin d'une évaluation pareille était confié à des experts étrangers, ceux-ci ne jouiraient pas d'un tact assez infaillible pour répondre aux exigences de la justice, ni d'une confiance assez illimitée pour rassurer l'opinion, et seraient forcés de se livrer à des recherches propres à soulever partout des mécontentements, comme l'expérience l'a prouvé.

L'état qui renferme l'évaluation, par classe, du revenu de chaque nature de biens se nomme *tarif des évaluations*. Cet état, dressé par le contrôleur, examiné par l'inspecteur, est ensuite adressé au directeur des contributions du département.

De la fixation du contingent individuel.

D'après tous les renseignements recueillis, notamment d'après le tableau indicatif de chaque parcelle et le tarif des évaluations, le directeur des contributions du département fixe le contingent de chaque propriétaire dans la contribution foncière de la commune, et, à cet effet, dresse les états de sections, les matrices de rôles, le rôle cadastral avec les expéditions et les calculs y relatifs.

Les *états de sections* comprennent toutes les propriétés bâties et non bâties qui sont situées dans une commune, ils désignent, pour chaque section séparément, et dans l'ordre des numéros du plan, 1° les noms des propriétaires ; 2° les numéros du plan ; 3° les cantons ou lieux dits ; 4° la nature de la propriété ; 5° la contenance de chaque parcelle ; 6° l'indication de la classe ; 7° le revenu de chaque parcelle.

Les *matrices de rôles* réunissent, sous le nom de chaque propriétaire d'une commune, toutes les parcelles qui lui appartiennent d'après les états de sections, et donnent sur ces diverses parcelles les renseignements tracés soit par les états de sections eux-mêmes, soit par les bulletins que le géomètre en chef a rédigés ; de plus, elles sont établies de manière à pouvoir suivre les mutations de propriété.

Le *rôle cadastral* est formé d'après les matrices de rôles, il exprime le montant de la contribution foncière de la commune en principal et centimes additionnels, le revenu net imposable attribué à chaque propriétaire, et la somme due par celui-ci à raison de ce revenu.

De la communication des travaux et du jugement des réclamations.

Comme il importe au plus haut degré de concilier à l'impôt foncier la faveur publique, la loi ne se borne point à répartir cet impôt d'une manière impartiale , elle fait encore appel aux lumières de la critique; de là, la communication des travaux de répartition aux parties intéressées ; de là, aussi, le jugement des réclamations.

La communication se fait en envoyant à la mairie les travaux de répartition ; en prévenant, par des affiches, les divers intéressés qu'ils peuvent, durant deux mois, prendre connaissance de cet envoi ; et en adressant de plus à chaque propriétaire un bulletin indicatif de toutes les opérations qui le concernent.

Quant aux réclamations qui peuvent s'élever, elles émanent soit des particuliers, soit des communes voisines ; au premier cas, elles doivent avoir pour objet le classement des fonds, et être formées dans les six premiers mois qui suivent la mise en recouvrement du rôle cadastral, à moins qu'il ne s'agisse d'opérations relatives aux propriétés bâties, ou de faits postérieurs et étrangers au classement, tels que l'incendie d'une maison ; au deuxième cas, elles doivent avoir pour objet les évaluations du tarif, car les erreurs de tarif, en viciant tout l'allivrement cadastral d'une commune, donnent une fausse idée de ses ressources relatives, et tendent à faire surcharger les autres communes.

Les réclamations individuelles sont jugées par le conseil de préfecture sur le rapport du directeur des contributions directes ; mais il faut préalablement qu'elles soient rédigées sur papier libre, sous forme de pétition, qu'elles soient remises au maire et instruites par le contrôleur, que celui-ci prenne l'avis des propriétaires classificateurs, et qu'enfin, au cas de non adhésion de la part de ces derniers, les réclamants soient prévenus et puissent provoquer une contre-expertise. Si les réclamations ainsi formées sont admises, le montant de la réduction et des frais est réimposé sur tous les contribuables, y compris les réclamants, mais si les réclamations sont rejetées, les réclamants supportent, outre leur cotisation première, tous les frais causés par leur demande.

Les réclamations des communes sont jugées par le préfet; celui-ci, sur le rapport du directeur des contributions, et, après avoir pris l'avis du conseil de préfecture, fixe, par un arrêté définitif, l'allivrement cadastral de chaque commune; toutefois, les réclamations dont il s'agit doivent d'abord être discutées dans une assemblée, qui se compose de propriétaires nommés par les conseils municipaux du canton, et qui, sur le vu des pièces des diverses expertises, après avoir pu consulter les experts eux-mêmes, donne son adhésion formelle aux estimations ou ses conclusions positives et motivées sur les changements qu'elle estime devoir être faits. L'arrêté du préfet qui fixe l'allivrement cadastral de chaque commune d'un même canton ne peut être réformé que par le ministre des finances.

Observons, en terminant, que les réclamations, dans les cas où elles sont admises après le délai de déchéance, doivent, soit qu'elles intéressent les communes, soit qu'elles intéressent les particuliers, être portées, par la voie contentieuse, devant le conseil d'état.

SECTION II.

De la contribution personnelle et mobilière.

La contribution personnelle et mobilière se compose de deux taxes, l'une qui se nomme *taxe personnelle* et frappe d'une manière égale chaque habitant de tout sexe, Français ou étranger, domicilié dans la commune depuis un an, jouissant de ses droits et non réputé indigent; l'autre qui se nomme *taxe mobilière* et atteint les mêmes personnes en raison de la valeur locative de leur habitation. Aux termes de l'art. 12 de la loi des finances du 21 avril 1832, sont considérés comme jouissant de leurs droits les veuves et les femmes séparées de leurs maris; les garçons et les filles majeurs ou mineurs, ayant des moyens suffisants d'existence soit par leur fortune personnelle, soit par la profession qu'ils exercent, alors même qu'ils habitent avec leur père, mère, tuteur ou curateur.

Quant aux indigents, ils ne sont point caractérisés par la législation; l'art. 18 de la loi précitée se borne à dire que le conseil municipal de chaque commune désignera les habitants qu'il croira devoir exempter de toute cotisation, et ceux qu'il jugera convenable de n'assujettir qu'à la taxe personnelle.

Nous pensons qu'il faut entendre par ce mot *Indigents* : 1° ceux qui vivent de la charité publique; 2° les simples manœuvres; les premiers doivent être exemptés de l'impôt, surtout par des motifs de dignité, car ce n'est point dans la charité publique que l'État puise ses ressources, l'État commande et ne mendie pas; les simples manœuvres, à leur tour, doivent être dispensés de l'impôt, par des raisons tirées de l'économie sociale ; en effet, le législateur voudrait-il asseoir un impôt personnel sur les simples manœuvres, l'économie sociale aussitôt lui démontrerait que cet impôt sera un accroissement des dépenses nécessaires de ces ouvriers, qu'il sera répété par eux sous forme de salaire, qu'il frappera, dès lors, non les ouvriers eux-mêmes, mais les industriels qui les emploient, et qu'en cela, non-seulement il manquera son but, mais encore il deviendra une taxe des plus onéreuses, comme atteignant chaque producteur en raison directe de son zèle et en raison inverse de la fécondité de ses moyens productifs.

Nous avons à examiner quelles sont les bases de la contribution personnelle et mobilière, comment cette contribution se répartit, et par quelle taxe elle peut être remplacée.

§ Ier. *Des bases de la contribution personnelle et mobilière.*

La contribution personnelle et mobilière, avons-nous dit, se compose de deux taxes, l'une égale pour tous, l'autre proportionnée à la valeur locative de l'habitation de chaque contribuable.

La personne du contribuable et la valeur locative de son habitation, telles sont donc les bases sur lesquelles repose la contribution personnelle et mobilière ; afin de préciser leur étendue, nous ferons observer :

1° Que le contribuable supporte la taxe personnelle au lieu de son domicile réel seulement, mais qu'il paye la taxe mobilière, et dans la commune de son domicile réel et en tous autres lieux où il possède une habitation meublée ;

2° Que les habitants qui occupent des appartements garnis, sont assujettis à la contribution mobilière, suivant la valeur locative de leur logement évalué comme s'il était non meublé ; mais que les personnes qui se trouvent momentanément dans une ville et sont logées en hôtel garni, ne sont point soumises à cette contribution.

3° Que le logement, dont la valeur locative sert de base à la taxe mobilière, comprend toutes les parties du bâtiment habitées par le contribuable et sa famille, mais non les magasins, boutiques, usines, ateliers pour lesquels les habitants payent patente, ni les bâtiments consacrés à l'exploitation rurale, ni les bureaux des fonctionnaires et employés, ni les locaux destinés aux élèves dans les maisons d'éducation.

4° Que la taxe mobilière d'un aubergiste doit être assise, non sur la valeur locative de la totalité de son auberge, mais seulement sur celle de la partie de maison qui sert à son habitation personnelle.

5° Que les employés civils et militaires, et les ecclésiastiques logés gratuitement dans les bâtiments qui appartiennent à l'état, aux départements, aux arrondissements, aux communes ou aux hospices, sont imposés d'après la valeur locative des parties de ces bâtiments affectées à leur habitation personnelle ; mais que les officiers avec troupes et sans résidence fixe, ne peuvent, alors même qu'ils occupent avec leurs femmes et leurs enfants un appartement complet au lieu de leur garnison , être considérés comme ayant une habitation particulière dans le sens de la loi du 21 avril 1832 , et être soumis à la contribution mobilière.

6° Que la contribution personnelle et mobilière est établie pour l'année entière ; que, dès lors, si un contribuable déménage pour aller s'établir hors du ressort de la perception, s'il vend ses meubles ou s'il vient à mourir, la cote mise à sa charge dans cette contribution, doit, néanmoins, être payée par lui ou par ses héritiers.

7° Que les propriétaires ou principaux locataires devront, un mois avant le déménagement de leur locataire, se faire exhiber par ceux-ci les quittances de leurs contributions personnelle et mobilière, et, au défaut de cette exhibition, seront tenus, sous leur responsabilité personnelle, de prévenir, dans les trois jours, le percepteur ;

8° Que, dans le cas d'un déménagement furtif, les propriétaires ou principaux locataires sont pareillement tenus de la contribution due par les locataires déménagés, si, dans les trois jours, ils n'ont pas fait constater le déménagement par le maire, le juge de paix ou un commissaire de police.

9° Que les propriétaires et principaux locataires sont toujours responsables de la contribution personnelle et mobilière des personnes logées par eux en garni.

§ II. *Répartition de la contribution personnelle et mobilière.*

Pour la contribution personnelle et mobilière, comme pour l'impôt foncier, la loi a établi quatre répartitions successives qui ont lieu : la première, entre les départements ; la deuxième, entre les arrondissements ; la troisième, entre les communes ; et la quatrième entre les particuliers.

La répartition entre les départements est faite par le législateur dans des états annexés à la loi annuelle du budget des recettes.

La répartition entre les arrondissements est faite par les conseils généraux de département, d'après les documents préparés à l'avance par le préfet, d'après les demandes en réduction formées par les villes et villages et les observations des conseils d'arrondissement sur ces demandes, enfin, d'après un tableau rédigé annuellement par le directeur des contributions et présentant, pour chaque arrondissement, pour chaque commune, le nombre des individus passibles de la taxe personnelle, et le montant de la valeur locative de leur habitation.

Les conseils généraux sont tenus d'opérer la répartition dont il s'agit dans le délai de quinze jours, et, cette répartition terminée, d'en porter le résultat sur un tableau destiné au même but et subissant les mêmes formes que le tableau analogue relatif à la contribution foncière.

La répartition entre les communes est faite par les conseils d'arrondissement d'après les documents qui ont dirigé le conseil général dans ses propres opérations, et, aussi, en observant, dans un ordre inférieur, les mêmes formalités, comme nous l'avons vu, du reste, au sujet de la contribution foncière.

La répartition entre les particuliers est plus compliquée ; jusqu'ici, en effet, la taxe personnelle et la taxe mobilière sont restées confondues, ne formant qu'un seul contingent ; mais cette unité ne saurait se maintenir , il faut qu'enfin ces deux taxes se séparent, car elles frappent les particuliers d'une manière différente, et sont assises sur deux bases distinctes.

Pour répartir entre les particuliers le contingent d'une commune dans la contribution personnelle et mobilière, il faut, d'abord, établir quelle part de cette contribution sera demandée à la taxe personnelle et quelle autre à la taxe mobilière. Ce premier soin est confié au conseil général et au conseil d'arrondissement : le conseil général, en vertu de l'art. 10 de la loi du 21 avril 1832 , règle , pour chaque commune, le prix de la journée de travail entre les taux de 5o cent. et de 1 fr. 5o cent. ; et, de son côté, le conseil d'arrondissement procède à deux opérations, 1° il multiplie la cote individuelle fixée au prix de trois journées de travail par le nombre des contribuables de chaque commune, ce qui donne un produit représentant la masse de la contribution personnelle de la commune; 2° il déduit cette contribution personnelle de la somme du contingent communal, ce qui donne une différence représentant la masse de la contribution mobilière.

La masse de l'impôt personnel et celle de l'impôt mobilier une fois connues, la répartition de ces impôts sur leurs bases respectives devient aisée; l'impôt personnel qui a pour base la personne même des contribuables domiciliés dans la commune est réparti entre chacun d'eux par portions égales, l'impôt mobilier qui est assis sur les valeurs locatives est réparti entre les diverses habitations proportionnellement à ces valeurs; et cette double opération est confiée au conseil de répartition dont il a été parlé à la section précédente, lequel, avec l'assistance du contrôleur des contributions et avant de procéder aux calculs divers, rédige une matrice de rôle indiquant, d'une part, tous les particuliers qui jouissent de leurs droits et ne sont point réputés indigents, d'autre part, les valeurs locatives qui doivent servir de base à la répartition individuelle.

Du rapprochement de ces principes avec la définition des impôts de quotité et des impôts de répartition, il résulte que la contribution personnelle envisagée seule isolément est un impôt de quotité, et ne devient un impôt de répartition qu'en se réunissant à la taxe mobilière qui, toujours, est fixée à la portion du contingent total non couverte par l'impôt personnel.

On s'est étonné, dès lors, de voir la contribution personnelle et la contribution mobilière, possédant des bases si diverses, une nature si diverse, se réunir et ne former qu'un seul impôt; l'incompatibilité, l'anomalie, semblèrent même assez graves pour que l'on crût devoir, par la loi du 26 mars 1831, séparer tout à fait ces deux contributions, et, en outre, convertir l'impôt personnel en un impôt de répartition.

Toutefois le précédent état de choses, si bizarre qu'il parût, était fondé en raison : d'une part, la taxe personnelle, cette taxe rigoureuse et irritante, qui frappe sans distinction de fortune, qui admet des exceptions, des faveurs, et, par suite, des jalousies, la taxe personnelle, disons-nous, pouvait être adoucie par la prudence des conseils généraux, et, en certaines localités, être réduite au minimum de 1 fr. 50; et, d'autre part, la taxe mobilière, par la flexibilité de sa nature, venait remédier à la faiblesse de la taxe personnelle et compléter le contingent communal. Aussi la loi du 26 mars, en supprimant cet état de choses, blessa de nombreux intérêts, aigrit l'opinion publique et fut le signal de clameurs universelles qui forcèrent le gouvernement à rétablir l'ancien système par l'art. 8 de la loi du 21 avril 1832.

§ III. ***Du remplacement de la contribution personnelle et mobilière.***

Les inconvénients, et les dangers que peut offrir l'impôt personnel ont déterminé le législateur non-seulement à le réunir à l'impôt mobilier, mais encore à donner aux conseils municipaux des villes ayant un octroi, la faculté de convertir en une taxe additionnelle sur les consommations soit la contribution personnelle et mobilière, soit la taxe personnelle seulement.

L'art. 20 de la loi du 21 avril 1832, qui accorde cette faculté, porte que, dans les villes ayant un octroi, le contingent personnel et mobilier pourra être payé en totalité ou en partie par les caisses municipales, sur la demande qui en sera faite aux préfets par les conseils municipaux ; que ces conseils détermineront la portion du contingent qui devra être prélevée sur les produits de l'octroi ; que l'autre portion sera répartie sur les habitations seulement au centime le franc de leur valeur locative, en exceptant, parmi ces habitations, celles que le conseil municipal croira devoir exempter de la taxe vu l'indigence de leurs possesseurs ; enfin, que les délibérations prises par les conseils municipaux ne recevront leur exécution qu'après avoir été approuvées par ordonnance royale.

SECTION III.

De la contribution des portes et fenêtres.

La contribution des portes et fenêtres est un impôt de répartition qui frappe sur tout local habité ou susceptible de l'être, en raison des ouvertures extérieures qu'il renferme.

Nous nommons la contribution des portes et fenêtres *impôt de répartition*, car tel est le caractère que lui a définitivement imprimé la loi du 21 avril 1832, et que n'altère point l'application du tarif dont il sera parlé ci-après.

Nous disons que la contribution des portes et fenêtres frappe sur tout local habité ou *susceptible de l'être*, car les dégrèvements accordés en cette matière, pour cause de non habitation, ne sont que de simples remises, qui ne reposent point sur un droit rigoureux, et qui, au reste, dépendent de l'étendue du fonds de non-valeur destiné à y pourvoir.

§ Ier. *Base de la contribution des portes et fenêtres.*

D'après notre définition, la contribution des portes et fenêtres a pour base les ouvertures extérieures de tout local habité ou susceptible de l'être.

En conséquence, elle atteint même les fenêtres, dites mansardes et autres ouvertures pratiquées dans la toiture des maisons, lorsque ces fenêtres et ouvertures éclairent des appartements habitables.

Elle atteint, dans les bâtiments de l'État, dans ceux des départements, arrondissements, communes et hospices, les portes et fenêtres des parties de ces bâtiments qui servent à l'habitation personnelle et gratuite des fonctionnaires, des ecclésiastiques ou des employés civils et militaires.

Elle atteint encore, au sein des manufactures, les

fenêtres qui éclairent l'habitation des maîtres, commis et concierges.

Sont exceptés de cette contribution :

1° Les portes et fenêtres des bâtiments employés à un service public;

2° Les portes et fenêtres des manufactures;

3° Les portes et fenêtres des granges, bergeries, étables, greniers, caves et autres locaux de ce genre;

4° Les portes placées dans l'intérieur des escaliers et des appartements.

§ II. *Répartition de la contribution des portes et fenêtres.*

La contribution des portes et fenêtres, ainsi que la précédente, est répartie : entre les départements, par la loi annuelle des finances; entre les arrondissements, par les conseils généraux de département; entre les communes, par les conseils d'arrondissement; enfin, entre les particuliers, par le conseil de répartition de chaque commune.

Les conseils généraux et les conseils d'arrondissements procèdent à la répartition de l'impôt des portes et fenêtres comme à celle de l'impôt personnel et mobilier et d'après des renseignements analogues, notamment, d'après un tableau qui est formé par le directeur des contributions et qui présente le nombre des ouvertures imposables des différentes classes, le produit des taxes d'après le tarif, le projet de la répartition.

Le conseil de répartition procède, à son tour, au moyen d'un recensement des portes et fenêtres im-

posables·lequel est fait, dans les communes cadastrées, par le contrôleur des contributions, et, dans
les autres, par le maire et l'adjoint avec le concours
du contrôleur.

Le conseil de répartition, assisté du contrôleur,
rédige d'abord la matrice du rôle d'après les bases
tracées plus haut, et en indiquant :

La rue et le numéro des maisons;

Les noms, prénoms, profession et demeure des
propriétaires et usufruitiers;

Le nombre des ouvertures, et, pour les maisons
à six ouvertures et au-dessus, le nombre des portes
cochères, charretières et de magasin; celui des portes
ordinaires et fenêtres du rez-de-chaussée, de l'entre-
sol, des premier et deuxième étages; celui des fenêtres du troisième étage et des étages supérieurs.

Le conseil calcule ensuite la cotisation de chaque
contribuable dans le contingent communal, et, à cet
effet, applique le tarif créé par la loi du 21 avril 1832
à toutes les ouvertures indiquées par la matrice
du rôle.

Alors, il arrive de trois choses l'une : ou que la
somme totale donnée par l'application du tarif équi-
vaut au contingent de la commune, ou qu'elle est inférieure à ce contingent, ou qu'elle lui est supérieure.

Au premier cas, nulle difficulté, la cotisation individuelle se trouve fixée par le tarif lui-même; au
deuxième cas, il y a lieu à une augmentation proportionnelle du tarif, et, par exemple, à doubler le
tarif s'il ne peut couvrir que moitié du contingent

communal; au troisième cas, enfin, le tarif est réduit d'un tiers, d'un huitième ou de toute autre quotité, selon que la somme qu'il indique se trouve être d'un tiers, d'un huitième, etc., supérieure au contingent communal.

§ III. *Payement de la contribution des portes et fenêtres.*

La contribution des portes et fenêtres est exigible contre les propriétaires, usufruitiers, fermiers et principaux locataires des maisons, bâtiments et usines, sauf leur recours contre les locataires particuliers pour la somme due à raison des portes et fenêtres à leur usage.

Toutefois, lorsqu'une maison est occupée par un propriétaire et un ou plusieurs locataires, ou par plusieurs locataires seulement, la contribution des portes d'entrée, des fenêtres du palier et autres portes et fenêtres d'un usage commun, est supportée par le locateur.

SECTION IV.

De la contribution des patentes.

On nomme *contribution des patentes*, ou simplement *patente*, l'impôt exigé des personnes qui veulent exercer certaines professions, certaines industries.

On nomme aussi *patente* l'acte que l'autorité délivre à celui qui a payé cet impôt.

La contribution des patentes est, comme nous l'avons dit, un impôt de quotité; examinons de quoi elle se compose, par qui elle est due, pour quel temps elle est due, et comment sa perception est garantie.

§ Ier. De quoi se compose la contribution des patentes.

La contribution des patentes se compose d'un droit fixe et d'un droit proportionnel.

Les droits fixes de patente sont, en général, gradués d'après la nature des professions et la population des communes, conformément à un tarif annexé à la loi du 1er brumaire an VII, modifié tant par les art. 56 et suiv. de la loi du 25 mars 1817, que par les art. 52 et suiv. de la loi du 15 mai 1818.

Ce tarif, après avoir établi sept classes de patentables, d'après la nature de leur industrie, divise chacune de ces classes en sept catégories, d'après la population des communes, et, à ces catégories diverses, impose des droits différents dont le plus fort est de 300 fr.

Néanmoins sont réglés sans égard à la population, les droits fixes dus par les banquiers, marchands forains, directeurs de spectacles et autres personnes désignées par les lois des 1er brumaire an VII et 25 mars 1817.

Les droits proportionnels sont, en général, du dixième de la valeur locative de tous les bâtiments consacrés soit à l'habitation des commerçants et fabricants, soit à l'exploitation commerciale ou industrielle, en quelque lieu que ces bâtiments soient situés, et, alors même qu'ils sont loués à l'année pour n'être occupés qu'à une certaine époque, en temps de foire, par exemple.

Mais ces droits sont réduits au quarantième de ladite valeur pour les maîtres d'hôtel garni, et, au trentième, pour les meuniers ; par valeur locative, il faut entendre ici le revenu foncier et non une valeur industrielle établie d'après des bénéfices présumés.

Quant aux droits fixes et proportionnels dus pour les professions non désignées par la loi, ils sont réglés par le préfet d'après l'avis du directeur des contributions, et eu égard à la taxe établie par la loi pour les professions analogues ou de même nature.

§ II. *Par qui est due la contribution des patentes.*

Il résulte des art. 3, 29 et 35 de la loi du 1er brumaire an VII, que la contribution des patentes est due par toute personne exerçant une profession non dispensée par la loi ; mais la généralité de ce principe nécessite quelques développements.

Parmi les personnes qui exercent une profession, les unes sont tenues au droit fixe et au droit proportionnel, les autres au droit fixe seulement.

Sont tenus au droit fixe et au droit proportionnel : 1° les industriels compris dans les cinq premières classes du tarif mentionné plus haut ; 2° les industriels non classés payant, à raison de leur état, un droit fixe de 40 fr. au moins ; 3° les industriels non classés ni même désignés par la loi, mais assimilés aux précédents.

Sont tenus au droit fixe seulement : 1° les industriels compris dans les sixième et septième classes du tarif ; 2° les industriels hors de classe dont l'état ne donne lieu qu'à un droit de 3o fr. et au-dessous; 3° les industriels assimilés aux précédents.

Lorsque plusieurs personnes sont associées pour l'exercice d'un commerce ou d'une industrie, chacune d'elles est soumise à la contribution des patentes, sauf l'application des règles qui suivent.

Si les divers associés habitent la même commune, un seul d'entre eux paye le droit fixe en entier, les autres ne sont tenus, chacun, qu'à un demi-droit fixe; bien plus, dans les établissements de fabrication à métier ou de filature, le droit fixe n'est payé qu'une seule fois, quel que soit le nombre des associés.

Si les associés occupent, en commun, la même maison d'habitation, les mêmes usines, ateliers, magasins et boutiques, il n'est dû qu'un droit proportionnel payable en entier par l'un d'eux.

Les associés anonymes qui ne gèrent point la société, et les associés en commandite qui se bornent à fournir leur mise sociale, sans pouvoir prendre une part active à l'administration, ne sont point tenus de payer patente.

Une même personne ne peut être forcée à payer plus d'une patente, quels que soient le nombre et la diversité de ses professions, de ses branches de commerce ou de ses établissements ; seulement, alors, cette personne est imposée d'après celle de ses professions, de ses branches de commerce ou celui de ses établissements qui donne lieu au droit le plus fort.

Le mari et la femme, non séparés de biens, sont considérés comme une même personne, relativement au droit de patente, et la règle qui précède leur devient dès lors applicable ; mais, si les époux sont séparés de biens et s'ils exercent plusieurs états, chacun d'eux doit avoir sa patente et payer séparément les droits fixes et proportionnels.

§ III. *Pour quel temps la contribution des patentes est due.*

Les personnes qui prennent une profession sujette au droit de patente doivent payer ce droit pour la totalité du trimestre courant sans pouvoir alléguer que telle ou telle portion de ce trimestre était écoulée à l'époque de leur entrée en exercice ; bien plus, si ces personnes ne présentent un certificat de l'administration municipale constatant qu'elles n'ont point encore exercé d'état sujet à patente, elles doivent payer le droit pour l'année entière.

Ceux qui, payant déjà patente, prennent une profession soumise à un droit plus élevé, doivent aussi l'excédant de ce droit, non-seulement pour l'avenir, mais encore pour la totalité du trimestre courant.

Le droit de patente est dû, pour jusqu'à la fin de l'année, par celui qui se retire du commerce avant cette époque ; mais, en cas de mort, la cote du patenté n'est exigible contre ses héritiers que pour le mois courant ; et, en cas de changement de profession, cette cote peut être réduite lorsque, durant l'année, le patenté a pris une profession d'une classe inférieure à celle qu'il exerçait et qu'il a opéré des diminutions dans ses maisons d'habitation, ateliers, boutiques, etc.

Du reste, la déclaration qu'une personne fait à la mairie de son domicile, à l'effet de prévenir qu'elle a quitté son commerce, suffit pour exempter cette personne du droit de patente, quant aux années à venir, sauf toutefois la déchéance prononcée par la loi du 3 messidor an VII contre ceux qui omettent de réclamer leur décharge dans les trois mois de la publication des rôles.

§ **IV.** *Comment le droit de patente est garanti.*

Les mesures prises par le législateur pour garantir le droit de patente tendent à faciliter le payement de ce droit, à prévenir l'insolvabilité des débiteurs, ou, enfin, à empêcher les patentables de se soustraire aux regards du fisc.

En vue de faciliter le payement du droit de patente, le législateur a établi que ce droit serait, pour tout patenté non marchand forain, payable par douzièmes, de mois en mois, à partir du 1er janvier.

En vue de prévenir l'insolvabilité des débiteurs, le législateur a voulu que les marchands forains qui, à cause de leur instabilité, ne sauraient offrir les mêmes garanties que les autres personnes, fussent tenus de payer le droit tout entier dans le premier mois.

En vue d'empêcher les patentables de se soustraire aux regards du fisc , le législateur a créé divers
moyens soit préventifs, soit répressifs :

Il a astreint les patentables à se munir , dans les
trois premiers mois de chaque année, d'un acte appelé patente qui se délivre dans la commune de
leur domicile , et qui justifie qu'ils ont payé le droit
de patente pour les termes échus. Il n'a permis la
délivrance annuelle de cet acte au patentable qui
possède des établissements dans plusieurs communes,
qu'autant que celui-ci constate par des quittances
en bonne forme qu'il a payé le droit proportionnel
pour ses maisons d'habitation , usines, ateliers et
magasins situés dans ces communes.

Il a voulu que nul ne pût former une demande ,
ou fournir une défense en justice, ou faire une signification par acte extra-judiciaire , pour tout ce qui
est relatif à son commerce , à son industrie, sans
qu'il fût fait mention , en tête des actes, de la patente prise par lui pour l'année courante avec dé-
signations de la classe, de la date , du numéro et de
la commune où cette patente a été délivrée, sous
peine d'une amende de 5o fr. , tant contre les particuliers sujets à la patente que contre les fonctionnaires publics qui ont fait ou reçu lesdits actes.

Il a enjoint à tout citoyen qui expose des marchandises en vente, dans quelque lieu que ce soit,
d'exhiber sa patente toutes les fois qu'il en sera requis
par les juges de paix , commissaires de police , ad-

ministrateurs, agents ou adjoints municipaux, et par les procureurs du roi.

Enfin, il a décidé que, si une personne qui n'a point de patente ou qui ne peut en représenter une, vend hors de son domicile, les objets exposés en vente seront saisis ou séquestrés, aux frais du vendeur, jusqu'à la représentation d'une patente convenable; et que, si la personne non patentée vend à son domicile, procès-verbal de ce fait devra être immédiatement dressé et envoyé au maire qui fera poursuivre le contrevenant.

Les contraventions aux lois sur les patentes sont de la compétence des juges de paix; mais si, dans le cours des débats, une difficulté s'élève touchant la classe à laquelle doivent appartenir les personnes d'une certaine profession, le juge de paix doit surseoir à statuer jusqu'après la solution de cette difficulté par le conseil de préfecture.

SECTION V.

Des redevances sur les mines.

Indépendamment de la contribution foncière qui est assise sur le terrain occupé par les mines, il est un impôt spécial qui pèse sur les mines elles-mêmes : cet impôt se forme d'une redevance fixe et d'une redevance proportionnelle.

La redevance fixe est réglée, tant pour les mines concédées que pour celles non concédées, d'après l'étendue de l'extraction, à raison de 10 francs par kilomètre carré; la redevance proportionnelle est ordinairement fixée au vingtième du produit net de l'exploitation, et ne peut jamais excéder cette quotité.

La redevance fixe se perçoit d'après des tableaux établis par les préfets, conformément au décret du 6 mai 1811.

La redevance proportionnelle se perçoit d'après des matrices qui sont dressées, rédigées et arrêtées conformément au décret du 6 mai 1811.

On peut remplacer les redevances fixes et proportionnelles par des abonnements.

SECTION VI.

Des centimes additionnels.

On nomme centimes additionnels diverses taxes qui se règlent au centime pour franc des impôts directs, et se perçoivent, en sus de ces impôts, dans un intérêt plus ou moins accessoire, variable, local ou temporaire.

Les centimes additionnels sont levés tantôt sur l'ensemble des citoyens pour accroître les ressources de l'État, tantôt sur les imposables d'un même département ou d'une même commune pour subvenir aux dépenses mises à la charge de ce département, de cette commune.

Les centimes destinés à accroître les ressources de l'État, ou centimes généraux sans affectation spéciale, ne diffèrent en rien des contributions proprement dites ; de simples motifs d'ordre ont porté le législateur à les voter d'une manière distincte.

Les centimes des départements sont généraux, facultatifs, extraordinaires ou spéciaux.

On nomme *centimes généraux* des centimes déterminés par la loi du budget de l'État et affectés aux dépenses ordinaires des départements, c'est-à-dire aux dépenses départementales reconnues être d'un intérêt général, et désignées sous les noms de dépenses fixes, dépenses communes, dépenses variables.

En tant qu'ils s'appliquent aux dépenses fixes et communes, les centimes généraux sont versés au trésor public et employés sur le mandat du préfet, conformément aux allocations que le ministre détermine chaque mois.

En tant qu'ils s'appliquent aux dépenses variables, les centimes généraux sont établis au budget des recettes, de manière à couvrir l'ensemble de ces dépenses telles qu'elles sont réglées au budget du ministère de l'intérieur et qu'elles pourront être votées par les conseils-généraux ; on a cru devoir ici réclamer l'intervention de ces conseils, vu leurs connaissances de l'état et des besoins des localités, et les services qu'ils peuvent rendre, soit en éclairant le pouvoir, soit en contrôlant l'emploi des fonds départementaux.

Les centimes affectés aux dépenses variables sont conservés par les receveurs-généraux, et employés, sur le mandat du préfet, conformément au budget de chaque département.

On nomme *centimes facultatifs* des centimes

que la loi annuelle des finances permet aux conseils-généraux de voter, sauf l'approbation du gouvernement, pour subvenir aux dépenses d'utilité départementale non autorisées par des lois spéciales. Le maximum des centimes facultatifs est de cinq.

On nomme *centimes extraordinaires* des centimes qui sont autorisés par des lois spéciales pour subvenir à l'insuffisance des centimes facultatifs.

On nomme *centimes spéciaux* des ressources spéciales affectées par des lois générales à certaines dépenses; les centimes spéciaux sont : 1° les trois centimes additionnels destinés par la loi du 31 juillet 1821 à fournir aux dépenses du cadastre; 2° les centimes fixés annuellement pour les chemins vicinaux ; 3° les centimes fixés annuellement pour l'instruction primaire.

Le produit des centimes facultatifs, extraordinaires et spéciaux, est, pour chaque département, versé dans la caisse du receveur général, et employé par le préfet conformément à un budget particulier que vote le conseil général.

Indépendamment des centimes que nous venons d'énumérer, la loi du budget vote annuellement un centime pour former un fonds de non-valeur destiné à faire face aux remises, modérations et non-valeurs sur les impôts directs; plus un centime pour les secours à fournir aux victimes des sinistres en cas de grêle, incendie, etc.; le centime de non-valeur est mis, pour un tiers, à la disposition des préfets, et, pour les deux autres tiers, à la disposition du ministre des

finances, en vue de former un fonds commun à répartir entre les divers départements, selon leurs pertes et leurs besoins; quant au centime de secours,
il est distribué en entier par le ministre du commerce.

Les centimes communaux sont ordinaires ou extraordinaires.

Les centimes ordinaires sont votés annuellement
par la loi du budget pour remédier à l'insuffisance
des revenus communaux et servir principalement aux
dépenses obligatoires des communes, c'est-à-dire aux
dépenses de la garde nationale, de l'instruction publique, des gardes champêtres, et autres services
nécessaires à la marche de l'administration, à la
sûreté publique et à la conservation des propriétés
communales.

Les centimes ordinaires consistent : 1° en cinq centimes imposés au principal des contributions foncière, personnelle et mobilière de la commune; 2° en
huit centimes prélevés sur le produit annuel des
patentes.

Les centimes communaux extraordinaires sont
d'abord votés par les conseils municipaux avec le concours des plus imposés de la commune, et ensuite autorisés dans la forme indiquée par la loi du 18 juillet 1837, soit pour les villes dont le revenu s'élève
à 100,000 fr., soit pour les autres villes et communes.

Ces centimes, dont le taux varie beaucoup, sont
destinés à couvrir certaines dépenses spéciales ou urgentes, telles que frais de procès, d'acquisition d'im-

meubles, d'établissement de ponts, et autres frais non susceptibles de se renouveler annuellement.

A la rigueur, il faudrait conclure du rapprochement des données précédentes avec le vrai sens des mots *contributions publiques*, que cette dénomination ne peut convenir aux centimes départementaux et communaux; toutefois, c'était ici le lieu de parler de ces centimes, attendu : 1° qu'une grande part de leur somme est, comme nous l'avons vu, employée à des dépenses d'un intérêt général; 2° que la même part est, en réalité, mise à la charge de l'État, soit au moyen de sa centralisation au trésor, soit à l'aide d'un fonds commun considérable, destiné à soulager les départements à qui leurs propres centimes ne suffiraient point pour acquitter les dépenses d'intérêt général mises à leur charge; 3° que les centimes départementaux et communaux figurent au budget des recettes de l'État; qu'ils sont perçus avec les contributions principales, d'après les mêmes bases et à l'aide des mêmes rôles; 4° enfin, qu'ils concourent à former le cens électoral.

SECTION VII.

Du recouvrement des contributions directes.

Lorsque les tableaux de répartition et de sous-répartition sont parvenus au directeur des contributions directes, il y a lieu à procéder au recouvrement. Le recouvrement de l'impôt direct s'opère au moyen d'un seul rôle qui comprend :

1° Le principal des contributions directes;

2° Les centimes additionnels de toute nature levés en sus de ces contributions;

3° Le traitement fixe et la remise accordée aux receveurs et percepteurs sur leurs recettes respectives.

Ce rôle est dressé, pour chaque commune séparément, par le directeur des contributions, d'après des matrices générales qui se renouvellent tous les trois ans et qui offrent les documents énoncés aux sections précédentes, avec les modifications que divers changements dans les propriétés ou dans les personnes des contribuables peuvent avoir rendus nécessaires.

Afin que ces matrices de rôle soient toujours au courant desdits changements, la loi prescrit, relativement à l'impôt foncier, de tenir à la mairie un registre qui mentionne les mutations de propriété ; et, en ce qui touche les autres contributions directes, la loi commande aux percepteurs, aux maires et aux répartiteurs, de rechercher toutes les circonstances qui peuvent déterminer une modification dans les rôles.

Lorsque les rôles des diverses communes sont expédiés, le préfet les rend exécutoires, et la direction les transmet aux contrôleurs, qui, eux-mêmes, les adressent aux maires avant le 1ᵉʳ janvier.

Le premier dimanche qui suit cette réception, le maire fait afficher, à la porte de la maison commune et aux endroits accoutumés, un avis portant que les rôles, revêtus des formalités prescrites, sont entre les mains du percepteur; que chaque contribuable doit acquitter la somme à laquelle il est imposé dans les délais fixés par la loi, sous peine de contrainte, et qu'il a trois mois pour présenter ses réclamations.

Enfin, dans le but de mettre chaque contribuable à même de réclamer, s'il y a lieu, il lui est adressé un avertissement qui énonce en détail ce qu'il doit payer en principal, accessoires et centimes additionnels dans les divers impôts directs; la loi ou l'ordonnance en vertu de laquelle ces impôts sont établis; et les termes dans lesquels ils doivent être acquittés.

Ces formalités une fois remplies, il arrive de trois choses l'une : ou que le contribuable consent à payer sans réclamation, ou qu'il réclame, ou qu'il refuse de payer.

Si le contribuable consent à payer, il doit fournir chaque mois un douzième au moins de sa cotisation, et on lui remet une quittance sur papier libre et sans frais.

Si le contribuable réclame, sa réclamation tend à un dégrèvement, c'est-à-dire à une décharge, une réduction, une remise ou une modération.

Il y a lieu à *décharge :* Sur la contribution foncière, lorsqu'un contribuable est imposé pour un bien qui ne lui appartient pas ou qui dépend d'une autre commune ou qui a été déjà compris dans le même rôle.

Sur la contribution personnelle et mobilière, lorsqu'une personne est taxée dans une commune où elle n'a pas son domicile; lorsqu'elle se trouve dans un cas d'exception ; lorsqu'elle est imposée soit deux fois dans la même commune, soit dans deux communes en même temps.

Sur la contribution des portes et fenêtres, lorsqu'on est taxé pour des ouvertures que la loi exempte de l'impôt ou lorsqu'on est taxé deux fois pour le même bâtiment.

Sur la contribution des patentes, lorsqu'un industriel a été imposé deux fois dans les rôles d'une même année ou a cessé sa profession avant le 1er janvier de l'année pour laquelle le rôle est établi; lorsque la profession qui a déterminé la taxe en est exemptée par la loi.

Sur les redevances des mines, lorsqu'une personne est imposée deux fois pour les mêmes mines, ou à raison de mines qu'elle n'exploite point.

Il y a lieu à *réduction* : Sur les contributions foncière, personnelle et mobilière, dans les communes non cadastrées, lorsque l'égalité proportionnelle entre les contribuables n'est point observée ; dans les communes cadastrées, lorsqu'il y a erreur matérielle dans le calcul de la cotisation, lorsque les propriétés bâties ont éprouvé des détériorations, ou lorsque les propriétés non bâties viennent à disparaître par suite d'éboulements, inondations ou autres événements extraordinaires (1) ;

(1) *Voyez* plus haut de quelle manière et dans quel délai on peut réclamer contre les opérations du cadastre, lorsqu'elles tendent à introduire une surtaxe comparative au préjudice de tel ou tel contribuable.

Sur la contribution des portes et fenêtres, lorsqu'une personne est taxée pour un nombre d'ouvertures supérieur à celui qui existe dans les bâtiments par elle occupés;

Sur la contribution des patentes, lorsqu'un industriel est taxé au droit fixe dans deux communes, lorsqu'il a quitté sa profession pour en embrasser une soumise à un impôt plus faible, et cela avant le 1er janvier de l'année pour laquelle le rôle est établi, lorsque l'emploi qui sert de base au droit fixe est mal qualifié ou lorsque le loyer qui sert de base au droit proportionnel est évalué trop haut.

Sur les redevances des mines, lorsqu'il y a surtaxe ou erreur matérielle, ou renonciation faite par l'exploitant et admise conformément aux lois sur les mines.

Il y a lieu à *remise* lorsque les contribuables justifient avoir éprouvé des pertes par suite d'inondation, incendie, inoccupation d'appartement, malheurs commerciaux ou tout autre cause extraordinaire qui, en détruisant le revenu net, peuvent motiver l'exemption complète de l'impôt basé sur ce revenu.

Il y a lieu à modération lorsque les causes précitées, en diminuant le revenu net sur lequel est assis un impôt, commandent non l'exemption complète, mais l'exemption partielle.

Le contribuable, pour obtenir une décharge ou une réduction, doit rédiger une demande, qui est adressée au sous-préfet dans le délai de trois mois de l'émission des rôles et renvoyée ensuite au contrôleur chargé de vérifier les faits et de prendre des conclusions. Alors, de deux choses l'une, ou bien ces conclusions sont défavorables à la demande, et, en ce cas, le contrôleur invite le réclamant à déclarer dans les dix jours s'il veut donner suite à sa réclamation et faire procéder à une enquête; ou bien les conclusions du contrôleur sont favorables, et, en ce cas, ce fonctionnaire énonce positivement la somme qu'il estime devoir être accordée à titre de décharge ou de réduction.

Cela fait, le préfet et le directeur des contributions donnent chacun leur avis, et le conseil de préfecture statue, sauf recours au conseil d'État.

Quant aux réclamations tendant à obtenir des remises ou modérations, elles sont réunies à la fin de l'année par le directeur des contributions directes, et mises par lui sous les yeux du préfet qui, seul, prononce à leur égard.

Le montant des remises et modérations est acquitté, comme nous l'avons vu, sur des ressources spéciales votées par la loi annuelle des finances et appelées fonds de non-valeur.

Le montant des décharges et réductions est réimposé sur les rôles de l'année suivante, au profit de celui qui les a obtenues. Les décharges et réductions accordées sur l'impôt des patentes ne peuvent, cependant, motiver une réimposition, vu que les patentes ne sont pas un impôt de répartition, vu que l'erreur qui avait déterminé une taxe injuste pour tel contribuable n'avait point profité aux autres, et que dès lors on ne saurait, sans injustice, faire peser sur ces derniers les conséquences du dégrèvement de cette taxe.

Ainsi, les décharges et les réductions, qui font l'objet de droits rigoureux, sont, comme telles, toujours couvertes par des indemnités équivalentes, au moyen de réimpositions ; et, au contraire, les remises et modérations qui émanent d'un sentiment d'humanité, d'équité, sont subordonnées à l'étendue plus ou moins insuffisante d'un fonds voté à l'avance.

Toutefois, la loi du 28 juin 1833 a décidé que, dans les villes de 20,000 âmes et au-dessus, en cas de vacance, pendant trois mois au moins, des maisons dont les propriétaires ne se réservent pas la jouissance, et si, en outre, le fonds de non-valeur ne suffit pas, il y a lieu à accorder un dégrèvement qui sera réimposé l'année suivante au rôle de la contribution foncière.

Observons aussi que les remises et modérations ne peuvent jamais excéder la part d'impôt supportée par les objets qui ont éprouvé des pertes, et que nul n'est admis à réclamer un dégrèvement, quelle qu'en soit la cause ou l'étendue, si d'abord il ne paye la totalité de sa cote.

Maintenant, désirons-nous savoir ce qui a lieu lorsqu'un contribuable refuse de payer l'impôt ? nous avons à examiner quelles sont, en ce cas, les voies de poursuite, contre qui et dans quel délai ces voies peuvent être employées, quelles autorités en protégent l'exercice, quel privilége en assure l'effet.

Les voies de poursuite ouvertes contre les contribuables sont au nombre de six, savoir : la sommation gratuite, la sommation avec frais, la contrainte, le commandement, la saisie et la vente.

La *sommation gratuite*, qu'il ne faut pas confondre avec l'avertissement dont nous avons parlé, est délivrée dix jours au moins après l'échéance de l'impôt, elle est mise à la charge du percepteur et n'a pas besoin d'être renouvelée pour un même contribuable dans le cours de l'exercice.

La *sommation avec frais* ne peut avoir lieu que huit jours après l'acte précédent, et au cas où celui-ci est resté sans effet, cette sommation mentionne qu'à défaut de payement, dans trois jours, le porteur de contrainte viendra s'établir chez le contribuable à domicile réel et à ses frais.

La *contrainte* est décernée par le receveur particulier et emporte les mêmes effets que les jugements des tribunaux civils ; elle a pour objet d'exécuter la menace précédemment faite au contribuable, en soumettant celui-ci à la garnison collective ou à la garnison individuelle.

La garnison collective consiste dans l'envoi d'un porteur de contrainte qui s'établit successivement chez plusieurs contribuables retardataires, en commançant par le plus fort imposé, mais sans pouvoir rester plus de dix jours dans la même commune ou plus de deux jours chez la même personne, sans pouvoir non plus stationner chez les redevables qui payent moins de 40 fr. de contributions directes. Le porteur de contrainte remplit, en matière de contribution directe, les fonctions d'huissier, il est commissionné par le sous-préfet et prête serment; les frais de son séjour dans une commune sont répartis entre tous les retardataires proportionnellement à leur débet.

La garnison individuelle est employée lorsque la garnison collective n'est pas jugée assez sévère ou assez expéditive, elle consiste dans l'envoi d'une personne appelée garnisaire qui s'établit chez le contribuable, et à laquelle celui-ci est tenu de fournir le logement, la nourriture, et, de plus, un franc par jour. Le garnisaire reçoit son salaire des mains du percepteur; il ne peut passer plus de dix jours chez un même contribuable.

Le *commandement* est un acte qui a lieu lorsque les mesures précédentes sont restées sans effet, et qui enjoint au redevable de payer, dans le délai de trois jours, sous peine de saisie et vente de ses meubles.

La *saisie* peut avoir lieu trois jours après le commandement et être exercée sur tous les meubles du contribuable à l'exception de ceux énumérés en l'article 52 de l'arrêté du 16 thermidor an VIII et en l'art. 592 du Code de procédure civile. Du reste, les opérations de la saisie ne sont soumises à aucune forme légale; le législateur eût craint, en les déterminant, de compromettre, par des procédés rigoureux, généraux, permanents, les intérêts du trésor ou ceux des particuliers, car l'exercice de l'autorité en une matière aussi délicate nécessite le savoir, l'expérience, le zèle journalier de l'administration. Disons, toutefois, qu'en général la saisie est pratiquée en vertu de l'autorisation du préfet, par le porteur de contrainte qui en dresse procès-verbal et établit un gardien; que, dix jours après la clôture du procès-verbal et à la suite de publications et affiches, il est procédé à la vente des objets saisis; qu'enfin les instructions ministérielles relatives aux formalités qui précèdent et suivent cette vente, les rapprochent le plus que possible de celles tracées par le Code de procédure pour les ventes par autorité de justice.

Les voies de poursuite que nous venons d'énumérer peuvent être exercées : 1° contre les contribuables dénommés au rôle ou leurs représentants.

2° Contre les fermiers ou locataires, pour la contribution foncière des lieux tenus à bail, sauf l'obligation imposée aux locateurs d'imputer les sommes payées à ce titre sur les fermages et loyers qui leur sont dus; sauf également, pour les fermiers et locataires, le droit de n'être tenus que jusqu'à concurrence du prix de leurs baux, et, même, de se prévaloir des payements qu'ils ont faits sans anticipation, conformément à l'art. 1753 du Code civil.

3° Contre les propriétaires, usufruitiers et principaux locataires, dans les cas où, comme nous l'avons vu plus haut, ces personnes sont responsables de la contribution personnelle et mobilière, et du droit de patente imposé à leurs locataires ou sous-locataires déménagés.

4° Contre les débiteurs, notaires, commissaires-priseurs et autres détenteurs de deniers, pour les contributions de toute nature mises à la charge de leurs créanciers ou déposants, sans que, néanmoins, ces débiteurs et dépositaires puissent être tenus au delà des sommes prêtées ou déposées, mais aussi sans qu'ils puissent refuser ou même retarder le payement dont ils sont requis pour cause de saisies-arrêts formées entre leurs mains.

Les voies de poursuite en matière d'impôt direct doivent être dirigées par les percepteurs, dans les trois années qui suivent la remise du rôle entre leurs mains; si lesdits agents n'ont commencé aucune poursuite durant cette période, ou bien si, pendant trois années consécutives, ils ont interrompu des poursuites commencées, ils sont déchus de toute espèce d'action contre les contribuables.

En choisissant une juridiction pour résoudre les difficultés relatives aux impôts directs, le législateur pouvait craindre que la lenteur des habitudes judiciaires ne vînt souvent froisser les intérêts du trésor, et, de là, cette règle qui prescrit de porter devant la juridiction administrative tous les débats qui s'élèvent entre l'État et les contribuables au sujet des impôts directs. Aux termes de la loi, les conseils de préfecture décident, sauf recours devant le conseil d'État, si un particulier est soumis à la contribution foncière, si un contribuable a payé des

à-comptes, si les quittances qu'il fournit sont valables, si l'impôt d'un fonds vendu doit être supporté
par le vendeur ou par l'acquéreur, si les poursuites
qui ont précédé un commandement à fin de saisie
sont régulières, etc., etc.

Les préfets statuent seuls sur les demandes en
remise et modération; ils statuent, après avoir pris
l'avis des conseils de préfecture, sur les difficultés
élevées entre plusieurs communes au sujet de l'allivrement cadastral de chacune d'elles, sur les débats
entre les receveurs généraux et les percepteurs relativement aux comptes de leur perception, etc.

Les sous-préfets prononcent, sauf le recours au
préfet, dans tous les cas où il survient des obstacles
ou des incidents qui nécessitent une prompte décision.

Le ministre de l'intérieur juge, sauf recours au
conseil d'État, les réclamations relatives à la répartition des impositions extraordinaires autorisées par
ordonnances royales.

Toutefois, le législateur a dû laisser aux tribunaux civils certaines attributions, notamment en
ce qui touche les débats soulevés entre le trésor et
les non-contribuables; ainsi les tribunaux civils statuent sur les questions d'hérédité, de prescription,
de solidarité et autres questions de droit civil du
jugement desquelles dépend une dette de contributions; sur les questions de privilége élevées entre
le trésor public et des créanciers hypothécaires; sur
la validité des actes de poursuite qui ont pour objet

le recouvrement des impôts, depuis et y compris le commandement ; sur les difficultés relatives à une répétition de contributions payées par une personne à la décharge d'une autre personne, etc.

Le privilége qui assure l'effet des poursuites dirigées contre les contribuables est consacré par l'art. 2098 du Code civil et défini par la loi du 12 novembre 1808 ; cette loi accorde au trésor un privilége, pour l'année échue et l'année courante de la contribution foncière, sur les récoltes, fruits, loyers et revenus des biens immeubles sujets à cet impôt ; pour l'année échue et l'année courante des contributions personnelle et mobilière, des portes et fenêtres et des patentes, sur tous les objets mobiliers appartenant aux redevables, en quelque lieu que ces effets se trouvent.

Le privilége du trésor s'exerce avant tout autre, il est donc préféré à tous les priviléges énumérés en l'art. 2101 du Code civil ; mais, comme on vient de le voir, ce privilége n'affecte les immeubles en aucun cas, et le trésor n'a sur ces derniers biens que les droits d'un simple créancier chirographaire.

CHAPITRE II.

Des contributions indirectes.

Les contributions indirectes sont des contributions publiques qui se prélèvent sur divers biens meubles ou immeubles en vertu de tarifs et à l'occasion de certains mouvements, de certains changements ou de certains actes relatifs à ces biens.

Il sera traité, dans ce chapitre, des impôts perçus par l'administration des contributions indirectes, par celle de l'enregistrement et des domaines, par celle des douanes et par celle des postes.

SECTION PREMIÈRE.

De l'impôt perçu par l'administration des contributions indirectes.

L'administration des contributions indirectes perçoit les droits établis sur les boissons, le sel, le sucre indigène, les cartes à jouer, la navigation intérieure, les tabacs, la poudre à tirer, les voitures publiques, les matières d'or et d'argent, les droits d'octroi.

Nous allons examiner les principaux de ces droits, après avoir tracé d'abord quelques règles générales touchant les constatations, la responsabilité, les modérations, les poursuites, la procédure, les saisies, amendes et prescriptions qu'ils occasionnent.

§ Ier. *Règles générales.*

Constatations. La régie des contributions indirectes a seule le droit de constater, par des actes, les contraventions en matière de contributions indirectes proprement dites ; ce droit elle l'exerce au moyen d'employés qui ont caractère pour faire exécuter la loi, mais qui, en leur qualité de mandataires légaux et forcés, ne peuvent représenter la régie au point que leur fait soit réputé le fait de celle-ci, et que leur négligence, leur imprudence ou même les transactions qu'ils passent puissent être invoquées contre elle.

Les employés de la régie doivent, en tout temps et à toute heure du jour et de la nuit, surveiller au dehors, saisir et verbaliser ; mais ils ne peuvent faire leurs visites et exercer chez les redevables que pendant le jour et aux intervalles fixés par la loi du 28 avril 1816.

Responsabilité. En matière de contributions indirectes, et, pour ce qui concerne les droits, confiscations, amendes et dépens, le débitant est responsable non-seulement de son propre fait, mais encore de celui de ses préposés ou représentants légaux. Sont considérés comme représentants légaux du débitant et sont capables, à ce titre, de lier celui-ci par leurs aveux et déclarations : la femme du débitant, ses facteurs et agents, ses enfants, ses domestiques n'agissant pas à son insu, les conducteurs par lui employés, et, même, selon les circonstances, tout individu trouvé dans sa maison lors de la visite des employés. Il y a plus, le propriétaire ou le locataire des lieux dans lesquels on découvre des objets de contravention, est réputé auteur du délit, s'il ne justifie y être totalement étranger.

Modérations. Les règles relatives aux contributions indirectes étant fort nombreuses, compliquées et variables, il arrive souvent aux personnes même les plus éclairées de les enfreindre par ignorance, et, de là, la nécessité fréquente de remettre ou modérer les peines légales ; mais qui doit statuer sur cet objet ? L'administration, sans doute, puisqu'il s'agit ici d'une juridiction gracieuse qui exige la connaissance de faits propres à l'administration ; puisqu'en outre cette juridiction , si elle était conférée aux tribunaux, amènerait une confusion de pouvoirs , en permettant aux juges soit de neutraliser la loi qu'ils ont pour mission d'appliquer, soit de se livrer à des élans de générosité qui priveraient le fisc et affaibliraient les ressorts du gouvernement.

Poursuites. Par une dérogation à la règle générale qui confie au ministère public le droit d'agir au nom de la société contre les délinquants, la poursuite des contraventions en matière de contributions indirectes n'appartient qu'à la régie.

Par une autre dérogation établie en faveur des débitants, les préposés de la régie prévenus de crimes ou de délits commis dans l'exercice de leurs fonctions, doivent être poursuivis et traduits devant les tribunaux compétents, sans autorisation préalable et dans les formes communes à tous les citoyens.

Procédure. La loi du 28 avril 1816 avait annoncé une loi spéciale sur la procédure à suivre, devant les tribunaux , en matière de contributions indirectes ; cette dernière loi n'ayant pas été rendue, on est aujourd'hui encore forcé de recourir, en matière civile, aux formes observées par la régie de l'enregistrement, et, en matière correctionnelle, au décret du 1er germinal an XIII; à défaut de celui-ci, au Code d'instruction criminelle et au Code de procédure civile.

Les contestations élevées en matière de contributions indirectes sont du ressort des tribunaux correctionnels lorsqu'elles portent sur l'existence même du fait matériel qui constitue une contravention ; elles sont du ressort des tribunaux civils lorsque, sans nier encore l'exactitude d'un fait, le prévenu veut établir sa légalité, ou, en d'autres termes, lorsque la question porte sur le fond du droit. Les décisions données par le ministre des finances, par les directeurs généraux et autres fonctionnaires, sur les difficultés relatives à la perception des impôts indirects ne sont, de leur nature, que des instructions pour les préposés de la régie, et ne peuvent être opposées aux particuliers comme une solution légale des différents qui les concernent.

L'exécution de la contrainte décernée contre un redevable pour défaut de payement des droits, ne peut être suspendue que par une opposition motivée formée par le redevable et contenant assignation, à jour fixe et à huitaine au plus tard, devant le tribunal civil de l'arrondissement. L'instruction à laquelle cette assignation donne lieu se fait par simples mémoires signifiés, elle nécessite toutefois le rapport d'un juge et les conclusions du ministère public.

L'opposition à un jugement par défaut rendu en matière de contributions indirectes est permise ; le délai accordé pour la former est de huitaine à partir de la signification du jugement, lorsque celui-ci émane d'un tribunal civil ; si, au contraire, le jugement émane d'un tribunal correctionnel, l'opposition doit avoir lieu dans les cinq jours.

Quant à l'appel, il est notifié à la partie sans déclaration au greffe, et ce, dans la huitaine de la
signification du jugement de première instance.

Saisie. La confiscation des objets saisis en contravention est prononcée nonobstant la nullité du
procès-verbal de saisie, lorsque, d'ailleurs, la contravention se trouve suffisamment constatée par
l'instruction.

Mais, si le tribunal juge la saisie mal fondée, il peut
condamner la régie qui l'a pratiquée aux frais du
procès et à ceux de fourrière, et, de plus, à une indemnité qui n'excède pas un pour cent par mois de
la valeur des objets saisis.

Amende. L'amende, en matière de contributions
indirectes, ne peut être poursuivie contre les héritiers des contrevenants, attendu qu'elle est une peine
et que les peines sont personnelles; il n'en est pas
de même de la confiscation.

Les condamnations pécuniaires contre plusieurs
personnes pour un même fait de fraude, sont prononcées solidairement.

Prescription. La prescription d'un an établie en
matière de contributions indirectes court pour les
droits exigibles et non pour des confiscations et
amendes qui n'auraient pas été prononcées par jugement.

§ II. *Droits sur les boissons.*

Les boissons que le législateur a frappées d'un
droit, sont : les vins, les esprits et liqueurs, la bière
et les autres boissons produites par la fermentation.

le vin mout ou non cuvé et l'hydromel. Mais les eaux-de-vie esprits cessent d'être soumis à l'impôt sur les boissons, dès qu'ils ont subi une dénaturation complète qui les rend impropres à servir comme tels.

Pour assurer la perception des droits sur les boissons, le législateur les a variés de plusieurs manières; il a établi des droits de circulation, d'entrée, de vente en détail, de consommation, de vente en gros, de fabrication et de licence. Disons quelques mots sur chacun d'eux.

Droit de circulation.

Le droit de circulation est dû à chaque enlèvement ou déplacement de vins, cidres, poirés, eaux-de-vie, esprits et liqueurs composées d'eaux-de-vie ou d'esprits, sauf les exceptions et modifications suivantes :

Sont exemptés du droit de circulation : 1º les boissons que les propriétaires font conduire des pressoirs publics ou privés dans leurs caves ou celliers; 2º celles que les négociants, marchands en gros, courtiers, facteurs, commissionnaires, distillateurs et débitants, font transporter d'une cave à une autre cave située dans le même département; 3º celles qu'un colon partiaire, un fermier ou un preneur à bail emphytéotique remet au propriétaire ou reçoit de lui en vertu de baux authentiques ou d'usages notoires; 4º celles qui sont enlevées pour l'étranger et les colonies françaises. Il n'est perçu qu'un seul droit de circulation pour le transport au lieu déclaré quelle que soit la longueur ou la durée du trajet, et nonobstant toute interruption et changement de voie ou de moyens de transport.

Afin de garantir la perception de ce droit, il a été établi que les boissons transportées d'un lieu à un autre seraient accompagnées d'un acte d'expédition mentionnant : l'espèce, la qualité et la quantité des boissons ; les nom, prénoms, demeure et profession des expéditeurs, voituriers, acheteurs ou destinataires ; le lieu de l'enlèvement et celui de la destination.

Cet acte qui s'obtient sur une déclaration préalable faite au bureau de la régie par l'expéditeur ou l'acheteur prend, selon les cas, le nom de congé, d'acquit-à-caution, de passavant :

Le *congé* est l'expédition qui accompagne le transport des vins, cidres et poirés dont les droits se payent au moment de la mise en circulation. On doit se munir du congé lorsqu'il n'y a pas lieu à la délivrance de l'acquit-à-caution ou du passavant, cet acte ne s'obtient que moyennant le payement intégral des droits portés en l'art. 1er de la loi du 28 avril 1816.

L'acquit-à-caution est l'expédition qui accompagne les boissons lorsqu'envoyées à l'étranger ou aux colonies, elles sont, comme telles, exemptes d'impôt ; ou bien lorsqu'adressées à un débitant, on doit suspendre, pour elles, la perception du droit jusqu'au moment de leur arrivée. L'acquit-à-caution est destiné, d'une part, à dispenser l'expéditeur d'avances coûteuses, et, d'autre part, à prévenir la fraude qui pourrait résulter de cette faveur; aussi l'acquit-à-caution forme-t-il un véritable contrat dans lequel il est établi : 1° que la régie dispense l'expéditeur de la prise d'un congé onéreux, mais qu'en retour, celui-ci s'oblige, sous caution, à payer à la régie un double droit au cas où il ne rapporterait point, dans un certain délai, la preuve que les boissons ont reçu la destination déclarée ; 2° que cette preuve doit résulter de la décharge de l'acquit-à-caution donnée au lieu indiquée dans l'acte ; 3° que ce lieu ne pourra être changé sans qu'il y ait ouverture à la perception du droit, si ce n'est du consentement de la régie.

Le passavant est l'expédition qui s'obtient en cas de dispense du droit et lorsque la fraude n'est pas à craindre, lorsque, par exemple, on fait transporter des vins, cidres et poirés dans un des cas prévus par les art. 3 et 4 de la loi du 28 avril 1816. Le passavant et l'acquit-à-caution se délivrent moyennant le simple coût de 25 centimes.

L'acte d'expédition ne peut être remplacé par aucune autre pièce, si ce n'est par un laissez-passer; on nomme *laissez-passer* un acte marqué du timbre de la régie, signé par l'expéditeur et renfermant toutes les indications à faire dans la déclaration ; lorsqu'un simple passavant est nécessaire et que la régie n'a pas de bureau dans le lieu de l'enlèvement, le conducteur qui est muni d'un laissez-passer peut différer de prendre une expédition jusqu'au passage des boissons devant le premier bureau.

Toute contravention à la loi qui prescrit de se munir d'une expédition pour déplacer des vins, eaux-de-vie, etc., est punie de la confiscation des boissons saisies et d'une amende de 100 à 600 fr. ; afin de montrer quelle application rigoureuse est donnée à cette loi, citons quelques exemples fournis par la jurisprudence : on considère comme ne rapportant aucune expédition, celui dont l'expédition contient une mention incomplète ou fausse. — Cassation, 1er sept. 1809 et 19 juill. 1811 (Dalloz, rec. alph. t. 4, p. 65 et 66).

Le simple chargement des boissons, opéré par leur déplacement de l'intérieur à l'extérieur de l'édifice qui les renfermait, suffit pour mettre en contravention l'acheteur qui a omis de se procurer une expédition. — Besançon, 19 juillet 1821 (Dalloz, rec. alph. t. 4, p. 56).

Une quantité d'eau-de-vie évaluée à 50 gouttes par le procès-verbal de saisie et trouvée chez un débitant dépourvue d'expédition, constitue une contravention. — Cass., 9 fév. 1811 (Dalloz, *id.*, p. 49).

Le débitant que l'on trouve, chez lui, buvant, avec un tiers, une bouteille de vin qu'il prétend avoir été apportée par celui-ci et pour laquelle il ne représente pas de congé, est en contravention pour ce simple fait. —Grenoble, 3 juin 1813 (Dalloz, *id.*, p. 53).

Les particuliers non débitants ne sont point, il

est vrai, tenus de fournir expédition pour les boissons une fois rendues chez eux, mais ils restent soumis à toutes les rigueurs de la loi lors du transport
de ces liquides.

Ainsi, toute personne trouvée porteur d'un demi-
litre d'eau-de-vie et non munie d'un congé est en
contravention, si elle ne justifie être dans le cas
d'exception établi par le décret du 21 décembre 1808
en faveur des voyageurs. — Caen, 14 août 1812
(Dall., *id.*, p. 50).

Bien plus, il ne suffit point pour déplacer des boissons de s'être muni des actes prescrits par la loi;
on doit encore exhiber ces actes, sur première réquisition et à l'instant même, aux divers employés
des contributions indirectes, des douanes et des octrois; au défaut de cette exhibition immédiate, lesdits
employés sont tenus de saisir les marchandises en
contravention, et, en outre (mais seulement comme
garantie de l'amende, s'il n'est donné caution solvable), les voitures, chevaux et autres objets servant à leur transport.

La bonne foi même du prévenu qui alléguerait
avoir perdu un congé, et qui le représenterait durant le cours de l'instance ne pourrait lui servir
d'excuse, car la règle qui assimile l'exhibition tardive
au défaut d'exhibition est tellement absolue, qu'elle
s'applique à tout retard non justifié par un acte rédigé sur les lieux, lors de l'événement et par les
autorités compétentes; ce retard eût-il la cause la
plus naturelle, et eût-il même cessé avant la clôture

du procès-verbal. — Grenoble, 14 mai 1824 (Dall.,
id., p. 42).

Les préposés de la régie peuvent, dans les expéditions qu'ils délivrent pour le voyage des boissons, fixer, en raison des distances à parcourir et des moyens de transport, le délai dans lequel le voyage sera effectué; ils peuvent même comprendre ce délai entre deux termes, à jour et heure fixes, hors desquels l'expédition délivrée cessera d'être valable.

Toutefois, le délai dont il s'agit sera prolongé pour cause de séjour, conformément à l'art. 14 de la loi du 28 avril 1816, ou pour force majeure.

En matière de droits sur les boissons, tous événements étrangers à la volonté des conducteurs, lorsqu'ils sont tels qui ne permettent pas de continuer la route par les moyens de transport indiqués, constituent la force majeure; mais, pour prouver ces événements, il ne suffit pas des allégations du prévenu, ni de simples témoignages, ni de présomptions et inductions, il faut l'attestation des employés de la régie, ou, au moins, celle du maire de la commune la plus voisine.

Droit d'entrée.

Le droit d'entrée est un impôt indirect qui est perçu, dans les villes et communes ayant une population d'au moins quatre mille âmes, sur les boissons introduites ou fabriquées à l'intérieur et destinées à la consommation du lieu.

Ce droit diffère du précédent en ce qu'il n'est

perçu qu'à l'entrée de certaines communes, et varie selon que celles-ci sont rangées dans telle ou telle classe, vu l'étendue de leur population agglomérée ; tandis que le droit de circulation est général et se perçoit, partout, d'après les mêmes bases.

Des différences plus grandes encore distinguent les droits d'entrée et d'octroi, malgré leur apparente similitude : le premier, en effet, est une contribution publique votée par le roi et les chambres au profit de l'État, le second est un impôt communal, voté au profit de la commune par le conseil municipal, sauf approbation du gouvernement ; l'un est restreint aux seules boissons, l'autre porte à la fois sur plusieurs objets de consommation intérieure ; celui-ci varie selon les besoins de chaque localité, celui-là est le même pour toutes les villes et communes ayant une population égale ; enfin, le droit d'octroi ne se perçoit qu'en deçà des limites indiquées par des poteaux où sont écrits ces mots *octroi de* ***, tandis que le droit d'entrée affecte, en outre, les boissons qui sont reçues par les débitants établis dans des maisons détachées et éparses sur le territoire de la commune soumise au droit.

Tout conducteur de boissons est tenu, avant de les introduire dans un lieu sujet au droit d'entrée, d'en faire la déclaration au bureau de la régie, de produire les expéditions qui accompagnent son chargement et d'acquitter les droits dus pour celui-ci s'il est destiné à la consommation du lieu.

Tout conducteur doit, en outre, se conformer

aux prescriptions de l'art. 26 de la loi du 28 avril 1816, qui règle, pour chaque mois de l'année, les heures auxquelles pourra avoir lieu l'introduction des boissons dans les communes où se paye un droit d'entrée.

Une seule contravention aux règles ci-dessus serait punie de la confiscation des boissons saisies et d'une amende de 100 à 200 fr., selon la gravité des cas; et le contrevenant verrait, en outre, saisir, avec ses boissons, les chevaux et objets servant à leur transport, à moins qu'il ne voulût consigner le maximum de l'amende ou fournir caution solvable. Bien plus, le conducteur qui aurait usé de voitures suspendues payerait une amende de 1,000 fr., et celui qui aurait commis la fraude à l'aide d'escalade, de souterrain ou à main armée subirait, indépendamment de la confiscation et de l'amende, une peine correctionnelle de six mois de prison.

Afin d'assurer l'application desdites peines, la loi permet aux employés de la régie de visiter, à leur entrée dans les villes sujettes aux droits, tout voyageur à pied ou à cheval et toute voiture publique ou particulière, suspendue ou non suspendue, à l'exception seulement des courriers. Quant au droit qui se prélève sur les boissons fabriquées à l'intérieur, la loi autorise la régie à se rendre, à l'époque des vendanges, chez les propriétaires récoltants, à inventorier leurs récoltes, et à faire payer les droits dus pour celles-ci, à moins qu'elles ne se trouvent dans les conditions qui permettent de jouir de l'entrepôt.

Ceci nous mène à observer que les droits d'entrée dans les villes, à l'instar des droits de douane, et par l'effet de besoins analogues, ont donné lieu aux bénéfices du transit et de l'entrepôt. Comme nous aurons à décrire ces deux institutions au sujet des douanes, bornons-nous, pour l'instant, à quelques règles propres au transit et à l'entrepôt en matière de droit d'entrée.

Le transit a, ici, pour objet de permettre le passage des boissons à travers une ville sans payer de droit d'entrée ; si les boissons en transit doivent séjourner moins de vingt-quatre heures, le conducteur est tenu de consigner ou de faire cautionner à l'entrée de la ville le montant du droit, et de se munir d'un permis de passe-debout ; mais, si le séjour desdites boissons doit durer plus d'un jour, le transit sera, en outre, dans ce délai et avant le déchargement, déclaré au bureau de la régie, conformément à l'art. 14 de la loi du 28 avril 1816. Dans l'un et l'autre cas, la consignation ou le cautionnement ne peut cesser qu'à la sortie et après vérification des liquides.

L'entrepôt offre à ceux qui introduisent et à ceux qui fabriquent dans une ville, au moins neuf hectolitres de vin, dix-huit hectolitres de cidre, ou quatre hectolitres d'eau-de-vie, des lieux où ces boissons peuvent être déposées pour un temps illimité, sans payer de droit d'entrée et sans nécessiter ni consignation ni cautionnement. Les droits d'entrée, comme les droits de douane, ont en effet donné naissance à des entrepôts réels ou publics, et à des entrepôts fictifs ou à domicile; seulement ces derniers, favorisant la fraude, ont été supprimés dans toutes les communes qui possèdent un entrepôt public.

Les boissons régulièrement mises en entrepôt, de même que celles en transit, n'ont à subir aucun droit si elles sortent de la ville, et elles ne supportent, au cas contraire, que le simple droit d'entrée.

Droit de vente en détail.

Le droit de vente en détail est perçu à la vente des vins, cidres, poirés, boissons de marc de raisin, eaux-de-vie, esprits ou liqueurs composées d'eau-de-vie ou d'esprit, lorsque ces boissons se débitent par quantités inférieures à un hectolitre. La loi du 12 décembre 1830 a réduit ce droit à 10 p. o/o du prix de vente, sans préjudice de la remise accordée par l'art. 85 de la loi du 28 avril 1816, à tout propriétaire qui vend en détail les boissons de son cru.

Sont censés faire la vente en détail des boissons et soumis, de plein droit, aux obligations que la loi impose à cette industrie : les cabaretiers, aubergistes, traiteurs, restaurateurs, maîtres d'hôtel garni, cafetiers, liquoristes, buvetiers, débitants d'eau-de-vie, concierges et autres faisant profession de donner à manger au jour, au mois ou à l'année.

Quant aux personnes qui exercent d'autres professions, elles ne sauraient, d'après leur seule qualité, être comprises au nombre des débitants de boissons,

mais un seul fait de vente en détail des liquides désignés plus haut leur confère cette qualité, si ce fait
est matériellement établi à leur égard.

Pour faciliter l'assiette et la perception régulières
du droit de vente en détail, la loi impose aux débitants plusieurs obligations énumérées par la loi du
28 avril 1816.

Les personnes convaincues d'avoir vendu des boissons en détail sans déclaration préalable, sont condamnées à une amende de 300 fr. à 1,000 fr., et en
outre à la confiscation des boissons, laquelle toutefois peut être remplacée par une somme de 1,000 fr.
payable en sus de l'amende.

Les débitants qui, après avoir déclaré cesser leur
débit, continuent à s'y livrer, subissent les mêmes
peines, et de plus sont contraints au payement des
droits pour tout le temps écoulé depuis leur déclaration, en fixant ces droits d'après ceux qu'ils ont dû
payer à la régie pour le trimestre précédent.

Toutes autres contraventions commises par les
marchands en détail sont punies de la confiscation
des objets saisis, et d'une amende qui est pour la
première fois de 50 fr. au moins, et de 300 fr. au
plus, et qui, en cas de récidive, est toujours de
500 fr.

Les visites domiciliaires prescrites par la loi pour
assurer la perception du droit de vente en détail,
sont imposées non-seulement aux débitants, mais à
d'autres personnes encore.

En effet, toutes les fois qu'il y a soupçon de

fraude, les non-débitants eux-mêmes doivent subir la visite des commis de la régie, à charge par ceux-ci :

1° De se munir d'un ordre écrit spécial et nominatif, rendu à cet effet par un employé supérieur de la régie ;

2° D'énoncer dans le procès-verbal de visite, et, à peine de nullité, l'exhibition de cet ordre ;

3° De se faire accompagner, au défaut d'ordre spécial, par un contrôleur ambulant ;

4° Enfin d'être assistés du juge de paix, du maire, de l'adjoint du maire ou d'un commissaire de police.

Cependant la loi présente un moyen d'échapper aux rigueurs onéreuses de l'exercice sans blesser les intérêts de l'État ; ce moyen est l'abonnement.

On nomme *abonnement* une convention par laquelle la régie et le contribuable substituent une prestation fixe à un droit dont le produit est successif, casuel et variable.

Il existe quatre sortes d'abonnements pour le droit sur les boissons : l'abonnement individuel, l'abonnement à l'hectolitre, l'abonnement général par communes, et l'abonnement collectif ou par corporation.

L'abonnement individuel est fait, de gré à gré, pour un an au plus, entre la régie et tel ou tel débitant ; son but est de substituer un droit fixe au droit de détail.

L'abonnement à l'hectolitre est également convenu entre la régie et le débitant, mais il ne peut être fait pour plus de deux trimestres, et il a pour seul objet d'affranchir le débitant de la déclaration de ses prix de vente, en soumettant à un même droit chaque hectolitre de boisson, quelle qu'en soit l'espèce ou la qualité.

Les abonnements individuels et à l'hectolitre ont cela de commun qu'ils se constatent au moyen d'un écrit approuvé par le directeur des contributions indirectes, et qu'ils sont révoqués de plein droit en cas de fraude ou de contravention dûment établie.

L'abonnement général par commune est passé entre la régie et le conseil municipal de telle ou telle commune; il a pour but de substituer au droit de détail et de circulation dans l'intérieur, une somme fixe payable par vingt-quatrième, de quinzaine en quinzaine. Ainsi, l'effet de l'abonnement général est d'affranchir de l'exercice tous les débitants d'une certaine commune, et de permettre que les boissons y circulent sans aucune formalité. Ajoutons que cet abonnement est fait par écrit et pour un an; qu'il n'est exécuté qu'après l'approbation du ministre des finances; enfin, qu'il est révoqué de plein droit au cas de non payement d'un seul terme à l'époque fixée, sans préjudice des voies de contrainte à exercer par la régie sur le receveur municipal.

L'abonnement collectif ou par corporation est contracté entre la régie et les syndics des débitants d'une commune, sur la demande des deux tiers au moins de ces débitants, approuvée en conseil municipal; il remplace le droit de détail par un équivalent à répartir sur l'ensemble des redevables, aussi ne peut-il être souscrit que pour un an, et admis par la régie qu'autant qu'il offre un produit égal à celui d'une année moyenne calculée d'après trois années consécutives d'exercice. L'abonnement collectif doit être autorisé par le ministre des finances, mais il peut être exécuté provisoirement en vertu d'un arrêté du préfet, rendu sur la proposition du directeur de la régie ; cet abonnement, une fois adopté, est réparti entre les débitants par les soins des syndics, et nul, dès lors, ne peut s'établir dans la commune pour y faire le commerce de boissons en détail, s'il ne remplace un autre commerçant.

Droit de consommation.

Le droit de consommation est perçu sur les eaux-de-vie, liqueurs et esprits autres que ceux qui sont envoyés d'un domicile dans un autre, ou d'un pays à un autre, ou à des personnes sujettes aux exercices de la régie.

Néanmoins, le débitant qui cesse son commerce, et le marchand en gros d'esprits, eaux-de-vie et liqueurs, doivent payer le droit de consommation, savoir : le premier, pour les quantités d'eaux-de-vie, esprits et liqueurs qu'il conserve, et le second, pour les quantités de ces boissons qui manquent à ses charges, après la déduction fixée par l'art. 103 de la loi de 1816.

Le droit de consommation est de 10 p. 0/0 ; il se

règle d'après le prix-courant de la vente en détail au lieu de destination, et se paye à l'arrivée des boissons, avant la décharge de l'acquit à caution.

L'alcool employé à la fabrication du vinaigre est soumis au droit de consommation, et les eaux-de-vie versées sur les vins ne sont elles-mêmes affranchies de ce droit qu'autant qu'elles n'excèdent pas un vingtième du liquide auquel elles sont mêlées, et que le versement a lieu en présence des employés de la régie.

Droit de vente en gros.

Les ventes faites par les marchands en gros sont apparentes, et ont pour objet des boissons régulièrement expédiées, ou bien elles résultent implicitement de ce fait que les boissons inscrites à leurs charges ne sont pas toutes représentées ; au premier cas ces ventes donnent ouverture au simple droit de circulation ; au deuxième, elles entraînent un droit de 10 p. o/o comme les ventes en détail elles-mêmes.

Sont réputés marchands en gros : les négociants, facteurs, commissionnaires, courtiers, dépositaires, distillateurs, bouilleurs de profession, et même tous particuliers qui reçoivent ou expédient soit un hectolitre de boissons en une ou plusieurs futailles, soit des boissons en caisses et paniers de vingt-cinq bouteilles et au-dessus.

De ce nombre il faut cependant excepter : 1° les particuliers qui reçoivent accidentellement une pièce, une caisse ou un panier de vin, pour le partager avec d'autres personnes, pourvu que, dans sa déclaration, l'expéditeur ait énoncé les noms et domiciles du destinataire et des copartageants, ainsi que la quantité destinée à chacun d'eux ; 2° les personnes qui, lors de leur changement de domicile, vendent des boissons qu'elles ont reçues pour leur propre consommation ; 3° les héritiers qui vendent, aussitôt après le décès de leur auteur, les boissons dépendant de la succession de celui-ci, et provenant de sa récolte ou de ses provisions, pourvu que le défunt n'ait été ni débitant, ni fabricant de boissons.

Les marchands en gros qui veulent ne payer qu'un simple droit de circulation, doivent déclarer les quantités, espèces et qualités de boissons qu'ils possèdent, soit au lieu de leur domicile, soit ailleurs ; représenter des expéditions régulières pour les boissons qu'ils reçoivent postérieurement, et remplir d'autres formalités prescrites par la loi des finances de 1816.

Ces marchands sont en outre soumis aux exercices de la régie, mais ils peuvent transvaser et mélanger leurs boissons hors de la présence de ses employés.

N'omettons pas de dire : 1° que nul n'est réputé avoir cessé le commerce en gros des boissons, tant qu'il lui reste des liquides en quantité supérieure à ce qui est reconnu nécessaire à sa propre consommation ; 2° qu'une personne qui, après avoir déclaré qu'elle cesse le commerce, viendrait à le continuer sans déclaration nouvelle, encourrait une peine de 500 à 2,000 francs, sans préjudice de la confiscation de ces boissons; 3° que toute autre contravention aux règles prescrites, par la loi de 1816, aux marchands en gros, est punie de la confiscation des objets saisis, et d'une amende de 50 à 300 francs.

Droit de fabrication.

Le droit de fabrication s'applique aux bières et aux boissons distillées.

Le droit de fabrication sur les bières est réglé par des tarifs variables, mais établis de manière à ce que la petite bière soit toujours imposée au quart de la bière forte.

En vue d'assurer la perception du droit de fabrication, la loi du 28 avril 1816 impose aux brasseurs des obligations rigoureuses, notamment celle de faire au bureau de la régie, et, avant de s'établir, la déclaration du lieu où seront situés leurs établissements, et de la contenance de leurs chaudières, cuves et brocs.

Le droit de fabrication sur les boissons distillées est soumis aux mêmes règles que le droit sur les bières, en ce qui touche les déclarations à faire, le mode de travail et la surveillance à exercer par les employés de la régie, sauf toutefois certaines différences de formes tenant à la différence des procédés de chaque industrie, et rapportées notamment aux articles 139 et 141 de la loi du 28 avril; sous d'autres rapports, le droit de fabrication entraîne les mêmes devoirs que le droit de vente en gros. Terminons en disant que les employés de la régie sont autorisés,

par l'art. 142 de la loi précitée, à convenir, de gré
à gré, avec les bouilleurs et distillateurs, d'une base
d'évaluation pour la conversion des vins, cidres,
poirés, lies, marcs et fruits en eaux-de-vie ou
esprits.

Droit de licence.

On nomme licence une permission spéciale, par
laquelle le gouvernement autorise telle ou telle personne à se livrer à certaine industrie, et par exemple, à la vente des boissons, à l'entreprise des
voitures publiques, à la fabrication des cartes à
jouer.

La licence, en tant qu'elle a pour objet le débit des
boissons, est exigée de toute personne obligée par
la loi à faire une déclaration préalable; elle ne vaut
que pour l'année de sa délivrance, et pour un seul
établissement; elle ne s'obtient que moyennant un
prix annuel, appelé droit de licence.

Le droit de licence est fixé par le tarif joint à la
loi du 28 avril 1816, et payable comptant et en entier, quelle que soit l'époque de l'année à laquelle la
licence est obtenue.

Toute contravention relative au droit de licence
est punie d'une amende de 300 francs, qui, en cas
de fraude, s'accroît du quadruple des droits fraudés.

Remplacement de divers droits à Paris et autres villes.

Depuis 1816, les droits de circulation, de détail et
de consommation avaient été remplacés, à Paris, au

moyen d'un droit unique perçu aux entrées, et supporté proportionnellement par tous les consommateurs ; quant aux autres villes, elles étaient restées soumises aux inconvénients des exercices. Mais, après la révolution de juillet, deux lois, l'une du 12 décembre 1830, l'autre du 21 avril 1832, ont permis aux villes ayant une population agglomérée de 4,000 âmes et au-dessus, de voter, par l'organe de leurs conseils municipaux, une taxe unique à l'entrée pour remplacer soit les droits de circulation, d'entrée, de licence et de détail, soit seulement les trois derniers de ces impôts.

§ III. *Droit sur les sels.*

Le droit établi sur les sels est de 30 francs par quintal métrique, exigibles lors de la déclaration d'enlèvement ; cette règle cependant reçoit exception : 1° pour les sels destinés à l'étranger, ces produits donnent lieu seulement à l'acquit du droit ordinaire de balance du commerce et au timbre du congé ; 2° pour les sels destinés à la salaison de la pêche et pour ceux employés à la fabrication de la soude, ces produits sont exempts de tous droits.

La perception du droit sur les sels est garantie : en ce qui touche l'exploitation des marais salans, au moyen d'un régime rigoureux consacré par les lois des 28 juillet 1791 et 24 avril 1806, le régime dont il s'agit nécessite une autorisation spéciale donnée par le roi ; en ce qui touche l'exploitation des sources salées, au moyen d'abonnements fixés d'ac-

cord avec les propriétaires d'après le degré de sa-
lure, et payés avant l'enlèvement des eaux ; l'administration délivre aux fabricants, chez qui des eaux
sont ainsi transportées, des expéditions en franchise
de droit jusqu'à concurrence des quantités de sel que
ces eaux peuvent produire ; en ce qui touche la fabrication des sels et liqueurs salines, au moyen
d'une autorisation spéciale prescrite par ordonnance
royale du 19 mars 1817, sous peine de la saisie de
ces produits, de la destruction des ustensiles servant
à les préparer, et d'une amende de 300 à 600 francs ;
en ce qui touche l'enlèvement du sel, au moyen
d'une déclaration préalable à faire au bureau le plus
voisin du lieu de l'extraction, et de l'obtention d'un
congé ou d'un acquit à caution que les conducteurs
sont tenus de représenter à toute réquisition des
préposés, et ce, dans les trois lieues des côtes et
frontières, ou des fabriques et salines de l'intérieur.

L'administration des douanes concourt avec la régie des contributions indirectes à la perception du
droit sur le sel ; elle exerce dans le rayon des côtes
et frontières, tandis que la régie se borne à surveiller les salines et fabriques de l'intérieur avec
leurs alentours.

§ IV. *Droit de navigation intérieure.*

Le droit de navigation intérieure est perçu, au
profit de l'État, sur les rivières navigables ou flottables, et sur quelques canaux.

On nomme ici *rivières navigables* les fleuves et

rivières qui portent bateaux, et ont un caractère d'utilité publique, par opposition à ceux qui ne servent qu'à la communication des villages et hameaux.

On nomme ici *rivières flottables* les fleuves et rivières qui portent trains ou radeaux, par opposition à ceux où l'on fait flotter à bûches perdues.

Des ordonnances royales déterminent quelles portions de fleuves, rivières, canaux et contre-fossés sont navigables ou flottables avec bateaux, trains ou radeaux, et, comme telles, sont entretenues par l'État ou ses ayants cause.

Le droit de navigation fut établi par la loi du 3o prairial an X, et, dans l'origine, son produit fut spécialement affecté à l'amélioration de la navigation et à l'entretien des ouvrages d'art. Toutefois le mode irrégulier et souvent injuste d'après lequel ce droit avait été réglé pour chaque cours d'eau, rendait fort difficile l'évaluation des sommes à payer sur les diverses lignes, et il importait d'établir des règles moins gênantes pour le commerce; l'application d'un nouveau système a donc été essayée sur la basse Seine, en vertu de la loi du 23 mai 1834, puis généralisée pas la loi du 9 juillet 1836. Cette dernière loi fixe le droit de navigation en raison de la distance parcourue et du poids du chargement ou du volume des trains, conformément à un tarif annexé à ses dispositions; elle règle le poids du chargement d'après la différence entre le poids du bateau chargé et celui du bateau vide y compris ses agrès; elle ordonne des mesures qui permettent de vérifier cette

différence à première vue ; elle divise les marchandises en deux classes, selon leur valeur relative et
l'encombrement qu'elles occasionnent à bord ; elle
exempte de tout droit les bateaux entièrement vides,
les bateaux pêcheurs qui portent uniquement des
objets relatifs à la pêche, ainsi que les bacs, batelets
et canaux servant à traverser d'une rive à l'autre ;
enfin elle prescrit aux conducteurs de bateaux,
trains ou radeaux, de se munir de laissez-passer,
d'acquits-à-caution, de connaissements ou de lettres
de voiture, qui devront toujours être en rapport
avec les chargements, et seront représentés, à toute
réquisition, aux employés des contributions indirectes, des douanes, de l'octroi, de la navigation, aux
éclusiers et aux maîtres de ponts et pertuis.

Observons cependant que la perception du droit
de navigation sur les navires, bâtiments et bateaux
allant de la mer aux ports situés à l'embouchure des
fleuves, et réciproquement, continue d'être faite
d'après le mode et les tarifs antérieurs ; et que, du
reste, la loi de 1836 ne modifie en rien les droits
établis sur les canaux concédés.

§ V. Droits sur les voitures publiques.

On nomme voiture publique toute voiture qui est
employée au transport non gratuit des voyageurs et
des effets mobiliers. Les droits sur les voitures publiques diffèrent suivant que celles-ci font un service
régulier ou seulement un service d'occasion à la volonté des voyageurs ; au premier cas, ils sont réglés

par abonnement, oa fixés conformément à un tarif, d'après le prix des places que les voitures contiennent et le prix de transport des marchandises qu'elles conduisent; au deuxième cas, ils s'évaluent en raison du nombre de roues et de places appartenant à chaque voiture; toute voiture publique doit, en outre, être revêtue d'une estampille dont le prix est de 2 francs.

Les droits dont il s'agit sont indépendants : 1° de l'impôt des patentes auquel tout entrepreneur de voitures publiques est soumis; 2° du droit de 25 centimes par poste et par cheval, qui est dû aux maîtres de postes par les entrepreneurs de voitures publiques et de messageries suspendues, lorsque ces voitures font plus de dix lieues par jour, et ne sont point desservies par les chevaux de la poste.

§ VI. *Droit de garantie sur les matières d'or ou d'argent.*

Le gouvernement vérifie l'exactitude du titre des ouvrages d'or ou d'argent fabriqués de neuf, et des lingots d'or ou d'argent affinés; il constate cette vérification au moyen de poinçons qu'il appose; il fait observer par les fabricants et marchands certaines règles propres à empêcher qu'aucun objet n'échappe à son examen; enfin, il punit les fraudes et contraventions que ses agents ont pu découvrir.

Le droit de garantie est un impôt qui est payé au gouvernement à l'occasion de ces divers services.

Ce droit n'atteint point les ouvrages d'or ou d'argent dits de hasard, et remis dans le commerce; les

objets d'or ou d'argent appartenant aux ambassadeurs
et envoyés des puissances étrangères, les bijoux d'or
à l'usage personnel des voyageurs, non plus que les
ouvrages en argent qui servent au même usage, et
dont le poids n'excède pas un demi-kilogramme.

Mais, sauf ces exceptions, tout objet d'or ou d'argent venant de l'étranger doit être représenté aux
employés des douanes sur les frontières du royaume,
pour être alors expédié au bureau le plus voisin, y
recevoir la marque et payer les droits ordinaires.

Quant aux ouvrages neufs d'or et d'argent qui ont
été fabriqués en France, qui ont acquitté le droit de
garantie, et sortent ensuite du royaume, ils recouvrent seulement les deux tiers du droit payé par eux,
l'État se réservant l'autre tiers comme indemnité de
ses frais de garantie.

§ VII. *Droit sur les tabacs.*

Le droit sur les tabacs consiste dans le bénéfices
du privilége exclusif qui est accordé au gouvernement
pour la fabrication et la vente des tabacs dans toute
l'étendue du royaume.

Les règles relatives à ce privilége sont consignées
dans les lois des 28 avril 1816 et 12 février 1835;
elles tendent, d'une part, à assurer aux manufactures royales un approvisionnement déterminé, et,
d'autre part, à interdire toute quantité de tabac en
dehors de cet approvisionnement. Cependant, la loi
s'adoucit en faveur des curieux, des botanistes et
herboristes, comme aussi en faveur des personnes

qui produisent pour exporter ; elle permet aux premiers de cultiver, dans leurs jardins et enclos, jusqu'à vingt pieds de tabac, sans avoir besoin de déclaration ni de permission.

§ VIII. *Des droits d'octroi*

Les droits d'octroi sont des taxes perçues aux barrières de certaines communes sur divers objets de consommation locale. On ne peut ranger ces droits parmi les contributions publiques, puisqu'ils sont établis non en faveur de l'État, mais au profit de telle ou telle commune, puisqu'en outre ils peuvent être créés par ordonnance.

Toutefois, comme, en vertu de la loi du 28 avril 1816, l'État prélève un dixième sur le produit de ces droits, comme la régie des contributions indirectes a la surveillance générale de l'administration et de la perception des octrois dans tout le royaume, nous tracerons ici les principales règles qui les concernent.

Les droits d'octroi sont réglés par des tarifs que les conseils communaux fixent pour leurs communes respectives. C'est en effet à ces conseils qu'il appartient d'établir les tarifs d'octroi, car ils sont les représentants naturels des communes, et d'ailleurs leur position les met à même de mieux connaître les besoins de celles-ci ; si, aux termes de la loi, les délibérations des conseils municipaux, en matière d'octroi, sont adressées par le maire au sous-préfet, et par celui-ci au préfet, si le préfet les envoie aux ministres de l'intérieur et des finances, pour être soumises à la direction générale des contributions indirectes, et ensuite au roi, il faut voir là une conséquence de cette tutelle que le gouvernement accorde aux communes, et non l'exercice d'un droit supérieur, vu que les tarifs votés par les conseils municipaux doivent être rejetés ou approuvés par le roi sans aucune modification.

Les conseils municipaux décident encore d'après quel mode les droits d'octroi seront perçus; ce mode de perception peut être la régie simple, la régie intéressée, l'abonnement avec l'administration des contributions indirectes ou le bail à ferme.

D'après le mode de régie simple, les droits d'octroi sont perçus sous l'autorité immédiate du maire pour le compte et aux frais de la commune; suivant le mode de régie intéressée, ils sont perçus pour le compte d'une personne qui s'en est rendue adjudicataire moyennant un prix fixe et une certaine part du produit net de l'octroi; en cas d'abonnement avec la régie des contributions indirectes, ils sont perçus, sous la surveillance du maire, par les employés de cette administration; enfin, s'il existe un bail à ferme, les droits d'octroi sont perçus par des agents à la solde du fermier, et l'administration locale qui n'entre point dans le partage des bénéfices, se borne alors à toucher le prix convenu, et à faire les dispositions propres à garantir le recouvrement exact des produits.

Ainsi donc, la perception des droits d'octroi est

effectuée tantôt par les employés de la régie des contributions indirectes, et tantôt par des préposés spéciaux. Ces préposés doivent être âgés de vingt-et-un ans, assermentés et nommés sur la présentation du maire, soit par le préfet, soit même par le ministre; de plus, ils sont placés sous la protection de l'autorité publique et peuvent requérir l'assistance de la force armée. Observons, toutefois, que les employés de la régie des contributions indirectes, alors même qu'il n'a été passé aucun abonnement avec cette régie, peuvent aussi dresser procès-verbal des fraudes ou contraventions qu'ils découvrent, et doivent en outre diriger, dans l'intérêt des communes comme dans celui du trésor, les exercices auxquels ils procèdent chez les brasseurs, distillateurs et entrepositaires de boissons, sauf à faire payer par les octrois une portion des dépenses que ces exercices occasionnent.

La perception des droits d'octroi s'étend sur les faubourgs des villes et bourgs, elle peut aussi s'effectuer dans les banlieues en subissant les modifications que les circonstances ou les localités nécessitent; mais elle ne doit point atteindre les dépendances rurales entièrement détachées du lieu principal.

Tout porteur ou conducteur d'objets soumis à l'octroi est tenu, avant de les introduire, d'en faire la déclaration au bureau et d'acquitter les droits sous peine d'une amende de 100 à 200 fr. Si, nonobstant l'interpellation des préposés, des objets avaient été introduits en fraude de la loi, ils devraient être saisis, déposés au bureau le plus voisin et vendus dans les dix jours, à moins qu'on ne se fût présenté à ce bureau pour payer l'amende encourue, ou pour former opposition à la vente.

Les préposés de l'octroi peuvent faire sur les voitures et autres moyens de transport toutes les perquisitions nécessaires; ils peuvent poursuivre et saisir à l'intérieur les objets qu'ils ont vus pénétrer du dehors sans acquitter de droits; ils sont même autorisés à se rendre, assistés d'un officier de police, dans les maisons où les objets ont été transportés; et, dans ces divers cas, ils constatent les contraventions reconnues par eux au moyen de procès-verbaux dressés conformément à la loi du 9 décembre 1814, et faisant foi jusqu'à inscription de faux.

Tout ce qui concerne les passe-debout, transit et entrepôt en matière d'octroi, est réglé par les art. 37 à 55 de l'ordonnance du 9 décembre 1814.

Les actions auxquelles donnent lieu les procès-verbaux des employés de l'octroi, les questions que soulève un prévenu pour sa défense, et les contestations élevées entre l'administration des octrois et les contribuables, touchant l'application du tarif, sont du ressort exclusif de l'autorité judiciaire; quant à l'autorité administrative, elle n'est compétente que lorsqu'il s'agit d'interpréter le cahier des charges de l'adjudication de l'octroi, l'ordonnance royale qui en règle le tarif ou tout autre acte administratif.

Terminons en faisant observer : 1º que les maires peuvent, sauf l'approbation des préfets, consentir, par voie de transaction, et, même, après le jugement rendu, la remise de tout ou partie des amendes encourues; 2º que, dans les villes sujettes aux droits d'entrée, l'octroi ne saurait, à moins de cas extraordinaires, excéder ces derniers droits; 3º que les voitures particulières suspendues sont, depuis la loi du 24 mai 1834, soumises aux mêmes visites que les voitures publiques; 4º enfin qu'il est défendu aux employés de l'octroi, sous peine de tous dommages-intérêts, de faire usage de la sonde dans la visite des caisses, malles ou ballots annoncés contenir des objets susceptibles d'être endommagés.

SECTION II.

Impôts perçus par l'administration de l'enregistrement et des domaines.

Les impôts perçus par l'administration de l'enregistrement et des domaines sont : les droits d'enregistrement, de timbre, de sceau et de greffe; les droits pour inscriptions hypothécaires; les amendes judiciaires; les droits pour passe-port et permis de port d'armes de chasse; les frais de justice, de poursuite et d'instance. Nous ne parlerons ici que des droits d'enregistrement et de timbre.

§ Ier. *Droits d'enregistrement.*

L'enregistrement consiste dans l'analyse ou la description de certains actes sur des registres publics, il assure l'existence de ces actes, et leur confère une date certaine et authentique. Les avantages de l'enregistrement ont porté le législateur à le prescrire d'une manière presque générale, et à le soumettre d'ordinaire au payement d'un droit.

En effet, la loi ne dispense de l'enregistrement que les actes du gouvernement, et ceux des autorités administratives ou des établissements publics lorsqu'ils ne portent pas vente, marché, cautionnement; les actes sous seing-privé exclusivement relatifs à la dette publique; les mandats sur les caisses publiques; les quittances de contributions, droits et créances payés à l'État; les actes de l'état civil; les passe-ports; les légalisations; les cédules pour citer devant le juge de paix; les quittances de fournisseurs, ouvriers, etc., produites comme pièces justificatives de compte; et autres actes en fort petit nombre.

La loi, d'autre part, ne permet d'enregistrer gratis que certains actes tels que ceux qui concernent l'exercice des droits électoraux, le service de la garde nationale, l'expropriation pour cause d'utilité publique, et ceux dont les droits seraient directement ou indirectement à la charge de l'État.

Les droits d'enregistrement sont fixes ou proportionnels; les droits fixes sont indépendants des valeurs que les actes ont en vue, leur taux s'élève de 5o cent. à 1oo francs; les droits proportionnels, au contraire, varient selon l'importance de ces valeurs, la nature des conventions, les liens de parenté entre les donateurs et les donataires, les héritiers et leurs auteurs. Les droits fixes sont prélevés sur les actes civils judiciaires ou extra-judiciaires qui ne libèrent ni n'obligent personne et ne transmettent la propriété ou la jouissance d'aucun bien ; les droits proportionnels se perçoivent sur les obligations, libérations, condamnations, liquidations de sommes et valeurs et sur toute transmission de propriété, d'usufruit, de jouissance, quant aux biens meubles ou immeubles.

Les droits fixes et proportionnels se payent d'ordinaire avant l'enregistrement, car les actes ne sont enregistrés en débet que lorsque le ministère public agit pour assurer l'exécution de la loi et lorsqu'il faut concilier l'intérêt du trésor avec la rapidité nécessaire à l'action de la justice. Ces droits sont acquittés, par les fonctionnaires et officiers ministériels, pour les actes émanés d'eux, et, par les parties elles-mêmes, pour les actes sous seing-privé et ceux passés en pays étranger, pour les jugements et actes administratifs, pour les actes délivrés directement par les juges et arbitres, pour les droits de succession et de mutation entre-vifs sans titre.

Les mêmes droits sont supportés, quant aux actes qui entraînent obligation, libération ou translation de propriété, par les débiteurs et nouveaux possesseurs, et, quant à tous autres actes, par les parties qui en profitent.

Pour assurer la perception des droits d'enregistrement, la loi prescrit aux fonctionnaires et officiers ministériels de tenir un répertoire où ils inscrivent jour par jour les actes qu'ils reçoivent; aux dépositaires de registres et titres publics de les communiquer, à toute réquisition, aux préposés de l'enregistrement; aux maires, de fournir, chaque trimestre, les notices des décès aux receveurs de l'enregistrement. La loi, en outre, permet à l'administration de requérir l'expertise en vue d'établir le prix des propriétés immobilières, lorsqu'il est évident qu'on a simulé ce prix afin de payer un droit plus faible. Enfin la loi crée des amendes fixes et des amendes proportionnelles, elle annule même, pour défaut d'enregistrement, les exploits ou procès-verbaux soumis aux droits fixes.

Le recouvrement des droits d'enregistrement et des amendes y relatives se poursuit au moyen d'une contrainte décernée par le receveur ou par un employé supérieur et déclarée exécutoire par le juge de paix; l'instance à laquelle cette contrainte donne lieu, en cas d'opposition, est instruite et jugée par le tribunal civil de l'arrondissement où est situé le bureau de perception, et cela, sur simples mémoires, sans plaidoiries, sans ministère d'avoué.

§ II. *Droits de timbre.*

Le timbre est une marque apposée sur le papier qui sert à certaines écritures ou à certaines impressions. On distingue le timbre ordinaire, le timbre extraordinaire et le visa pour timbre.

Le timbre ordinaire est celui qui s'appose sur un

papier débité par l'administration de l'enregistrement, et dont tous officiers et fonctionnaires publics sont tenus de se servir pour les minutes, copies ou expéditions des actes qu'ils rédigent.

Le *timbre extraordinaire* est celui qui s'appose sur le papier non débité par l'administration, soit que ce papier serve aux actes des personnes non fonctionnaires ni officiers publics, soit qu'on l'emploie aux annonces, affiches, journaux - nouvelles, journaux-musique, etc.

Le *visa pour timbre* consiste dans une mention ou visa qui est écrit par le receveur de l'enregistrement, et qui remplace le timbre pour les effets venant de l'étranger, pour ceux qui portent une somme de plus de 20,000 fr., pour les écrits passibles de droits et amendes comme n'ayant pas rempli la formalité préalable du timbre, pour les actes à l'égard desquels le payement immédiat du droit de timbre n'est pas exigé et ceux que la loi permet de timbrer gratis.

Le droit de timbre est proportionnel ou de dimension; on nomme *droit de timbre proportionnel* celui qui est gradué d'après l'étendue des sommes portées aux actes; on nomme *droit de timbre de dimension* celui qui varie suivant la destination et la dimension du papier.

Le droit de timbre proportionnel se perçoit sur le papier des effets de commerce et des obligations sous seing-privé; il est fixé à 15 centimes pour les billets de 300 fr. et au-dessous, à 25 centimes pour les billets de 3oo à 5oo fr., à 5o centimes pour les billets de 5oo à 1,ooo fr. et à 5o cent. , par chaque millier de francs, pour les billets de 1,ooo fr. et au-dessus. Le droit de timbre de dimension se perçoit : 1° sur le papier des actes publics et des actes sous seing-privé autres que les obligations; 2° sur les avis, affiches, prospectus, journaux-musique , répertoires des fonctionnaires publics et des officiers ministé-riels; 3° sur les feuilles des journaux-nouvelles ayant une superficie de 3o décimètres carrés et au-dessous; il est fixé , au premier cas, à 35 cent. la demi-feuille et à 2 fr. la grande feuille ; il s'élève , au deuxième cas , de 1 à 10 centimes; enfin, au troisième cas , il est de 3 centimes pour les demi-feuilles et de 6 cen-times pour les feuilles entières.

Toutefois, comme nous l'avons annoncé , il est des actes pour lesquels le droit de timbre n'est pas immédiatement exigé , il en est même qui sont tout à fait exempts de ce droit; les premiers sont les actes de poursuite faits à la requête du ministère pu-blic, et les actes que la loi permet de viser pour timbre en débet; les deuxièmes sont les actes qui concernent les élections de la garde nationale, l'ex-propriation pour cause d'utilité publique, les caisses d'épargne, les chemins vicinaux.

Observons encore que la loi exempte spécialement de la formalité du timbre les actes et registres de l'administration publique , les inscriptions de rente sur le grand-livre de la dette publique , les quit-tances inférieures à 10 francs , les ouvrages relatifs aux sciences et aux arts paraissant au plus une fois par mois et contenant au moins deux feuilles d'impression, les avis ou prospectus relatifs à ces ouvrages, etc.

Pour assurer la perception du droit de timbre, la loi a créé un système d'amendes et de solidarité sévère, elle a fixé le nombre de lignes et de syllabes par ligne que chaque page d'expédition doit contenir, elle a même défendu d'écrire un acte sur une feuille de papier qui déjà renfermerait un autre acte, encore bien que celui-ci fût inachevé ou biffé.

Les règles établies par les lois des 22 frimaire an VII et 27 ventôse an IX, touchant les poursuites et instances en matière de l'enregistrement, sont applicables au droit de timbre.

SECTION III.

Impôts perçus par l'administration des douanes.

On nomme *douanes* une institution qui a pour objet d'empêcher, par des prohibitions, de restreindre par divers impôts ou de faciliter par des primes soit l'entrée, soit la sortie de certaines marchandises. L'administration des douanes perçoit les droits de douanes, les droits de navigation, la taxe de consommation des sels et quelques droits accessoires. Nous nous occuperons seulement des premiers.

Dans le but de favoriser l'industrie française, le gouvernement frappe par des taxes diverses certaines marchandises à leur entrée en France ou à leur sortie de ce pays ; ces taxes sont les droits de douane.

Nous allons exposer rapidement les règles au moyen desquelles le législateur a voulu assurer la perception des droits de douanes, en ménageant le plus que possible les intérêts du commerce et de l'industrie nationale; quant aux tarifs de ces droits, ils sont trop variés, trop mobiles, et, surtout, trop étendus pour trouver place dans ce livre.

Les règles dont il s'agit se rapportent à l'organisation des préposés des douanes chargés du service actif, au rayon frontière, aux importations par mer, aux importations par terre, aux exportations, aux relâches, au payement des droits, aux primes à la sortie, aux entrepôts, au transit, au cabotage, aux poursuites et oppositions, au privilége de l'administration et à la contrebande.

Organisation des préposés. La loi arme les préposés des douanes chargés du service actif contre les attaques des fraudeurs, elle les organise en légions et en bataillons, elle prescrit aux autorités constituées de leur faire prêter main-forte tant par les troupes de ligne que par la garde nationale et la gendarmerie ; elle punit d'une amende de 5oo fr. quiconque les trouble dans l'exercice de leurs fonctions, elle ne permet point de les poursuivre pour faits relatifs à leurs fonctions sans une autorisation préalable du directeur, elle excuse même les homicides qu'ils peuvent commettre pour se défendre ; la loi protége aussi les particuliers contre les entreprises des préposés de la régie des douanes en déclarant celle-ci responsable du fait de ces préposés agissant dans l'exercice de leurs fonctions.

Rayon frontière. On nomme rayon frontière ou rayon des douanes tout l'espace compris entre la limite du royaume et une ligne intérieure parallèle à cette limite et tracée à la distance de 2 myriamètres ou 5 lieues de poste. Le rayon frontière fait particulièrement l'objet de la surveillance des douanes, il est même soumis à des règles spéciales de police ; ainsi, certaines manufactures ne peuvent s'établir dans ce rayon à cause des facilités qu'elles laisseraient à la fraude ; ainsi encore, le rayon frontière est constamment parcouru par les chaloupes des préposés de la douane, et ceux-ci ont le droit de se présenter à bord de tous les bâtiments qu'ils rencontrent pour demander copie de leur manifeste et en viser l'orignal.

Importations par mer. Les règles relatives aux importations par mer prescrivent à tout capitaine de présenter à la douane, aussitôt après l'arrivée du navire : 1° l'original de son manifeste (le manifeste est un acte qui exprime la nature de la cargaison et renferme un état général des ballots, caisses, etc., qui la composent) ; 2° un rapport de mer qui donne, en quelque sorte l'historique du voyage ; 3° une déclaration en détail qui désigne le lieu du chargement, celui de la destination, l'espèce, la qualité des marchandises, et, en outre, le poids, la mesure, le nombre ou la valeur de celles-ci suivant qu'elles acquittent les droits d'après l'une ou l'autre de ces bases. L'original du manifeste comparé avec la déclaration en détail sert à prouver qu'aucune fraude n'a été commise du moins depuis l'époque de son visa ; le rapport de mer sert à établir les causes de relâche forcée, à justifier des retards ou fortunes de mer ainsi que des avaries éprouvées, et à faire profiter le bâtiment des franchises attachées à la pêche nationale ; enfin la déclaration en détail sert à faciliter l'application du tarif des droits, faute de cette déclaration, les marchandises sont retenues dans les magasins de la douane pendant deux mois et vendues ensuite au profit de l'État.

Les règles sur les importations par mer prescrivent, en outre, de ne point procéder au débarquement avant le dépôt des trois actes ci-indiqués, et hors de la présence des préposés de la douane chargés de vérifier si le nombre, le poids, la quantité et la qualité des marchandises débarquées sont conformes à la déclaration en détail.

Importations par terre. A l'égard de ces importations, la loi se borne à exiger que les marchandises soient conduites au premier bureau des douanes, qu'elles soient accompagnées d'une déclaration en détail faite par les voituriers ou par les propriétaires ; qu'elles soient visitées et vérifiées par les préposés des douanes et sous la responsabilité de ceux-ci ; qu'elles ne puissent sortir du premier bureau d'entrée avant que les droits aient été portés en recette.

Exportations. La perception des droits d'exportation est assurée au moyen d'une déclaration en détail et d'une visite faite, au bureau des douanes, à la sortie des marchandises soit par terre, soit par mer; ainsi aucune marchandise ne doit être embarquée sans la permission des préposés et hors de leur présence, et il est défendu, sous peine de confiscation et d'amende, à tout capitaine de se mettre en mer s'il n'est porteur d'un acquit de payement des droits. Observons, cependant, que lorsqu'une ville située à l'intérieur fait un commerce assez important, il peut y être établi des bureaux de douanes pour la déclaration et la visite des marchandises à exporter, et que ces formalités, une fois remplies, ne doivent pas être renouvelées au bureau de sortie.

Relâche. La relâche ou discontinuation de marche d'un navire est volontaire ou forcée ; dans l'un et l'autre cas, elle est soumise à des règles propres à empêcher la fraude; ces règles veulent notamment que tout capitaine d'un navire en relâche volontaire dépose copie de son manifeste au bureau de la douane ; et que, lorsqu'un vaisseau en relâche forcée a besoin d'être radoubé, les marchandises qu'il renferme soient mises en dépôt sous la clef du capitaine et sous celle de l'administration.

Payement des droits. Les droits de douanes doivent en général être payés, soit à l'entrée, soit à la sortie du royaume, au bureau le plus voisin de la frontière, et les marchandises qui donnent lieu à ces droits ne peuvent être remises en liberté qu'après leur acquittement. Observons, toutefois, qu'il y a lieu à réduire les droits de douanes en cas de dépréciation causée par événements de mer, si cette dépréciation est constatée par une vente publique ; que les destinataires ne sont tenus de payer les droits pour les objets à eux adressés, qu'autant qu'ils acceptent ces objets ; enfin que la loi exempte des droits de douane les marchandises venant de l'étranger et destinées à l'étranger, pourvu qu'elles restent à bord et qu'il soit justifié de leur destination ultérieure.

Primes à la sortie. Si, d'une part, l'intérêt de l'État justifie la perception de divers droits sur les matières premières, d'autre part, la protection accordée à l'industrie française veut qu'à l'exportation des produits résultant de ces matières, les droits prélevés soient rendus, car leur maintien n'aurait d'autre effet que de réduire le travail intérieur, en fermant à ses produits les marchés du dehors. Tel est le principe qui a dicté au législateur l'institution des primes à la sortie. D'après ce principe, on conçoit nettement l'économie de ces primes, et il est presque superflu de dire que la loi ne permet de les accorder qu'aux produits dont l'origine française est prouvée par un certificat du fabricant français lui-même.

Entrepôt. L'intervalle assez long qui souvent s'écoule entre l'arrivée et la vente en France des produits étrangers, eût été préjudiciable au commerce s'il eût fallu, toujours et tout d'abord, payer les droits dont ces produits sont passibles : cette considération a donné naissance aux entrepôts réels et fictifs.

Les entrepôts réels sont des emplacements publics, vastes, commodes et sûrs, où les négociants peuvent déposer leurs marchandises jusqu'au moment de leur mise en circulation, sans être tenus, avant cette époque, de payer les droits fixés par le tarif : les entrepôts réels sont établis par ordonnance royale dans les grandes places de commerce ; ils forment un seul corps de bâtiment, et leurs magasins sont fermés à deux clefs, dont l'une est remise à l'administration des douanes chargée de les surveiller, et l'autre au commerce chargé de les entretenir. Les marchandises ne peuvent rester en entrepôt au delà du temps fixé par la loi ; elles doivent, à leur sortie, subir une nouvelle visite et payer les droits selon le tarif.

Les entrepôts fictifs sont des magasins particuliers qui offrent momentanément, à certaines marchandises, les avantages des entrepôts réels. Les négociants qui veulent procurer un entrepôt fictif à telles ou telles marchandises doivent préalablement :

1° Déclarer aux bureaux des douanes les magasins où ils comptent les renfermer ;

2° Faire leur soumission cautionnée de les réexporter avant l'expiration du délai légal, ou de payer les droits fixés par le tarif, et, jusqu'à cette époque, de les représenter en même qualité et quantité chaque fois qu'ils en seront requis ;

3° S'interdire, à l'égard de ces marchandises, tout changement de magasin opéré sans une déclaration préalable et un permis spécial de la douane.

Transit. Le transit est, pour les marchandises étrangères, le privilége de traverser la France en remplissant certaines formalités; le transit, comme l'entrepôt, est établi dans l'intérêt de l'industrie; son but spécial est de faire participer les Français au bénéfice du commerce de transport. Ceux qui veulent profiter du transit doivent déclarer à la douane les quantités, espèces et qualités de leurs marchandises; faire vérifier et plomber celles-ci; les expédier au moyen d'un acquit-à-caution; s'obliger, par cet acquit, à les exporter en passant par tels et tels bureaux où elles seront représentées et reconnues; enfin se soumettre à rapporter, dans un délai qui ne peut être de plus de vingt jours, le même acquit-à-caution, revêtu du certificat de décharge et de sortie, sous peine de payer le quadruple des droits d'entrée et une amende de 5oo francs.

Cabotage. Le cabotage permet aux marchandises étrangères d'aller d'un port de la France à un autre sans payer aucun droit. Le cabotage est au transport maritime ce que le transit est au transport par terre, et la loi a subordonné la jouissance de ces deux priviléges à l'accomplissement des mêmes conditions.

Poursuites et opposition. Les droits de douane se poursuivent, au moyen d'une contrainte, contre les redevables et leurs cautions; cette contrainte, délivrée par le receveur et visée par le juge de paix, est exécutoire, même par corps, quand la somme réclamée excède en principal 3oo francs; s'il y a lieu à opposition, celle-ci doit être portée devant le juge de paix, et n'est recevable qu'après consignation de la somme réclamée.

Privilége. La loi accorde à l'administration des douanes, pour le payement des droits qui lui sont dus, un privilége sur les meubles des redevables et de leurs cautions; ce privilége n'est primé que par les frais de justice et les six derniers mois de loyer.

Contrebande. On nomme contrebande un délit qui consiste, soit à introduire en France, soit à faire sortir frauduleusement de ce pays des marchandises prohibées ou soumises à un droit. Les préposés des douanes sont autorisés à faire toutes poursuites nécessaires pour découvrir la contrebande; mais ils ne sauraient, sauf en cas de flagrant délit et en quelques autres circonstances, ni pénétrer dans une maison, ni saisir les papiers d'un citoyen, à l'effet d'opérer ou de faciliter leurs recherches.

SECTION IV.

Impôts perçus par l'administration des postes.

L'administration des postes est chargée : 1° du transport exclusif des lettres et du transport non exclusif des échantillons de marchandises, des journaux, brochures, livres brochés et autres imprimés ; 2° de la remise des envois d'argent ; 3° du transport des voyageurs.

Le premier de ces services motive la perception d'un droit qui est fixé, en général, d'après le poids des dépêches, et la distance, à vol d'oiseau, entre le lieu de leur départ et celui de leur destination.

Le service des envois d'argent est fait, aux risques et périls de l'administration, moyennant un droit qui s'élève à 5 p. o/o de la somme envoyée, quelle que soit d'ailleurs la distance à parcourir.

Le transport des voyageurs s'effectue, soit dans les malles-postes, soit dans les paquebots, moyennant une rétribution modique fixée à raison de tant par personne.

Afin d'assurer la perception du droit de port de lettres, la loi défend, sous peine d'une amende de 150 à 500 francs, à toute personne étrangère au service des postes, de se charger du transport des lettres cachetées ou non cachetées ; elle ne fait exception que pour les lettres d'envoi qui accompagnent des sacs de procédure ou des paquets pesant plus de deux gros, pour les lettres qui sont uniquement relatives au service personnel des messageries, et pour les lettres qui seraient découvertes au moyen de perquisitions exercées sur la personne d'un voyageur, alors que celui-ci n'est ni piéton, ni messager, ni conducteur de messageries.

Il faut cependant observer que divers fonctionnaires publics jouissent de la franchise et du contre-seing : on nomme *franchise* le privilége en vertu duquel une personne peut recevoir, sans en payer le port, toutes les lettres qui lui sont adressées, ou

certaines lettres seulement ; on nomme *contre-seing*
le privilége qui permet à une personne de faire parvenir ses dépêches exemptes de taxe, à l'aide d'une
griffe ou signature qu'elle appose sur leur enveloppe.

FIN

TABLE DES MATIÈRES

CONTENUES DANS CE VOLUME (1).

Pages.

Caractères généraux du droit administratif (*son objet et ses rapports avec le droit commun*).   1

Première partie. — Des institutions administratives.

TITRE Ier. — Attributions générales de l'administration (*ses rapports avec l'autorité judiciaire*).   9

CHAP. Ier. Action administrative. 10
CHAP. II. Décisions administratives. 12
CHAP. III. Limites assignées à l'administration. 18
CHAP. IV. Assistance prêtée par les lois à l'administration. . . . 23

  Section 1re. Assistance prêtée par les lois à l'action administrative. *Ib.*
  Section 2. Assistance prêtée par les lois à la juridiction administrative. 25
    § 1er. *Conflits positifs.* 26
    § 2. *Conflits négatifs.* 38

  Section 3. Assistance prêtée aux fonctions administratives. . . 41

TITRE II. — *De l'autorité royale.* 52
TITRE III. — *Règles générales sur la tutelle administrative.* 67
TITRE IV. — *Organisation départementale et municipale.* 70

CHAP. Ier. Division territoriale. . . . . *Ib.*
CHAP. II. Des départements. 75

  Section 1re. Agents des départements. 77
    § 1er. Du conseil général. . . . . *Ib.*
    § 2. *Des préfets.* 84
    § 3. *Des conseils de préfecture.* 92
    § 4. Des secrétaires généraux de préfecture. 98

(1) On a reproduit en caractères italiques les intitulés du programme de M. DE GÉRANDO.

Pages.

Section 2. Budget départemental.   98
  § 1er. De l'actif.   90
  § 2. Du passif. 102

Section 3. Tutelle des départements. 105

CHAP. III. Des arrondissements. 108

Section 1re. Des conseils d'arrondissement. . . . . . Ib
Section 2. Des sous-préfets. 112

CHAP. IV. Des cantons. 115
CHAP. V. Des communes. . . . . Ib

Section 1re. Administration de la commune. 117
  § 1er. Du conseil municipal. . . . . Ib.
  § 2. Délibérations du conseil municipal. 120
  § 3. Attributions de l'administration. 122

Section 2. Des maires et des adjoints. 124
  § 1er. Attributions des maires. 128
  § 2. Attributions des adjoints. 134

Section 3. Secrétaires des mairies. 136
Section 4. Des commissaires de police. 137
Section 5. De la police rurale. 139
  § 1er. Des gardes champêtres. 140
  § 2. De la gendarmerie. 142

Section 6. Biens des communes. 143
Section 7. Budget communal. 151
  § 1er. De l'actif. 156
  § 2. Du passif. 159

Section 8. Tutelle des communes. 160

TITRE V. — Des établissements publics. 168
TITRE VI. — Des sociétés anonymes et des compagnies financières. 172
TITRE VII. — De la cour des comptes. 180

CHAP. Ier. De son organisation. 181
CHAP. II. De ses attributions. 183
CHAP. III. Du jugement des comptes. 188
CHAP. IV. De l'exécution des arrêts. 190

TITRE VIII. — Du conseil d'état. 192

Deuxième partie. — Des services publics.

TITRE Ier. — De la naturalisation. 201

CHAP. Ier. Comment elle s'opère. 202
CHAP. II. Effet de la naturalisation à l'étranger. 205

TITRE II. — Changements de noms. 209

Pages.

TITRE III. — *De la voirie.* 210

CHAP. Iᵉʳ. *De la grande voirie.* 211

Section 1ʳᵉ. Des routes. . . . . *Ib.*
§ 1ᵉʳ. Propriété des routes.. 213
§ 2. Charges des riverains. 214
§ 3. Police en matière de grande voirie. 220

Section 2. *Du roulage.* 224
Section 3. Voirie urbaine qui se réfère à la grande voirie. . . 225

CHAP. II. *Voirie vicinale.* 226

Section 1ʳᵉ. Des chemins vicinaux. . . . . *Ib.*
§ 1ᵉʳ. Des chemins vicinaux ordinaires. . . . . *Ib.*
§ 2. Des chemins vicinaux de grande communication 235

Section 2. Voirie urbaine. 237

TITRE IV. — *Des eaux courantes.* 247

CHAP. Iᵉʳ. Cours d'eau naturels . . . . *Ib.*

Section 1ʳᵉ. Fleuves et rivières. 248
§ 1ᵉʳ. *Cours d'eau navigables ou flottables.* . . . . *Ib.*
§ 2. *Cours d'eau non navigables ni flottables.* 255

Section 2. Cours d'eau d'un ordre inférieur 257

CHAP. II. Des canaux. 258
CHAP. III. Des usines. 261

TITRE V. — *Du régime forestier* 263
TITRE VI. — *Des brevets d'invention.* 264

Section 1ʳᵉ. Des brevets d'invention proprement dits. 265
§ 1ᵉʳ. Caractères généraux. 266
§ 2. Formalités qui précèdent leur délivrance. 269
§ 3. Des personnes brevetables. 271
§ 4. Effets des brevets d'invention. 272
§ 5. Causes de déchéance. 275
§ 6. Prorogation des brevets. 279
§ 7. Actions qui naissent des brevets 280

Section 2. Brevets de perfectionnement. 282
Section 3. Brevets d'importation 285

TITRE VII. — *De la propriété littéraire.* 287
TITRE VIII. — *Du domaine public* 292
TITRE IX. — *Des contributions publiques.* 297

CHAP. Iᵉʳ. Des contributions directes. 300

Section 1ʳᵉ. Contribution foncière 302
§ 1ᵉʳ. Ses bases. . . . . *Ib.*
§ 2. Sa répartition. 307

Section 2. Contribution personnelle et mobilière. 320
§ 1er. Ses bases. 321
§ 2. Sa répartition. 324
§ 3. Sa conversion. 328

Section 3. Contribution des portes et fenêtres. . . . . *Ib.*
§ 1er. Ses bases. 329
§ 2. Sa répartition. 330
§ 3. Son mode de payement. 332

Section 4. Contribution des patentes. . . . . *Ib.*
§ 1er. De quoi elle se compose. 333
§ 2. Par qui elle est due. 334
§ 3. Pour quel temps. 336
§ 4. Comment le droit de patente est garanti. 337

Section 5. Redevances sur les mines. 339
Section 6. Centimes additionnels. 340
Section 7. Recouvrement sur les contributions directes. 344

CHAP. II. Des contributions indirectes. 356

Section 1re. Impôts perçus par l'administration des contributions indirectes. 357
§ 1er. Règles générales. . . . . *Ib.*
§ 2. Droits sur les boissons. 361
§ 3. Droits sur les sels. 380
§ 4. Droits de navigation intérieure. 381
§ 5. Droits sur les voitures publiques. 383
§ 6. Droit de garantie sur les matières d'or et d'argent. . . 384
§ 7. Droits sur les tabacs. 385
§ 8. Droits d'octroi. 386

Section 2. Impôts perçus par l'administration de l'enregistrement et des domaines. 390
§ 1er. Droits d'enregistrement . . . . *Ib.*
§ 2. Droits de timbre. 393

Section 3. Impôts perçus par l'administration des douanes. . . 396
Section 4. Impôts perçus par l'administration des postes. . . . 404

FIN DE LA TABLE.

PARIS. — IMPRIMERIE DE FAIN ET THUNOT,
rue Racine, 4, près de l'Odéon.